找回生命的力量

◎ 彭诗逸 著

中小企业口述成长历程及创业故事

THE POWER TO RETRIEVE LIFE

Oral growth history of small and medium-sized enterprises
And entrepreneurial stories

中国出版集团有限公司
研究出版社

图书在版编目（CIP）数据

找回生命的力量：中小企业口述成长历程及创业故事 / 彭诗逸著. -- 北京：研究出版社，2024.2
ISBN 978-7-5199-1618-3

Ⅰ．①找… Ⅱ．①彭… Ⅲ．①中小企业－企业管理
Ⅳ．①F276.3

中国国家版本馆 CIP 数据核字(2024)第 003612 号

出 品 人：赵卜慧
出版统筹：丁　波
责任编辑：孔煜华
助理编辑：韩棣尧

找回生命的力量：中小企业口述成长历程及创业故事
ZHAOHUI SHENGMING DE LILIANG:ZHONGXIAOQIYE KOUSHU CHENGZHANG
LICHENG JI CHUANGYE GUSHI

彭诗逸　著

研究出版社 出版发行

（100006　北京市东城区灯市口大街 100 号华腾商务楼）
四川福润印务有限责任公司 新华书店经销
2024 年 2 月第 1 版　2024 年 2 月第 1 次印刷
开本：710 毫米×1000 毫米　1/16　印张：15.75
字数：270 千字
ISBN 978-7-5199-1618-3　定价：79.00 元
电话（010）64217619 64217652（发行部）

自 序

——找回生命的力量

其实这是一本写给我自己的书。

在走上创业这条道路之前，我曾在一些刊物上发表近百篇文章，10 年前也曾以一部并不成熟的青春自传体小说受到粉丝们的热烈追捧。拥有一技之长，让我从来没有为找工作而忧愁过；进入单位后，也很容易被老板们赏识。得此"殊宠"，让我的世界一直非常地单纯，大多数时间都活在自己的想象里，而创业后狠狠地被补上了这一课。

进入乡村自建房行业源于我"田园诗意"的文人情结，进入后，才知"田园诗意"背后的沧海横流。

初始我看不起几乎我所有的同行，也看不上自己公司的大部分员工。我的合伙人周国华先生开玩笑地说，我适合在火星上创业，那里既没有竞争对手，也没有员工。

从北京到长沙，从"阳春白雪"到"下里巴人"。本以为是"降维打击"，却被现实不断教育；当下属"绝不肯多做一毛钱的事"；当诚信一再被践踏……我坚持的某些东西在破碎，在动摇。那段时间真的很迷茫。这时，周国华先生给了我一个很好的建议，去与各行各业的创业者交流。他说，你会领悟到作为一名企业家的真谛。

于是，自 2022 年开始便启动了我的创业者交流、拜访之旅，每与一位老总交流，我都深感受益匪浅。从为人处世到思维方式再到商业决策，门一扇一扇地打开，那里面充盈着的来自生命深处的力量与精神如此熠熠生辉。

为了便于以后温习，我习惯性地用文字记录了下来。承蒙大家厚爱，这些稿子零零散散地在各位老总之间相互传阅。被擅长舞文弄墨的湖南长沙县经开区管委会的吴信村主任发现，他提议：何不编撰成一本书？他愿意推荐长沙县经开区不同行业表现优秀的创业者，以供采访。

兴奋激动之余，我又倍感压力：

我该拿些什么呈现给我的读者？让他们在打开本书能够有怎样的收获呢？我发现许许多多优秀的创业者都有深刻的自我反省能力和复盘习惯，通过定期对自己过往的人生复盘，有所扬弃，从中汲取营养。通过这样的修炼不断重新定义自己的事业，直到理想成为现实。

就在正式启动这次采访之前，我还以为企业老板们都是神气活现，关键拍板，指点江山的角色。

现在我终于明白，老板们更多地表现在包容与宽厚，诚挚与承担——就是眼看着城堡要被炸掉了，自己奋不顾身去堵炮眼的那个人。

他们要在千夫所指中坚定信心矢志不渝；

要忍受各种人心叵测的踩踏，依然笑看风云；

要把不可能变成一切皆有可能，在绝望中看到生机；

要在大雪纷飞的夜里，燃骨为灯，照亮团队的前程。

他们是一群经历过无数次暴风雨的人。

中能装备张总有一句话令我印象深刻：我们创业四年，疫情就占去了三年，然而经历三年疫情，我们还是挺过来了，因为市场并没有消失，只是被隐藏起来了。所以，在这个特殊的阶段里，最大的成功就是坚持。

创业其实就是一个长期在黑暗中摸索的过程，偶尔成功的一瞬，足以点亮无数个茫茫黑夜，形成强有力的内驱力——他们善于正向看待问题，成为真正的乐观主义者。

是的，任何事情都有两面性，你看到哪一面，哪一面就会主宰你的生命。

我决定把他们的故事和我的领悟一同记录下来，试图可以给其他创业者带去信心和力量，告诉他们：你并不孤独，我们在这里。这里有更符合时代、更接地气的方法论；可以给当今迷茫正准备躺平的青年们的一些引导：上一个年代的人他们的青春与激情到底是怎样的，偶尔的阴云不能成为你转身拥抱黑暗的理由；希望给大家一个警醒：随着大数据时代来临，互联网逐渐完善已有迹可循，靠吹牛包装、坑蒙拐骗、信息不对称寻求的商业泡沫将逐渐消失，求真务实才是真理。

创业故事不仅仅是故事，他不仅仅是经验的借鉴，更是精神的引领。这就是采访企业老总时我更关注他们的成长背景、成长环境以及心路历程的原因。创业是一个结果，在这个结果之前，他们放弃稳定性和确定性，来到云谲波诡的商海中搏杀。在此过程中，他们的人生观、世界观再一次得到重塑，认知进一步提高；创业后，他们每一次的选择不再是被动的安排，而是一场对人生的主动进攻，这种精神、智慧与胆识才是能够滋养我们的真正财富。

虽然在这个过程中，因为我的坚持（坚持给到读者价值），婉言谢绝了一部分确实也很优秀的创业者，但我相信这本基于创业者与作者的真诚的书是有它独特的价值的。

至此我的创作之路与创业之路就此合二为一。我惊讶地发现它们居然是相辅相成的。简而言之，当你有很好的文学功底，可以更好地复盘。而创业更讲务实，不至于让文学成为辞藻华丽却三纸无驴的炫技。

再次鸣谢经开区管委会的吴信村主任以及各企业的服务站主任，还有被我一一拜访如朋友般坦诚相待的企业老总们。感谢你们的鼓励与鞭策，你们的支持与配合，可以说，这些故事是大家一起努力撰写的，我不过是执笔人而已。

目录

资本进入：创业是一种信仰，生命如此广阔

【导读】

徐学文先生作为改革开放的亲历者，曾有着"小富即安"的小企业主的安逸；后资本进入，企业开始高速发展，他毅然决然将资本引入贫困地区，协助政府脱贫攻坚，赢得了极高的社会声望，被评为"全国劳动模范""最美扶贫人物"。当前，随着科技的更新和互联网的发展，商业从本质到形式都已发生了根本性的变革，过去考验的是胆识；现在考验的是格局、智慧、创新、认知与耐力等。这位对世界剧变有着独特的见解和感悟的创业者，继贵太太茶油后，正在进行第二轮创业。对于当前的商业环境他有什么看法呢？

➤ 创业经历自述："三生有幸，生逢其时"

风华正茂之际，恰逢改革开放，可谓"三生有幸，生逢其时"。我叫徐学文，属于 65 后。在那个年代，我见证了时代的变迁，也亲历了史诗级的改革。

我徜徉于鸢飞戾天的现代，回望负重前行的过去，在时代的浪潮中创造、崛起、挣扎、改变、超越……虽然步步惊心，却也步步安稳。

毕业后我被分配在乡镇的粮油站。家庭承包生产责任制极大地增强了人们劳动的积极性，另一个问题又开始渐渐浮现：大量的米和油积压在本地，不知该销往何处。

20 世纪八九十年代的交通不甚发达，人们赶集都是肩挑手提地走几十里路；

长沙两字在乡村人家心里与北京、上海、广州并无区别——都很遥远很遥远。农村人安土重迁，守着几亩田地劳作了一辈子，从未想过所谓的"诗和远方"。

由于工作原因，我需要坐船将米和油送往长沙，为节省交通费，也为了货物的安全，我吃住都在人货混装的运输船上。水路茫茫，通常要随波逐流一个星期，如果遇上大雾，时间会更长。

随着改革开放的深入，刚刚破冰的河床底下暗流涌动。奇点临近，市场经济喷薄而出，整个世界焕发出前所未有的勃勃生机：但凡有点儿手艺的，都不甘居于一隅，纷纷外出"讨生活"；但凡有点胆子和思维的，都能通过做生意轻轻松松地赚个盆满钵满。

拿着粮票油票定点定量购买的时代一去不复返了，中国经济终于破茧成蝶，在这个神秘的东方大国扇动迷人的翅膀时。人们的腰包鼓起来了，腰杆子硬起来了，说话的声音也响亮起来了……

➢ 营商环境对企业的发展至关重要

气氛热烈，气候已形成。我目睹眼前的种种如福至心灵，感觉未来必然大有可为。于是作了一个非常重要的决定：舍弃了那每月一百多元工资的稳定工作，卖掉老家刚建好不久的砖瓦房，说服了家里人，举家搬迁至城里做生意。

家里人守门店，客户线索精准且服务到位。我们从门店零售做到批发，再到开厂，生意做得风生水起，不过三五年时间而已。随着第二家、第三家厂子陆续开办，我于顺风顺水的创业过程中终于迎来一个又一个打头浪：在我租下厂子时厂子破败不堪，为了将我留住，房东说尽好话。于是我花重金将厂子装修得焕然一新，随着生意越发红火，房东开始另有想法，以拆迁为由硬要我搬走。人在屋檐下不得不低头，无奈之下我含泪放弃了已经营一年多的厂子，另觅他处。

在新地方，也遇见了同样的情况：生意红火以后，不小心撞了厂子门口的一棵树，树上掉落了几片叶子，房东小题大做，硬是将我的厂子关停了一个多星期，直到答应房租翻倍才终于将此事摆平。

这些事让我感觉，虽然我已属于"先富起来的那一部分人"，但这个城市不属于我，我依然低人一等，不求房东们的"良心发现"，只求我可以安安稳稳做生意，他们不欺负我们外地人就行。

如此恶劣的营商环境令我心灰意懒。其实，即便此时我收手，后半生也能衣食无忧。

心力交瘁的我"休息"了一段时间，才发现这样的日子才是最令我痛苦的，没有目标、不规律的作息以及浑浑噩噩的生活令我心生恐惧，我决定干点儿其他事情。

后来经朋友介绍，去浏阳经开区看地，得到了浏阳招商的领导们热情的接待，我感动得差点掉眼泪：真真切切地感受到了什么叫作企业的娘家人，我当机立断交了定金，回家后四处宣告，那里的领导是多么的好，政策是多么的好……

至今我还记得当初招我进来的书记的话："我们把你们招进来，是要对你、对你的员工和家人负责的……"

这一年是 2005 年。

长沙在此时就已经有这么好的营商环境了，给我平添几分信心的同时我也为此感到自豪：无论如何我也算作半个长沙人。

我恢复了昔日的斗志，又重新振作起来了。招兵买马，广纳贤才，筑墙盖厂，加之为人友善，信誉也一直比较好，几乎可以达到一呼百应的效果，身边的朋友亲戚纷纷前来助阵加盟。

几个月的时间，我就与人合作在浏阳建成厂房并顺利搬迁。

➤ 没有品牌意识，遭遇的第一课

2006 年，厂子又轰轰烈烈地运转起来，不同的是从此再也不用担心被人赶来赶去的了。我满怀信心干劲十足。没想到后面还有一个坑在等着我——当时我们设立了一个休闲品牌叫作×唛，工厂产能不成问题，于是我花大价钱去做推广。公交车车身、公路展示牌、电视广告等林林总总的广告费花了几百万元。

直到半年后收到律师函，才知这个名字已被人商标注册。任凭我说了很多好话，最后还是以几百万元广告费付之东流、产品不得不改头换面而告一段落。

这件事给了我很大的打击，也给了我很大的教训。从此我特别注重品牌和企业运营的规范化。正在我想着怎么注册一个自己的品牌时，湖南卫视正在播放一档叫作"好太太"的节目。有人开玩笑地说，如果能把太太这个商标注册下来，相当于湖南卫视免费打了一年的广告。

说者无心闻者有意，我便跑去找了一家知识产权服务商，查询太太这两个字能否注册，答案是不行。我想那不如加一个字，注册"厨太太"，正好"厨"与我的姓"徐"谐音，但还是不行。后来他们的一位工作人员低声说了一句"还不如叫贵太太"。

于是贵太太就于 2011 年诞生了。

> ## ➤ 无意中"入局"资本的游戏

随着国家对茶油越来越重视，上海的一家投资机构找到我，问我要不要钱。我觉得很奇怪，从经营企业以来，我从未欠过别人一分钱，也从未从银行贷过一毛钱的款，我的公司好好的，我也健健康康的又不缺钱，为什么问我要不要钱？当时怀疑他是骗子。

小伙子大概是个新手业务员，无奈邀我去上海"看一看"。在这个高楼林立、车水马龙、夜如白昼的城市，我第一次见识到了什么叫作"繁华与富丽"，他所在的投资机构位于徐家汇，就在汤臣一品的隔壁，办公场所豪华宽敞、格调高雅。站在如斯高楼俯视芸芸众生，不由得心生"一览众山小"之感，顿时豪情万丈。

我接受了他们的投资。签约的那一天，风云涌动，而我却还以为是普通平凡的一天：因为我保持着一个最质朴的想法：我拿了人家的钱，就必须干出一番事业给予回报，如果不能达到预期目标，我也要想办法根据银行利息一并还给他们。

——我并不知自己当时签的是一个对赌协议。

而后陆续有其他资本闻声而来，经过几轮融资，公司已今非昔比，估值高达数十亿元。

2015 年，应众股东的强烈要求，公司在新三板挂牌上市，成为中国油茶行业的第一股，就此解除了对赌条约。同年，贵太太以大湘西地区为核心，建立了 1900 平方千米的高标准油茶基地。

> ➤ **三年疫情考验着一名创业者的认知**

中国农耕文明源远流长，沉淀了数代人的心血与经验总结，并将"道法自然，和谐共生"的智慧融进了我们民族的血液。

2016 年，为响应党和政府扶贫攻坚的号召，公司又把总部从浏阳迁到了绥宁，并于此地又建了一个占地近千亩的全自动智能化的生产工厂。

公司在资本的加持下飞速发展，如同失去刹车的汽车高速飞驰在高速公路上，无法停下。我们开始全面进驻全国大型商超，并于各地觅址开厂。良好的态势下，有一家准备追投 1 亿元的投资方遇上了问题，我们向全国全面扩张的计划只得做到一半就此搁浅。

接下来是三年疫情。疫情的到来促使我们放慢脚步，思考一个老牌企业到底应该何去何从？随着互联网的深入发展，消费者的购买渠道及购买行为、习惯都已发生了根本性的变革。社交媒体与购物平台及短视频平台以各自已有的优势为基础，都在急急忙忙地补上自己的短板，它们之间的界限逐渐混淆不清。

未来，一个行业可能只是一个 APP，打开电脑即可高效、简单、快捷地完成许多事。诚然，互联网的"算法"并没有我们现实大自然算法的精妙，但通过不断迭代和优化，一个崭新的"元宇宙"即将诞生。一家企业如何在前期的混沌中找到自己的坐标系，为此我虚心求教了很多人，刷了很多短视频，在各大平台流连。

随着眼镜度数的节节攀升，也交了一些学费，我对短视频平台以及互联网开始有了更加深刻的理解和认知：网络相对于现实来说就是一个平行世界，它不会消失也不会萎缩，如同我们现在的宇宙，会在内容不断上传中加速膨胀。

未来，一家企业能依托互联网完成除了生产等必要线下操作，从管理到销售的全部进化。

三年疫情中我们转战线上，并在行业品类中做到了排名第一。

看似无形的东西，往往决定了有形的事物；有形的事物，又是无形的能量来源。未来，能量在线上线下流转，相互作用，相互促进。

➤ 正确的价值观导向，才是企业做大做强的不二法门

杨康聪明过人，最终却众叛亲离，一无所有；郭靖老实憨厚，不擅长钻营和投机取巧，却可以心无旁骛，终成大器。企业也有人格，"聪明能干"不过是三流资质，"深沉厚重"才是企业家的一等资质。

深谙此理，多年来我对做企业诚惶诚恐，如履薄冰，不敢有丝毫松懈和怠慢。

有一次，省政府领导前来工厂视察并询问我们能否做一个产业链上的延伸——我们生产茶油后会产生大量茶粕，而茶粕具有一定的杀菌作用，放到水里能有效地杀灭微生物和寄生虫，而且发酵之后，还能作为鱼虾的饲料。平常这些东西都会出口到东南亚一带，那边做有机的水产养殖就会用到这些。

这些粕类物质富含有机质、蛋白质、氨基酸等，因此在我国农村很多农民会按传统方法把它们堆沤起来进行发酵，再用作肥料。这种肥料可以说是肥料之王，它不同于动物肥料、化肥，而是由纯植物发酵而成的有机肥，肥效高，还没有抗生素、激素等有害物质。

一语点醒梦中人：我们每年有那么多的茶粕、核桃粕，再加上我们有这个科技实力，完全可以将它们二次加工成肥料，形成一条更完整的产业链，形成整个油料产业的闭环。

不过既然是工厂生产，就应该超越原来的有机肥，让"肥效高、干净"成为功能性之一，另外应当还有更多不可替代的附加价值。比如，将降低重金属的活性、抗病杀虫益菌、提升地力融为一起，于城市，满足消费者对高品质生活的追求；于农村，满足政府对于高标准农田的建设要求。

以此为背景，我们于2019年成立了生物科技股份有限公司。并提供2000万元的研究经费在省科技厅发榜，面向各大高校及科研机构招募具备相关科研实力的团队。中科院、中南大学微生物研究院、湖南大学中科院、湖南农业大学湖南农科院联合揭榜。

➤ 技工贸：没有退路，就只能做好

生物有机类肥料产品的生产关键在于核心微生物的菌种资源。经过业内专家长达数年的研究，专利多达几百项。研制出来的成果，需要经过独立试验、田间试验、对比试验等一系列严格复杂的实验，确保所述功效有据可查；并做了 10 亩、20 亩的大田实验，进一步做对比，确保实际应用效果可视化，能够批量生产。一切准备就绪，再邀请行业内顶尖的权威专家评审……

这个行业，门槛可以很低，也可以很高。单纯地研发化肥和农药的技术已经非常成熟，可是要将肥效与抗病、杀虫、驱虫、降低重金属、提升地力等各种功能放至一起，不但要互相兼容，还不能影响种子的发芽率，就非常之难。

除此之外，我们还花费了很长的时间，投入大量的人力、物力，分别于全国各地水稻、小麦、棉花等种植区取样。将样品经过特殊处理，分门别类装进罐子里，对每一块土壤多什么、缺什么都一一做了详细的研究，并有相应的解决方案。

产品出来后，我们上了一整套全智能自动化生产设备。从原料预处理开始，到配料、填料、发酵、出料，再到干燥、造粒、打包，所有生产流程都采用全自动智能生产线，通过中央控制室的智慧大脑进行数字化控制，对生产环节中的温度、原料配比、菌剂添加量、曝气量等关键控制点都进行标准化、数字化、智能化的管理，整体生产工艺达到了领先水平。

这种纯绿色无抗生素、致病菌等污染、防虫杀虫益菌并能有效降低重金属活性的多功能性"养料"对于城市里喜欢养花种菜的人们来说无疑是一种极大的福音。

因为家居环境讲究卫生和整洁。而带有致病菌、重金属及有害微生物甚至各种虫卵的土壤，即便将绿植培育得再生机盎然，依然是不可小觑的危害。尤其是夏天和冬天关门闭窗时，潮湿的花盆就会成为菌落，整个房间就会成为细菌及有害微生物的培养皿。

如果人们在很长一段时间里心情不好、咳嗽或者口腔溃疡，问题很有可能出现在绿植土壤里。随着人们的生活水平从"吃饱"往"吃好"过渡，未来的市场是无须担心的。

> ## 梦想可以大一点，也可以"美"一点

赚钱其实并不复杂，情怀与商业也并不相矛盾，赚大钱恰恰需要大情怀。有大情怀才有大格局，有大格局才能解决大问题。

这个大问题，就是紧随国家步伐，解决长远的、国计民生的问题。

传统化肥在我们过去的粮食生产中确实发挥了相当大的作用。但正因为我们的化肥作用太明显了，效果太好了，老百姓为了追求产量，大量或者说不合理地使用，使我们的土壤出现了问题。近年来比较典型的，尤其在我们南方地区，土壤的 PH 值下降，有机质偏低，理化性质以及整体地力都在变差，对于粮食生产是非常不利的。国家越来越重视有机肥代替化肥，2022 年 11 月 18 日，发布了农业农村部印发了《到 2025 年化肥减量化行动方案》和《到 2025 年化学农药减量化行动方案》的通知。

作为一名 65 后，我目睹了中国乡村在城镇化进程中作出的巨大牺牲，更感觉到了工业文明给农耕文明带来的影响。两种文明至今依然在中华大地上相互冲突，交织，成长。

然而，无论如何，工业文明最终还是要反哺农耕文明，并为乡村建设与振兴服务。不然，它自身就会成为无根之木，无源之水。

而随着我们的产品"肥大人"逐渐进入市场，将对城市农业和园艺带来颠覆性的改变。"肥大人"不仅能为喜欢养花种菜的城市居民直接带来高品质的舒适生活，还能协助贫困、地力枯竭的地区恢复盎然生机，为实现"青山常在，绿水长流"贡献一份自己的力量，我想这便是我再次创业的意义所在。

技术男如何带领中国粉体设备挑战百年德国企业

【导读】

世上不存在真正一帆风顺的创业，所谓顺利的创业，只不过是找到了适合自己的赛道，而其他各种大大小小的错误依然不可避免。

【创业自述】

➤ 做一个解决问题的人

从小，我就是一个喜欢"动手动脚"的人。

家里的电风扇、收音机或者电视机什么的坏了，我总会背着父母拆开看看，好奇、激动、兴奋……那种心情不亚于现在的孩子拆盲盒，尤其自己还能"原封不动"地组装上去，那种成就感妙不可言！偶尔会多一个或少一个零件，但不管拆得多零碎，只要能"复原"，大人们就不会发现，也不会有太大问题，反正它们本来就是坏的，坏与更坏有什么差别吗？

中专时我报考了机械相关专业。在学校里学习理论知识，懂了一些原理，对于某些设备的拆机和组装更是轻车熟路。过去是"拆旧换新"，后来逐渐发展到"新、旧"雨露均沾，不过此时基本上已经可以维修好家里的很多东西了，大人们也基本上不会再管。

毕业后我进入某上市公司成为一名蓝领，由于动手能力比较强，很快成为研发团队的一名工程师。

2005 年，我和朋友利用业余时间做了一个粉体研发项目，由于缺乏理想的实验设备，项目迟迟没有进展：实验用 1L 体积的设备就可以了，但市场上最小的体积也有 30L。这会因单次投料过多造成浪费，且不便于实验操控，清洗和操作也很麻烦。于是我萌生了一个自己来制作的念头，同时想，会不会有人也跟我有同样的需求？我尝试着在网上发布了一个此种设备的供应信息，结果真的引来很多博士和教授的电话咨询，原来他们也在遭受同样的困扰。

我想，我能不能来解决这个问题呢？

➤ 机会在最不起眼的地方

众所周知，很多科研实验室做实验都需要将固体样品粉碎研磨，以此来增加样品的相对表面积加快化学反应；并通过成分的均匀分布，使之更具代表性；甚至还需要对固体样品进行粒径和粒形的分析，才能获得准确的相关数据等。

这个赛道看似狭小却近乎空白，且面向全国、面向世界，是一个不小的市场。尤其我国科技正处于高速发展阶段，我了解到不少博士和教授因为没有合适的实验设备致使项目受阻，甚至有的只好花高价钱从国外购买进口粉体设备。

我感觉自己好像发现了一个商机，同时也感觉到了它的意义。

创业就是一场冒险。然而过往的"拆机"经验告诉我，只要能够"恢复原样"，也就没有什么可怕的。

2006 年，我成立了天创粉末技术有限公司。那时候的短视频平台并未兴起。我在家自学网络 SEO，做关键字排名，发布信息。陆陆续续地有客户找过来，我根据客户的需求设计好方案后，再拿到朋友的工厂生产。

产品出来后，在楼梯间调试、上漆，再由我用平板车拖去发货。条件艰苦简陋，但创业初期那种好奇、激动、兴奋的心情和劲头十足的精神可以克服任何困难的样子，令人感动也令人怀念。

其实，这时候国内已经有一家做了三四十年的老公司了。但它获客渠道传统单一，加之这是一个冷门行业，我们的客户是一些高校、研究所和科技型企业，他们所需要的实验室破碎、球磨、筛分、搅拌、混料等粉体设备以及手套操作箱等科研设备，大部分需要私人定制，无法批量生产，因此多年来，资本并未进入，也鲜少有竞争对手。久居舒适区，他们服务及产品渐渐跟不上，这给了天创很大机会。

➢ 最适合的，即是最好的

2009 年夏天，我接待了一位从广西远道而来的客户。他的公司专门生产水彩画的颜料。因为越细的颜料就越能提高画的品质，那么就需要相应的粉碎设备。为此他跑遍了大半个中国，差旅费也花了好几万元，可问题一直没有得到解决。

找到我们时，他也并没有抱多大希望。当带他去参观了一款最精细的球磨机后，他竟高兴得跳起来："太谢谢你了，这几年的寻觅终于要画上句号了，还算是一个不错的结果。"

其实解决这位客户问题的设备并非没有，只是他的处理量不是很大，没有办法尝试大型设备，而我们公司这种小批量的设备正好适合他的需求。

最适合的，即是最好的。天创粉末从产品到管理再到团队组建从此也秉持这一原则。

在当前的中国，并非缺乏人才。恰恰相反，是世俗的洪流裹挟着教育和就业岗位，造成了人才的极度浪费。本来一名家境普通的孩子上个技校，出来也能成为一名蓝领，踏踏实实，轻轻松松。结果举全家之力上了本科、读了研。出来依然难以找到匹配的工作，兜兜转转又是几年光阴过去了。先不说金钱成本，时间成本其实才是最大的成本。

因此，我一直努力让公司的所有员工包括一线工人，在公司的不断发展中，帮助他们不断成长。除了拿更高的收入，让他们在所工作的城市里有房有车，一家老小能够团聚在一起，共享天伦之乐，免除后顾之忧，获得物质上的幸福。

我想用实际行为告知全社会，只要努力，不管是蓝领还是白领，不管是高管还是基层，不管是老板还是股东，都一样可以在物质生活得到充分保障的情况下，活得有尊严、有成就感。

2013 年，天创从汽车东站搬迁至星沙湘龙街道一座山上的废弃工厂内。由于与之配套的员工宿舍已拆迁，我们的工人只好租住在附近农民废弃的房子里。房子破旧不堪，蚊虫肆虐，门窗摇摇欲坠，屋顶没有隔热层，夏天一走进去就感觉暑气逼人。

但他们没有一句怨言。

就在那个夏天，我暗自下了一个决心：一定要把企业经营好，购地建设属于自己的厂区。以后的宿舍要干净卫生、设施齐全，温馨精致，每一个房间都要配备空调。

经过长达 10 来年的努力，我们的这些想法都一一实现了。天创发展成年产值超过 3000 万元，共计 1325 平方米的办公区域，占地 20 亩的自建厂区，近百位工作人员的企业。并逐渐在国内同行公司中由崭露锋芒，到分庭抗礼，再到如今成为行业内举足轻重的头部企业，这都是大家齐心协力、共同前进的结果。

➤ 相信新生的力量

2013 年，天创成立了国际业务部，正式进军国际市场，通过在 Google 等大型搜索引擎上做宣传推广，我们的产品甚至得到了哈佛等一流学府的青睐，得到了大批客户的认可。相比其他国家的同类型设备，我们的价格优势非常明显，比如，美国出产的一台实验球磨机约 7 万元，而我们的产品只要 1 万元。

逐鹿国际市场，我们遇见了新的竞争对手——一些被行业内称为"隐形冠军"的德国百年老企业。十几年前，国内的实验设备很多靠进口，而现在我们的研磨产品可以占国内 30% 以上的市场，所以有这个实力"走出去"，我们在其他国家有 10% 的市场占有率，也是巨大的财富。

当前公司已通过 ISO9001 质量管理体系、CE、SGS 等体系认证，且拥有 40 多项自主知识产权的核心专利技术，我们努力夯实基础，学习他们的工匠精神，做出真正物美价廉的产品。

未来我们将会把产品的技术、质量、成本、交付做到极致，并往单元、产线、智能化方向发展，继续保持行业领先水平；并以"粉体设备超市"的形式将好的产品和体验一站式销往全球。

> ## ➤ 必须足够专注，因为守业比创业更难

只要我们所做的事情是有价值的，就一定要坚守住，创业前 5 年是看不到钱的，甚至要负债，因为团队、设备、厂房、市场都需要投入，只要坚持下去，做到 10 年左右，你就会发现公司的水库慢慢蓄起来了，千万不要迷茫，看见什么赚钱你就转手去做什么，心要定，节奏要稳，要经得起诱惑，识得出陷阱。我身边有不少人变黑名单的、进监狱的、跑路的、自杀的，都是因为挣了一点钱后就心猿意马，开始拉网散花，没有意识到自己的生命和精力是有限的，认知不正确，必然会给自己带来灾难。

> ## ➤ 以更大的格局突破瓶颈

迄今为止，天创成立已有 18 年。

从最初的"活下来"，到做大一点，到再做大一点。

如今真如当初所愿：员工们都买上了房、买上了车；厂房、办公场地一应俱全；客户已遍布全球；资金蓄水池建立起来了；业务和团队也稳定发展起来了，甚至我个人梦想不到的物质条件都有了。

虽然我心中一直萌生着这样的想法："我富起来了，也让跟随我的兄弟们富起来。"但这个想法的力量还是不够大。随着公司经营趋向稳定，我变得越来越佛系；同时发现中高层也因使命感的缺失，失去了方向和动力；甚至基层员工也出现了消极怠工的现象。

我察觉到，舒适，其实是一个危险的信号。

创业如同逆水行舟，不进则退。为此我们重金聘请了专家对公司重新进行了顶层设计，旨在将公司打造成一个大家都可以实现自己人生价值的平台。

然后我们开始正视一些"本不属于我们的问题"的问题，并向内微观：虽然我们一向特别重视售后服务，但还是难免碰见这样的情况：有极个别客户因

为自身原因导致设备损坏却要求公司承担售后。

客户自己弄坏的，应该客户自行负责，这是一个很合理的认识。所以当客户提出由公司售后的要求时，我们都觉得客户不讲道理、比较难缠，往往采取消极抵抗的态度。结果造成客户的不满意，为公司的口碑带来了极大的负面影响。

后来我们反思，虽然对于这部分客户我们从商业上是可以拒绝提供免费的售后服务的，但我们要提高心性，从自身找原因，客户肯定不是故意的，客户也不想给自己找麻烦，我们是不是有些地方没做到位？有没有做到提示？有没有深入地培训客户？我们一定是在某个环节上做得不够好，我们完全可以做得更好。

于是我们通过反复的反省，制定纠正与预防措施，承担起我们的超出责任，为他们提供了免费服务。虽然公司每年要为此额外付出一二十万元的费用，但这些客户促使我们的工作做得越来越完善，越来越细致。客户的满意度越来越高，我们的品牌在行业内的口碑也越来越好，客户都说我们是值得信赖的粉体设备制造商，同时也不断为我们介绍新的客户，生意自然也越来越好。

另外，通过不断组织学习、分享升华团队整体的精神级别。一个人的欲望是无限的，也是很难满足的。如果一个人汲汲于自己的个人私欲，如同"凝视深渊"，同时会也被"深渊"所"凝视"。因此，在满足基本物质需求的同时，我们要提升我们的认知及精神层次，去仰望高山，并一步一步往上攀登，脱离"贪、嗔、痴、慢、疑"等低级趣味，获得真正精神上的愉悦和自由。

因为，万事万物相互依存，无缘大慈，同体大悲。我们必须利他，为他人提供物质或者精神的养分而活着。

这就是使命感，一个人带有使命感，他就不那么容易被摧毁，一个企业带有使命感，它就会走得更远，从而改变世界。短暂的阵痛是必需的，也是一个必由之路，用服务和产品利他是企业，用精神和思维为别人匡正道路是导师和作家以及学者。你必须想办法被需要，被需要才有价值，想想什么是被需要的，我们就往哪一方面去坚持，方向才不会出错。

➤ 希望我踩过的坑成为您成功的阶梯

由于没有注册资本，我将赚来的钱全部交给代理注册公司注册了一家公司，注册完后代理方抽走注册资本，也为后面的处罚埋下隐患，被工商局处罚。

启示：做企业，管理、财务、税务一定要规范，这样才能保证健康发展，不会埋雷，办企业，特别是制造业经不起这些折腾。

自 2009 年自己设厂生产设备开始，直到人员增至 20 人左右，在此期间发生了工伤事故产生了工伤赔偿。

启示：办厂和办公司是迥然不同的管理逻辑，一定要注意、强调安全意识！

有一年年底，银行打电话通知账面上没有钱了，我抵押了房子向银行贷款才发了员工工资以及供应商的货款。

启示：让自己变得可控，一旦不可控，诚信一定会丧失，有时候不是你不想讲诚信，而是公司已经变得不可控了，因此企业的财务风控管理非常重要。

人之一生，不过星空一瞬。千头万绪，最后回顾，不过二三事。时间的流逝只是幻觉，因为生命只是一场体验，由你经过的人和事组成，岁月不语，但最终都会告诉我们一个结果。

一名博士后的环保创业之路：以敬畏之心，领自然之教诲

【导读】

　　爱因斯坦的质能方程式告诉我们，这个世界最本质的存在就是能量和质量，两者可以相互转换，并以能量驱动发展。创业需要巨大的能量加持才能成功，这个能量来自哪里呢？或许"顺势"，又或是"道"，抑或是"不舍昼夜的学与干"！摈弃想要赚钱的念头，先认真考虑想要为这个世界做点什么，或者能为这个世界做点什么。同时考虑好自己是否具备足够的能量来转化，世界自会用它的方式来回答你。

【创业自述】

➤ 环保从公益走向市场化有多远？我一直在思考这个问题

　　环保作为一个宏大的命题，却很难将普罗大众囊括其中，尤其是我们过于依赖工业化产品生存的今天，极少有人会为了长久的环保去减少自己的便利或者愿意主动、自觉为此买单；尤其伴随我国工业文明日益发展与环境严重污染形成尖锐的矛盾，只能以行政手段强制执行，效果其实很有限。

　　人类庞大的工业文明是建立在大自然无私的给予能量基础上的。

　　人类无法创造能量，只能转换能量，从这个角度上来说，世界确实存在因

果轮回。

人若微尘，渺沧海一粟，却接受了如此慷慨的赠予，理应充满敬畏、心存感激，摆脱作为个体的狭隘获得作为整体生命的博大。

回溯工业文明的发展历史，我们知道，率先完成第一次蒸汽技术工业革命的英国，当时很快成为世界霸主；第二次电力技术工业革命促进生产力飞跃发展，使社会意识形态发生翻天覆地的变化，形成西方先进、东方落后的局面，资本主义逐步确立起对世界的统治；第三次的计算机及信息技术革命，对当下经济的深远影响和经济发展速度更是有目共睹——伴随越来越严重的环境问题。

近几年来的战争与金融危机，自然灾害频频发生以及大自然赋予的能量不当使用开始反噬。人类进入了一个初步不稳定期。

蝴蝶的翅膀已在轻轻翕动，当空气变得荤浊不堪，森林资源、渔业资源枯竭、河流变得有毒、海洋与土壤里堆积着各种废弃物时，每一种迹象无时无刻不在提醒我们每一个人什么叫作"休戚与共"，什么叫作"人类命运共同体"。

所幸的是在"绿水青山就是金山银山"的理念下，在应对气候变化的全球重大挑战背景下，当下的第四次绿色工业革命、实现碳达峰这些世界性命题的提出，一些环保创新技术将具备巨大的商业吸引力或将造就无数伟大企业；还有一些环保技术和服务则会演变为公共产品，成为公益服务于公众。

比如，绿脉现在逐渐开发完成的"晶界离聚"技术能实现各种废弃物的原子、分子或者单体颗粒的分离分选和重新组合成新原料、新材料，以解决当前正困扰人类社会的最大问题——垃圾。全世界每年要产生超过计划 10 亿吨的垃圾，由于缺乏处理措施，大量的垃圾随意堆放，臭气熏天，滋生病菌，污染水源和空气，给人们的健康造成危害。在我看来，垃圾只是放错地方的资源，只要分好类，就能被利用！

这是我创办绿脉的初衷。

创业，你能成就多大的事，是看有多少人会支持你。如果你是为自己的小家谋利，支持你的很有可能是你的家人；如果你是为一个企业谋利，支持你的，可能是你身后的员工及合伙人和投资者；如果你是为整个人类谋求生机和利益，关乎他们的生存，能量则是可以预见的巨大。

绿脉，从白手起家到在市场经济大浪淘沙的几年里逐渐成型，用"创新驱动、价值创造"的勤奋、合作赢得了众多市场客户的认可和肯定。

> ➤ **保持好奇心，当你乐在学习和工作中，竟变得如此与众不同**

那时，我在一家大型国企×铝任职，已至副厅级。该企业是国内的龙头企业，实力强悍，待遇优渥，受人尊敬，为广纳人才，还专为博士后设有工作站，主研资源综合利用。

大型企业有大型企业的规章制度，凡事要走流程，而技术出身的我，坐言起行的作风与所在环境显得格格不入，且长久脱离实验室，整天陷入文山会海之中，也产生了一些精神内耗。

熊掌与鱼，不可兼得，安逸与创造，注定是矛盾的。

人都有一些好奇心，想去挑战一些未知，人生才因此变得有意思，让人感觉有意义。

好奇心驱动的人生是幸福的，因为你不会将学习和工作视为苦役，你将从中获取开启某片新天地的密钥，那里，是别人不曾涉足的地方，也是你的自由王国。

我想起自己当年在校学习时，保持着极大的好奇心，一遍又一遍地看那些物质之间化学的、物理的反应，这些关键参数的检测与自动控制难度，复杂多变的因素及不同的结果令人着迷，仿佛进入了一个栩栩如生的微观世界，竟也可以如此精彩纷呈，出人意料。

大学，我特意选择了矿物加工专业，一是平日成绩平平的我争取能够考上一个大学，而不是继续面朝黄土背朝天；二是潜意识中对环境与自然的那一份割舍不下的情怀。几十年前人们的环保意识并不强，相应的环保制度也没有完全规范，因此这个专业在大环境下并不好就业，很多同学毕业后，纷纷都转了行。我被保研继续留校读书，导师安排我做低品位铝土矿加工的课题，又开始了硕博连读的漫长求学生涯。再后来，在国企×铝十多年的辛勤工作，使我已对本行业相当熟悉，也成为圈内人眼中的"专家"。

在这世界上，再没有比点石成金和变废为宝更有成就感的事情了。我当初被该课题深深吸引，每天不知疲倦地泡在实验室，现在也正是这种好奇心促使我想换个方式去探索世界。

此时国内某类似私企，在该行业做到了年产值 3000 多个亿，以及几个我听说和了解的著名企业都做得很成功，想想几年前的他们也是睽睽众生中的一介凡人，转眼成为行业的佼佼者，这给了我极大的信心；当然，也许只是一种表象，我看到了他们的成功，并不知道他们背后的艰辛！

再说，就算成败也没有关系，大不了重新去打工，也一样可以养家糊口。这样的决定，让我心里有了些坦然。

2015 年，时年 39 岁的我，从 ×铝离职了。

> ➢ 技术的商业变现之路，最好的出路不是做服务，而是做产品

办完离职手续从气派恢宏的办公大楼出来，步行去乘坐公交车，在挤挤挨挨的人群中，心里也有些许落差：就在昨天，外出还有小车接送，而今天混迹于市井闾阎之间，既平凡也孤独。但心中那一种对未来强烈的期待与兴奋始终呼唤着我，让我果断翻开生命崭新的一页。

创业需要资金，事实上我身上并没有多少钱。此时的我，无异于白手起家。

但我有一个梦想，这是我未来生命的全部主题和现在的全部话题。

出来没有多久，我融到公司的第一个 500 万——我的投资人是一位广东老板，初次见面我们聊了两个小时，他当即决定投资，后续购买办公楼又从他那里借了 200 多万。

这样的信任，对于创始人而言，是鼓励也是鞭策。

我信心百倍地布置场地，招兵买马，洽谈业务。最初我们以技术服务的商业模式面对市场，在落地执行过程中，一些问题也逐渐显露端倪：我们是以技术为企业解决环保问题、工艺问题、技术设备问题的，就不得不事先跟甲方进行一些技术交底，相当于免费教学，企业学会后完全可以自己去"对症下药"；有时候他要"比较一下别的公司，然后砍一点价"。在医院，先付款再看病是共识；其实我们就是工业医生，而在工业领域，奉行的是先"为企业看好病"后再付款的原则。这样就会出现诸多不确定性，签不了单、回不了款，或者本来是高科技的东西最后赚不到钱等都是常事。而且公司以服务为产品，无法批量

生产，体量无法做大。

这是行业的一个较为普遍的难题。

不过，既然有题目，肯定就有答案。经过反复思考，我终于想到了一种新的模式，针对各种类型的废弃物（如铜、铝、钢、铁），判断它的回收价值后，再去找愿意投资的投资人进行后期开发，以高科技为依托，努力促进成果转化和产业化，让最专业的人做最专业的事，达到资源最优配置。

依照这种商业模式，可以救活一大部分环保企业，也可以让实验室的科研技术能够以较快的速度顺利落地——有的有技术，但没资金；有的有资金，但技术依然处于低端状态。只要将这些人脉、资金等各种资源整合起来，我相信环保行业将提升到一个更高的层次。

➤ 如何打造一个精英团队？绿脉独一无二的"6S 文化体系"

迄今为止，绿脉成为一家拥有十来家子公司、总资产达 9000 多万元的中小型集团环保综合型企业。近五年内准备 IPO。做企业应有垄断思维，要么是资金上的压倒性优势，要么是技术垄断，要么是人才垄断。没有垄断，就会不可避免地陷入价格战的泥潭，很难往高精尖的方向发展。

《菜根谭》云：忧勤是美德，太苦则无以适性怡情；淡泊是高风，太枯则无以济人利物。技术落地变现是高校较为普遍的痛点和难题，为写论文做研究，与为直面市场所做的研究从导向到方式和结果截然不同。公司每个月必须做出一项发明专利，当前发明专利已有 40 余项，工作人员的贡献直接与他的收入挂钩，并以公司总资产为分母，其个人年薪为分子，给予股权激励。

绿脉的工作人员均为高学历的高知人才，所面对的客户也是实力雄厚的大型央企、上市企业或者民企。这就必须从更高维度的精神层面进行引导，为他们打造忙中有乐、张弛有度的工作氛围，太功利或者太佛系都不行。几年下来，我们认为：在管理上，分钱是重要的，积极建设事业合伙人制度，强化员工像老板一样的态度以提升其动力和能力，优化战略和系统；在经营上，形成了我们可以称之为属于绿脉的独特的"6S 文化体系"：

第一个 S，是"事"，即做事的事。要脚踏实地做好手头上的事。包括技术、产品、团队建设、组织系统、流程、财务、资本、市场、法务等。

第二个S，是"式"，即模式的式。有一个可复制的商业模式，可推动企业在全国范围内迅速发展；

第三个S，是"势"，即趋势的势。顺应时代大趋势，发展本公司的核心业务；

第四个S，是"士"，即战士的士，勇往直前，不怕困难；也可以是硕士的士或博士的士，言语诚实，行为坚决；还可以是院士的士，德才兼备，具有造福全体人类的使命感；

第五个S，是"是"，既有正确的是非观，又实事求是，遵循事物发展的客观规律，掌握正确的方式方法推动公司向前发展；

第六个S，是"市"，市场是不断变化的、无形的，它是我们一切成果的检验者，我们要紧扣时代主题，研发出真正适应市场需求的产品，在趋势中，更注重实用性与经济性。

➤ 以敬畏之心，领自然之教诲

亿万万年前，在还没有人类的时候，大自然就已经存在了。

亿万万年后，在或许没有人类的时候，大自然又会抹掉一切痕迹，重新开始或者继续存在。

宇宙法则，从来不是一家独大，而是多样化文明相互交织，通过碰撞与交流，共同平稳前进；人类社会，也正是因为存在多样性，才会迸发生机和活力；在大自然，一朵弱不禁风的小花，一株不起眼的小草，都自有其生存的空间与法则。

泰戈尔在《吉檀迦利》中吟道："你的无穷赐予只倾入我小小的手里。时代过去了，你还在倾注，而我的手里还有余量待充满。"这样的世界如此美好。

绿色理念、一脉相承、湘楚福地、清新如画！绿，既指绿色环保经济，也代表环保铝（绿的同音）业；脉：生命脉搏、时代脉搏、传承中国、静脉循环。

在湖南，长沙是我的故乡；在中国，湖南是我的故乡；在世界，中国是我的故乡；在银河系，地球是我的故乡；在更加浩渺和遥远的茫茫星空，银河系是我的故乡……

在这纷繁喧闹的人间，没有人的人生会过得行云流水，只有尝尽人间百味的人才会真正强大，生命的原罪不是犯错，而是什么都不去做。只要敢于放手一搏，即使我们再平凡我们也是限量版！年少时，总想看遍人间繁华做加法，后来发现做一个简单的人才是最大的福气，能够保持"简单"才是顶级能力。因为这个世界上最珍贵的东西往往如此简单——我们的欢声笑语和我们的爱、空气和阳光，以及我们的健康！

我有一个梦想，病毒不再蔓延，世界不再有战争，地球任何一个地方不再有饥荒和创伤。毕竟，于广袤无垠的宇宙里，我们所有人的存在都是一个奇迹，这样的奇迹值得我们去守护……

大病如天启：获得心灵上的圆满也是成功

【导读】

千疮百孔的人，连给别人的拥抱都是漏风的。没有人强大到可以抵挡人间风霜刀剑。在现代快节奏的社会，我们活得无比像一只刺猬。所有的愉悦与安全感都来自适当的距离。我们如此脆弱又如此胆小，还要一本正经伴装强大……当一个人放下所有武器和伪装又会怎样？

【创业自述】

"欢迎×××进入直播间，我们的产品每一个细节都有很特别的含义……"夜已深，心不静，人未眠。我捏着手机蜷缩于床头，看着直播间里屈指可数的几个人，几个小时下来里面的男声逐渐显露出疲惫，并低沉下去，低沉下去……忽然他如梦初醒似的声音变得再次洪亮有力起来——我知道他强打着精神在支撑。

直播的是我先生。每次从公司的直播间回来，他整个人的精神状态都很不好，像虚脱了一般。今年是我创业的第 13 个年头。先生本是一介书生，并非生意人。自己有正职工作，文质彬彬，与世无争。如今因我的病情，他不得已挑起了大梁。

三年疫情改变了很多东西，各行各业都面临着巨大的压力。我们做包装多年，尤其感觉到今年的萧瑟。客户订单下滑了一半，本就不高的利润，再加上客户的各种拖欠及刁难，几乎难以为继。

曾有一位客户在公司做了2万多元的产品，利润刚好是运输费。负责发货的小妹按照正常流程帮忙喊车送过去，由对方付运费。这惹得人家很不满，骂骂咧咧的，甚至各种威胁。

生意越来越难做，在于订单越来越少，类似的客户越来越多。实体企业的艰难在于，随着客户的要求越来越高，越来越多，你必须掌握新的工艺以及更换新的设备。但一台设备至少四五十万，不知道要做多少纸盒子才能收回本钱，搞不好过几年出现更新的技术就被淘汰了，直接变成废铁。

进入这个行业后，我一直非常矛盾，处于极大的精神内耗之中。为了上门要欠款，为了公司前程参加各种培训，导致我一直处于焦虑状态。多年前发生过一次车祸，在被撞的那一瞬间，我竟然不是恐慌，而是感到了一种彻底的宁静和自由：这是天意，我要解脱了。

然而天意让我活了下来。直到去年年底在去拜访客户的路上晕过去一次，被送进医院，经过检查，才发现原来我的头晕、乏力、食欲不振是甲状腺淋巴癌。

熬不住硬熬，扛不住死扛，挺不住还得挺，心里藏着委屈和疲惫。我拒绝承认我的公司、我的家庭、我的生活，以及我的个人状态都出现问题了。

你可能很难想象，结婚十年，我从未叫过另一半"老公"，每天都是以"喂"作为谈话沟通的开端。

你也可能很难想象，10年里，我跟婆婆虽然相互尊重，但那是一种没有温度的距离。如果老公在学校里忙到很晚才回来，我也会在公司办公室磨蹭到很晚才回家，只因感觉独自一人面对婆婆，有点尴尬。

你更难以想象，有一次我的女儿考了95分，没有达到我所认为"优秀"的标准，被我罚站，她的嘴唇不断地颤抖，无声地哭泣，眼泪像断了线的珠子似的流下来，只要我在家，她就不敢淘气、不敢捣蛋的那种压抑的气氛。

虽然我没有表达出来，但我的种种行为其实带有太多的不甘心和患得患失，所以经常用自己严格的标准去面对家庭和员工，整个人活得很累，也给身边的人都造成了很大的压力，我能明显感觉到他们都不快乐……

与其说这是一场病，我更愿意把它看成是一个善意的提示。

能改变自己性格的人，往往也看透了生死。

有时候的改变，可能是自己心里一直想改变，只是没有下定决心，或者缺乏一个契机。

芳唯包装前身是一个家庭作坊，传承自我的父亲。随着客户越来越多，我意识到要做大就必须往正规化的方向去经营，便注册了公司。近十年下来，芳唯包装在我的坚持与努力下有了厂房，有了设备，买了办公场所。

回顾往事，扛住了多少风雨足以自豪但并不快乐。

我们囿于某种情境之下，觉得恐惧、痛苦和难受，无非总是觉得"来日方长"。"来日方长"，于是我们的激情和梦想就这么消散了；"来日方长"，所以我们不断地去追逐财富，直至我们的灵魂变得扭曲；"来日方长"，所以我们不能容忍身边的人犯错，不能原谅别人的背叛，将自己拖入憎恨与绝望的深渊……

我住进了医院。婆婆70多岁了，每天除了辛勤操持家务，照顾两个小孩，还要来医院无微不至地照顾我。有时候到了饭点，我不方便动弹，她便耐心地用勺子一口一口地喂我。至此我得以仔细端详她的面容，才发现她真的老了：皱纹纵横交错不忍直视，头发愈加花白稀疏，眼窝深深地凹陷下去，眼睛里盛满了慈爱与关切……我含泪咽下一口又一口饭，心里想，我得好好活下去啊。

住院期间，我得以有更多时间观照自己的内心。我懂得了提高生命质量最好的方法，就是将每一天都当作最后一天来过。假如我们明天将不存在于这个世界，根本就无暇顾及那些所谓的挫折与伤害。也不会恐惧，所谓的财富与被赞美、被认同，也将会变得毫无意义。

什么样的生命才是不被浪费的生命？过去经常因为休息一两天，就觉得会耽搁天大的事情，如今一住院就是十天半个月，公司在先生的操持下照样运转。我知道其实这些都是不重要的，与家人安安稳稳度地过好当下的时光，才是最美好的。

于是我学会了顺其自然。当我努力了，还没有一个好的结果时，可能是因为这件事超出了我的能力范畴，任何结果我都欣然接受。

2022年，预感到行业逐渐式微，我开始寻找公司业务增长的第二曲线。我发现生命就是造物主赠予人类的礼物，从虚无到存在，让我们享受拼搏的激情、青春的快乐、爱情的甜蜜、家庭的温暖……无论怎样都应充满感激之情。但在这人世间，又有多少爱意因不曾表达或者不善表达而形成遗憾。

这个世界只要还有一个人爱着你，活着就很有意义。

我想到了做礼品。今年终于将渠道打通，目前正通过网络艰难起步。所以先生没日没夜地扑在上面，有次直播间多了几个人，他因卖力讲解而回来得很晚，推开门的刹那，他说抱歉。我深深地看着他说："谢谢。"

至此，我与自己以及世界彻底和解。

人的温柔有两个阶段。一是什么也不懂，待人真诚友善而温柔；二是经历糟糕境遇重新找回自己，开始变得波澜不惊，有着一种从容淡定的温柔。然而没有经过搏杀的温柔终究是天真；千帆过尽后的温柔才更有风骨。

现在周围的一切以我难以察觉的速度在慢慢地变化：我发现老公虽然不够浪漫，但他有稳重靠谱的一面；发现婆婆做的饭菜很可口，我也会直接赞美，婆婆会有意识地做我喜欢吃的菜；放假的时候，我会带着婆婆和妈妈一起出去游玩，看着她们俩老姐妹似的有说有笑，我才感觉到什么叫作真正的幸福。

我一直想把我这段时间所经历的故事分享出来，是希望身边所有的人，都因为我而快乐，希望能给大家带来一些参考的价值。

这样的生命状态，是最好的状态。

恒开电气：不偷不抢，做任何事都会得到别人的尊重

【导读】

贫穷人家的孩子缺乏认知层面的提升，多半以"行动力"见长；富裕人家的孩子缺乏行动力，多半以"认知"进行降维打击。穷人家的孩子要有出路，必须摆脱"生存"之虞，努力进行认知层面上的提升，企业亦如是。

➢ **"不偷不抢，做什么事都会得到别人的尊重。"父母的训蔼，支撑着年少的我放下面子，度过很多艰难时光**

我出生于 20 世纪 80 年代初，在这个年代，大伙依然把田地看得很重要，所以大多农村家庭，如果家里没有老人帮忙打理的话，就会留一个人在家照看田地和家禽，另一个人出去打工挣钱补贴家用。小时候，由于母亲一直在外务工，从记事起，家里就一直只有我和父亲。我的父母虽然都没有读过多少书，但他们的信仰是质朴的，跟我说得最多的一句话就是："人活在世上，只要不偷不抢，不管你做什么事，都会得到别人的尊重，咱靠劳动活，不丢人。"父亲很忙，一天到晚都在侍弄那几亩庄稼地。我从一年级到四年级都是走读，每天来回 20 里路，有时候书包带子断了，裤子开线了，袜子有个洞，便自己找来针线补上，就此无师自通地学会了一些缝缝补补的活儿，后来甚至还学会了织毛衣。

五年级时，我开始在学校寄宿。从这时到初中一直没有吃饱过饭——学校

只管饭，不管菜。自己带辣椒酱、萝卜条、酸豇豆等咸菜去学校，带一次吃一个星期。饭放在一个方形蒸屉里，划出十块，每人一块，有时候晚一点到食堂，自己的那一块就会被四面八方的同学每人"揩点油"，成了最小的一块，如果碰巧，那上面还有几颗老鼠屎，基本上这顿饭，你只能吃到一两口。有的同学饿急了，甚至去学校周边的地里偷吃老乡的生红薯。

初三毕业时，是异校考试，需要在外面吃饭住宿，要交考试费。可就是这么几十元家里都很难拿出来，无奈之下，父亲决定卖掉家里100斤的谷子给我凑齐这个费用。就这样，第二天一大早，父亲挑着80斤，我挑着20斤的谷子步行去镇上卖，到镇上要走很长一段铁轨，走一节枕木太窄了，走两节枕木又太宽了，父亲有很严重的风湿病，又身负重担，在铁轨上一瘸一拐仍奋力前行的背影，让我终生难忘。

那时候谷子7毛钱一斤，100来斤的谷子卖了70多块钱。

这些经历，让我对粮食有着非常特殊的感情，一种质朴、根植于乡土的虔诚深深撞击着我幼小的心灵，在彼时的中国乡下农民家庭中，粮食除了可以果腹，也可以卖钱应急。虽然因量多而便宜，但我从来不因为便宜而轻视它。

高中、大学寒暑假或者周末，我一直在帮人打零工中度过，刷盘子、扫宿舍、操场除草，可以换一顿饭吃，从马王堆批发甘蔗，挑到太平街去卖，被城管围追堵截，狼狈不堪，为了生存没有面子可言。儿时父母在耳边唠叨的那句话支撑着我度过了最艰难的时光："不偷不抢，做什么事都会得到别人的尊重。"

我们大学学费并不低，大约5000元每年。记得有一年暑假，我身上只剩下3块钱了，放假学校要关门，是不允许学生逗留的。于是我便用1块钱买了一瓶水，1块钱买了一个馒头，1块钱坐公交车去商业街找工作。

商业街有很多服装店，我挨家挨户地问他们要不要招营业员。在得到第N次拒绝后，我走到最后面的档口，发现有一家包子铺门口用小黑板赫然写着招收收银员400元/月、洗碗工250元/月、勤杂工300元/月，为了增大被留下的可能性，我便去应聘工资最低的洗碗工的岗位，因为今天，如果再找不到工作，我将弹尽粮绝，面临露宿街头的境地。幸好被留下来了，老板娘得知我是在读大学生，给安排的是收银的岗位。

当你身处高位，看到的都是浮华春梦；当你身处底层，才有机缘看到世态真相。

　　店里包吃包住，那一个暑假，我拿到了 800 元的工资。后来我参加过很多大大小小的饭局，但依然觉得山珍海味，比不上一个包子。后来我会时不时去那家小店坐坐，和老板娘拉拉闲话，买上一两个包子吃，然后心满意足地离开。

　　毕业后，班上的几个男生在劳动广场合租了一个房子，6 个人，只有 1 张床。3 人打地铺，3 人睡床，大家都轮流睡，吃的只有白菜煮面条。这时候的网络还不甚发达，用人单位的招聘信息都登在报纸上，大概一个星期登两个全版面。我拿着报纸，骑着一辆二手自行车，转过这片区域的每一条街，每一条小巷，熟悉了这里的每一栋建筑物，每一个店面，每一个路口。

　　这里对我而言，已然亲切如故人。

　　若干年后，每当我心情烦闷的时候，便会来这里故地重游，想起那一去不回头的青葱岁月，贫穷和无助相互交织，激情与梦想相互并存，万般思绪涌上心头，感慨万千。

➢　商业的本质并非利益的交换，而是在同频与共鸣的基础上形成的信任和欣赏

　　一段时间后，同学都南下广东，我独自留在长沙，在东塘兴业银行担任网络安全员。这时候父亲的身体已是每况愈下，我将他接了过来，每天去药店抓中药，回来熬成汁给他喝，一边上班一边照顾父亲的日子让我心力交瘁，就在快撑不下去的时候，母亲结束了她的打工生涯，回来一起照顾父亲。

　　2008 年，我通过面试进入了长沙一家电力自动化企业，负责公司华南片区电器设备的销售和市场推广。我在南宁地下室租了一个 150 元/月的房子，房间阴冷潮湿，床只有 1 米宽，没有厨房，只能用电磁炉炒菜。妻子无怨无悔地陪着我，有一次她发现别人丢弃的几块木板便如获至宝地捡了回来，我从房东那里借来一把锤子，将它拼成了一个小饭桌。在那个一穷二白的岁月里，我体验到了什么叫作真正的"相濡以沫"，一位贤惠的妻子，一个稳定的身后人，是可以激励也可以成全一个男人的。

　　初来乍到，开拓市场谈何容易，这时候的交通并不发达，而项目工地往往

远离城市，大多数时间都需步行，我艰难地在这个城市跋涉，为了能扎根竭尽全力。一个月甚至跑烂了 3 双鞋。有时候即便你拿到客户的电话号码，人家也不一定会接见你，甚至很多老总看到陌生电话都不会接，大门有保安守着，人也进不去。我就背着背包，拿瓶水和馒头，赶在上下班之前早早地守着，一个星期后，这位老总终于被感动了，签了合同。在这里，我明白了一个道理：做生意一味单纯地去追逐利益是不可能成功的，商业的本质并非利益的交换，而是在同频与共鸣的基础上形成的信任和欣赏。

我每天绞尽脑汁，东奔西走，坚持到两年半后才卖出了这一单，而这一单只有 3 万块钱。这期间，我们想过卖香烛、做旅游、卖桂林米粉，但最终都因为各种原因不了了之。不过在这两年半的时间里，已为公司打下了良好的基础，将市场从 0 到 1 终归是做起来了。

这时候的母亲和父亲为了谋生，在太平街那一带卖盒饭。父亲因患风湿炎症没有得到很好的治疗和休息，已经成为一个行动不便的残疾人，只能给母亲打打下手，刷刷盘子，家里的重担几乎全压在母亲身上；而那时候孩子还很小，一直寄放在外婆家，每次回去看小孩，见的时候，欢欢喜喜；离别的时候，孩子哭得撕心裂肺。

面对现实，不得不低头。2011 年，我放弃了广西逐渐勃兴的市场，回到了长沙，负责北京一家公司驻长沙的分部业务。

回来的这几年里，我一直在思考一个问题，我到底适合走职业经理人的道路还是适合自己创业？因为我的性格是较为内向的，又"不会来事"，更不会，准确地来说是不愿意做一些违心的事，说一些违心的话，所以职业经理人这条路走不通。

➤ 一定要有一个长期的目标，如果你能看到公司未来的样子，便能抗拒短期的诱惑，无惧暂时的困难

这时一位在广州从事电力行业的朋友建议我创业，他在采购上可以给予我一些支持。创业有风险，在电力行业，不少人采取的是"骑驴找马"的模式——一边在公司工作，一边自己注册一个公司创业。但这不是我的风格：人

的精力有限，如果不专注就很难做好一件事；而且我对这个圈子也心存敬畏，不想将来见面尴尬。不管朋友是否真的能给予支持，打定主意后，我向原公司递了辞呈，怀着破釜沉舟、孤注一掷的心态于 2013 年 3 月 20 日成立恒开电气设备有限公司。恒开的寓意为：持之以恒，开拓进取。

恒开成立初期主要代理德国一家公司的电气设备，客户主要集中在航空、机场、地铁、汽车等交通领域。这个行业考验的是落地能力，且项目所涉及的金额都比较大，因此对客户的承诺能否及时兑现非常关键。

有些内向的性格反而让我在交流谈单的过程中占据优势。因为心怀敬畏，所以不敢轻易许诺；因为不敢轻易许诺，更能真诚地面对客户，反而能激发信任。就这样，2014 年，我们开始了盈利。

我亲眼见到一位朋友，为了达到上市的标准，左支右绌地花了近千万元收购公司，打点关系。而这种"上市"还具备极大的风险。

这样的教训，让我从走第一步开始，考虑更多的更久远的恒开若干年以后会是什么样子。这样可以略过短期的诱惑，无惧暂时的困难，义无反顾地往前走，这样的好处就是，与其驾驶一艘漏洞百出的船前往江心补漏，还不如一开始就打造一条坚固结实的航母乘风破浪。

这些年来，恒开从来不拖欠供应商的货款和员工工资。有时候拖欠会让人形成一种错觉，觉得账面上有很多钱，有的创业者控制不住便会挪作他用，为自己埋下了一个定时炸弹：绳锯木断，浑然不觉。有朝一日资金链断裂，腹背受敌，身陷囹圄，悔之莫及。

这些年里，恒开从一开始就规范财务，一分不落地交税。关于税务问题，我认为交税是应该的，人到最后不就是追求一个自我实现吗！这便是实现自我价值的最好体现。很难想象一个不能遵守法律法规的人能够自觉自愿去遵守道德的约束。其实很多事情还是两方面的：当你还很弱小的时候，没有人在意。当你强大的时候，就会被竞争对手盯上，这时候，税务问题是企业最有可能出事的环节，尽量让企业税务干净，做到无懈可击，这不仅是一个公民应尽的义务，也是提高企业竞争力的一个方式。

商场里云谲波诡，作为企业负责人要懂得洁身自好，尽量少去或者不去娱乐场所，规避瓜田李下之嫌。当企业做大做强后，想要搞垮你的人太多了。

创业初期，不用跟亲人说，也不用跟朋友说。亲人是最了解你的人，但也是最不了解你的人，他们看到的只是你生活的一面，并不知道你的潜力，人性的本能促使他们看到的更多是风险，并不愿意让你以身试验，进而泼冷水。也没有必要跟朋友说，创业失败了，只会给人徒增话题；创业成功了，人家也不见得会衷心祝福，能帮助你的朋友只是极少数的几个，而人生得一两个知己足矣。

> **当今天回忆昨天沾沾自喜时，"我"便没有成长；当今天回忆昨天有诸多不足时，"我"正在成长**

《庄子》在庚桑楚篇里说："不能容人者无亲，无亲者尽人。"意思是说，不能容人的人，便没有亲近的人，没有亲近的人也就为人们所弃绝。创业者学会的第一课，便应该是容人，尤其是在现在的社会，创业者为了大局着想，免不了要学会忍气吞声。因为个人的力量终归渺小，再厉害也不可能面面俱到，让员工作为个体活得滋润，有尊严，也是社会的进步，我们要顺应这种进步，积极做好企业文化，并以此来打造企业的核心凝聚力。

恒开每个星期都有自我反思的会议，创业者通过反省找到企业在社会中的坐标，员工通过反省，找到自己在公司里的坐标，大家坐到一起，追昔抚今，以空杯心态，始终进步，一个人感知到自己的进步和成长，其内心是充满喜悦的。

总而言之，创业者毕生需要做的只是两件事：渡己和渡人。造物主便是老师，很多事情包括苦难困厄经过我们的生命，其实并不是为了让我们失去什么，而是为了让我们了解什么，明白什么。

2019 年，恒开在东南亚一带开展了业务，就在这一年，我去柬埔寨金边出差时，感染上了乙脑病毒，这个病毒来势汹汹，当时我已经高烧好几天，意识时而清醒时而模糊，这个病如果处理不好还会伴随后遗症。由于在国内已多年不发此病，且无特效药，辗转了好几家医院，最后在长沙市中心医院开始了我漫长的住院治疗。

所谓"君子见机，达人知命"，我将自己的一整套茶具都带进了医院，每天看书、喝茶，怡然自乐。家人见状，也就没有那么担心了。

在医院里，人并无三六九等之分，在一片白茫茫的世界，只有希望和死亡在轮回，那么可以这样说，所有的生命，都是最可宝贵的，从病床上的退休老干部到搞卫生的扫地阿姨，他们都是最可宝贵的，包括出现在我们生命中的每一个人，不管是饭店服务员还是小区门口的老大爷，都是最可宝贵的。

人生时时处处是修行，明心见性历事练心，和光同尘，与时舒卷，交真朋友，便少陷阱。

和领导们一起吃饭，即便敬酒，我也会端杯按照次序来，并不会刻意去先敬谁，后敬谁。

不想做一个太过于功利化的生意人，想做有血有肉的自己。

商场上当然有太多的身不由己，但因此迷失自己无异于舍本逐末，太不值得。

我觉得人与人之间的情谊，比利益更弥足珍贵，因为利益只是一时的买卖，而情感的共鸣或者相互欣赏可以影响一个人的一生。

➢ 潮平两岸阔，风正一帆悬，恒开电气，正向未来不断飞奔

2017 年，恒开电气从贸易型企业转为资质齐全、专注于智能配电领域相关产品的研发、生产和销售的重资产运行的生产企业。

2018 年搬至经开区，长沙经开区里的每个园区政府都设有企业服务站，在相关优惠政策对接及商业信息共享、创业者培训及读书会交流上，都有很细致的服务和专业的培训，这无疑给跌跌撞撞、一路摸索的中小企业注入了强心剂，恒开在这一年也加快了发展的步伐。

2021 年，是突破性的一年，恒开电气成功取得电力工程总承包资质，并成功在湖南股交所挂牌，完成"长沙"到"湖南"的蜕变，成功迈出了上市的第一步。

迄今为止，跟恒开合作的中字头企业有 55 家，产品广泛应用于国防、交通、能源领域。客户比较散，做得也比较累。辩证来看待，虽然没有大客户的支撑，前期开发成本也很高，但恰不是在一两棵树上吊死，才使我们得以渡过疫情难关，生命力变得更加顽强。

很喜欢长沙经开区的营商环境，用经开区创服中心主任吴信村的话来说："经开区对待企业，就像带孩子一样，小心翼翼地呵护。"细致入微的服务里充满了人情味，也充满了激情。

不过，回款比较困难一直是中小企业的难言之隐，如果真的去打官司就会得罪大客户，而且不止这一个，因为圈子不大。但缓慢的回款，稍不留神就会拖垮公司，企业每天都处于战战兢兢的未雨绸缪中，便难以有余力去开展研发创新，有的单子甚至因为没有把握回款，干脆就不敢接。我曾经有一个这样的设想：能否由经开区政府部门单独成立一个催款办公室协助企业回款，相信这样可以促使更多企业进入高速发展阶段，政府财政也会得到极大的提升。

中能装备：成立于疫情前夕，经受最严峻的考验——活着

【导读】

在长沙，中国曾经"基建狂魔"的称号催生了中联重科及三一重工、山河智能等工程机械行业中的"巨无霸"。它们立足于本土，面向全球，以国际视野谋发展，培育了很多国内顶尖的专业人才，也带动了无数家相关配套企业的发展。随着经济下行，中国基建的脚步放缓，国内工程机械销量也逐渐放缓，与三一颇有渊源的长沙中能装备创始人张作良博士率领团队于园林绿化废弃物处理领域开辟了一个崭新的赛道。做第一个吃螃蟹的人是有风险的，公司成立之初即遇上了三年疫情，张作良凭借超强的自信与营销运作能力，毅然将自主研制的创新产品顺利推向市场，引起了热烈反响，也引来数家同行纷纷效仿。自此，我们得以看到，以三一为峰，峰顶是云海日出、变幻莫测的气象；峰下是百花齐放、绿水长流的壮观景象。或许这些来自外部的变革与创新，某一天会反哺这些"巨无霸"也不是不可能。中能装备创始人张作良先生是一位很有思想的人，他的个人经历层次丰富，可以多维度多方面地观察世界，从而领悟到一些不一样的东西。

【创业自述】

➤ 追星星的孩子

一块眼界辽阔的石头，就是挂在天空的星星。

我们总是羡慕别人的成功可以一蹴而就，却不知自己在漆黑的夜里追着光亮奔跑的时候，生命已经被赋予了更为丰衍的意义。

我于 1983 年出生于湖北监利一个普通的市民家庭。父亲是数学教师，母亲是乡村医生，他们工作繁忙无暇顾及我。童年，我跟比我大两岁的姐姐待在一起的时间更多一些。姐姐上一年级了，四岁的我还没有读幼儿园，便直接跟着姐姐去上一年级。

对于年幼无知的我来说，上学不过是换个地方玩儿罢了。由于年龄实在太小，父母也没有对我做过多的要求。我的成绩一直在班上垫底，作业不会做就拿姐姐的抄。直到最后一次小升初数学摸底考试不及格，被忍无可忍的班主任狠狠地揍了一顿。小升初考试时，数学居然得了满分。

初三毕业，姐姐顺利考上了理想的高中，而我不愿去三流的学校，只好选择复读。

整个校园，因那些熟悉的面孔离开而显得格外陌生，这种陌生又令我有种无言的孤独。一种好像被全世界抛弃的感觉紧紧携住了我，促使我即便在懵懂的年岁也不得加紧步伐往前奔跑，自此"两耳不闻窗外事，一心只做读书人"，最终从学渣变为学霸，以全班第二名的成绩考入全县最好的重点高中——监利一中。

我在高中依然是年龄最小的学生。班上高手如云，竞争相当激烈。很快我又陷入了得过且过的迷茫之中。就这样，高三面临再次复读。我终于意识到——这可能是最后一次拯救自己的机会了，经过一年时间的闭关苦读，终于考上心仪的中南大学。

若干年后，一位自称是我曾经"复读"时的同学前来公司做客，我发现自己居然对人家毫无印象。回想起那段时间，我发觉自己对复读班的所有同学都印象全无。就好像这一段记忆丢失了一般，我那时候的脑海里只有看不完的书和做不完的考卷与习题。

到底是什么原因让我可以在校"玩"好几年，又突然能进入长时间的"心流"状态？后来我仔细思索过这个问题也找到了答案，并帮助到了身边很多人，也帮助到了自己的孩子。

我发现很多时候我们做不好某件事或者学不好功课，大多是因为还没有开悟——思想不集中，心里有困扰。我为何而读书？我因何而做某事？我要成为什么样的人？

人生最重要的一堂课就是认识自己，这个问题的答案，就是一切行为的基石。懵懂年岁无法明白过于深刻的道理时，就需要有外界的力量适时干涉，否则成绩很难上来。

那么，应该如何寻找我们的内驱力呢？

➤ 内驱力：自信的秘密

英语，是一个我难以逾越的槛。

大四毕业季，我凭借良好的形象和强悍的表达力拿到华为、中兴、南海舰队、大型国企、银行等单位的 offer，却因英语四级未过无法前去报到。

最惨的一次是考了 59 分。这一分之差狠狠地教育了我什么叫作"差之毫厘，失之千里"。中学时，我的英语成绩就一直不太好，四级没过只能算作沉疴已久，旧疾复发。

我不得不第一次正视这个问题。

怀着刮骨疗伤的决心我在学校附近租了个房子，每天又三点一线地开始勤学苦读的日子。我有一位朋友是学霸，督促我每天必须写一篇英语作文，我照做不误。在这个过程中我突发奇想：反正都是考试，而且只相隔两个月，不如干脆连考研也一起报了如何？

经验再次证明，那种心流状态确实能达到事半功倍的效果，而且学习起来一点也不痛苦，因为脑海里已被学习占满，极少产生内耗。

此时宿舍室友共四人报考了研究生，其他三人都陆陆续续地放弃了。

考研其实并不难，只要你在考研期间正儿八经地学习过，并且坚持下去，十有八九都能考上。

最难的是坚持，直到最后一刻。

经过一段时间的"闭关修炼"后，不出意外，我的英语四级顺利通过了，同时也拿到了研究生录取通知书。

这给了我几个很大的启示：

第一，成绩的是一点点积累的，量变会引起质变，每天一篇英语作文，是我英语成绩突飞猛进的关键。

第二，当我们解决掉自己人生中最大的难题时，就会获得巨大的能量馈赠，从而产生一种强烈的自信，驱动自己人生的正向增强回路。从此我们便少走弯路，直接进入生命柔软的腹地。

> ### ➢ 简洁的深奥：取精用宏

读研阶段，是我人生真正开悟阶段。

因为学习方式完全改变，由被动式接受转为主动求索。

读研时，虽然导师一直在国外，把我交给了别的老师带，但并没有感觉不妥，因为此时，我已经意识到，学习是自己的事情。

研一时接到帮别人写硕士论文的活儿。写论文需要搜集大量的资料，此时考验的是分辨能力及检索技巧。我就像一个淘金客，在无数砂砾中辨认出细小的金子，将其锻造、塑形，创造出自己的珍品。

这样的学习很有挑战性，令我兴致盎然，一口气写了 12 篇论文，到了研二下学期，我自己的硕士论文也早已写完。

2008 年，我以中南大学优秀毕业生的身份进入当时名气已如日中天的工程机械巨头三一，任职电气工程师，做搅拌站的调试工作。后被提拔任集团总工程师助理。这是一家拥有几万人的大型集团公司，公司所有重点研发项目的信息都要先汇聚到我这儿来，再由我审核以及归纳总结后向领导汇报。领导总是很忙，办公室在五楼，有时候难免需要在电梯里汇报工作。在这短短几秒内要将工作汇报完，就必须直截了当，简明扼要。

还记得我担任总工程师助理后做的第一个 PPT。那是用了整整一个月精雕细琢的精品，将几万字凝练为几百字，加一字则多，减一字则少。这个过程需要像海绵一样大量吸收知识。掌握的信息越全面，才能分清楚主次，厘清逻辑。做完这个 PPT 后，我如同被打开任督二脉，就此成为 PPT 高手，去年我做的全国创新创业大赛的参赛 PPT，一度被专家认为是请专业咨询机构制作的。

很荣幸地全程参与了领导评选院士的材料撰写工作。从几份厚厚的材料之间浓缩出一篇条理清晰、言之有物的 3000 字的文章，那段经历真的是刻骨铭心，让我成为一名材料绝顶高手。写文章最痛苦的就是做减法，只有相当透彻地了解某个事物，才能叙述准确；只有具备相当深厚的写作功力，才能通过中国文字博大精深体现出微言大义。

类似的工作做久了，于是思维里就像有了一把奥卡姆剃刀，可以剔除无关紧要的细枝末节，将我们从鸡毛蒜皮的日常中解脱出来。

我们的生命，将不再被浪费。

➤ 最佳索引技巧：设立锚点，让对的人和事找到你

人是因为某件事被记住，而不是由于某段时间曾经一起处于同一空间而被记住。在人类浩如烟海的信息量里，你将留下怎样的记忆锚点？

记得我刚毕业去找工作。几位面试官正襟危坐，多名求职者一起进去做自我介绍。我做完自我介绍，还会来一段唱歌之类的即兴表演，这样有趣的"附加节目"显然令人印象深刻，因此每回我都能"满载而归"，接到多家公司的 offer。

读研时，因为喜欢唱歌，组建了一个中南大学 K 歌群，将 QQ 群的二维码张贴至校园的每一个角落，"歌友们"顿时纷至沓来，甚至还在群里发现了老师的踪迹。线上火起来了，便策划线下活动。在一次 K 歌会的组织中，我认识了现在的妻子，因为所有的活动都是以群主或者说组织者为中心运转，在哪里都是视觉中心点，因此她在"人群中一眼就看到我"。

进入三一工作，前几个月与其他新同事一起参加岗前培训。我主动请缨担任毕业晚会总导演，每天加班加点想创意、做方案，虽然很辛苦，但晚会举办得很成功，给班主任老师留下深刻的印象，以至于后续集团竞聘总工程师助理时，她推荐了我。也令我得以进一步接触到一家国际大型工程机械公司运转的核心，从而迅速成长。

当你见识过大海的波澜壮阔，你的生命便有了张力。这种张力继而成为你的内驱力，从此你不再甘于平凡。

> ➤ **拥有强大稳定的内核**

"我们人类首先存在于环境之中，我们不能脱离环境，环境塑造了我们，决定了我们的可能性。"有时候回顾过往，会问自己，如果我不是一名创业者，将会去从事一份怎样的职业？

记忆的帷幕拉开，二十多岁的我成为三一集团的内训讲师，站在布置典雅、恢宏大气的讲台上，望着台下肃然而坐的公司领导与高管，我并不慌张。而是从容淡定地翻开 PPT 的第一页。灯光倾泻而下，胸中丘壑呼之欲出。当我不再关注外界是怎么样的，而只专注于自己分享的内容时，一种极为具备穿透力的能量，却偏偏与周围环境进行了更深度的链接，台上讲得不疾不徐，台下听得鸦雀无声……一年下来，极大地提升了我的表达能力和思维能力。

进入三一的第一年，做搅拌站的调试，我几乎有 300 天在外面出差，和老婆很难见上一面，慢慢地厌倦了这种东奔西走的出差生活，正准备考博去高校当老师时，经公司岗前培训的班主任推荐，被人力资源部从 1 万多名硕士研究生中选拔出来，去参加集团总工程师助理岗位的竞选。

这是一个比较特殊的岗位。在研发体系里面，一人之下万人之上，俯瞰全局，拥有核心关系资源，晋升空间也很大。

参加竞选的共有 10 人。我环顾四周，均是出自名校、成绩优秀也都是机械液压专业对口的青年才俊。电气专业的我显得尤为另类。面试一轮一轮地过，到了最后一轮，领导问我能否写散文、诗歌，我答："我只写过论文"。这种只能实事求是的回答，令我觉得自己可能仅仅是长途陪跑选手而已。

没想到最终居然被录取了。也有可能领导觉得"这孩子真实诚"吧！

这期间，我报名参加了公司内部讲师。根据公司指定的内容，自学后面对公司的领导们做分享。我的课程最难，授课的时间高达——8 小时，意味着整整一天，我都要精神抖擞准确无误地进行相关知识的输出。

领导们是学生也是评委，一场一场的课堂下来，他们给的分数从 3.2 分到 4.9 分，逐渐增高，短短一年时间我被评为集团金牌讲师。

不得不说，这是一份收获丰硕的美差。8 小时的课程，需要课堂以外 N 个 8

小时进行提炼与升华，而这些准备工作，倒逼着你成为某个小众领域的专家。

原来当你脑子里真正有东西时，可以如此无所畏惧，从容淡定。这种感觉一直伴随着我创业，为了创业还去攻读了相关专业的博士。

➤ 创业掀起人生的波动，而不管怎样跌宕起伏，终归要回归到价值

2014年，微信刚刚开始起步，短视频还处于萌芽状态。我辞职组建了一个由银行行长、大学教授、企业高管、资深采购等组成的11人豪华团队进军农业电商。

一开始并没有成立公司，只当成公益项目来做，帮助滞销的农民卖橙子。此时的微信朋友圈无法发视频，我便带着团队在朋友圈用图片直播，出乎意料地一炮而红，一个月下来挣了几十万元。

后来投资600万元正式注册了公司。又试做新疆干果，反响同样强烈。我趁热打铁，迅速组建了湖南省微商协会，自任会长。虽然当时中国有没有微商这个行业存有争议，协会最终没有注册下来。我们举办的湖南省首届微商创业大赛，邀请到了很多流量大咖和网红，也得到了省委政府的重视，纷纷前来坐镇捧场。

热度只增不减的状态下，我们又于江西宜春明月山下租了一百亩用来地种植富硒大米，以不打农药、纯绿色有机农业的概念做认养模式。项目的再次火爆极大地鼓舞了我，便准备将这个模式复制到紫鹊界梯田。

这时股东内部发生了一些问题，由于大股东的入缴资金迟迟未到账，导致公司资金链断裂。军中无粮，这个仗还怎么打？年轻气盛的我就此撂挑子不干了，正如火如荼的项目顿时全部中止。

多年后回看此事，可能随着年龄的增加，对于一个事情不会那么容易放弃。只是当时年轻，面临的选择机会太多了。

这期间陆续有项目找到我，我受初中同学邀请，成为合伙人，全面执掌公司，将直营转为加盟模式，将他处于瓶颈中的100家包子连锁店，在一年之内扩展至500家，且势头遒劲，令同行都退避三舍。

此后，还与一位长辈合作了梅溪湖空置了两年之久的 3 万平方米的商业地产，一年之内将之从荒无人烟的"鬼楼"变成了热闹非凡的繁华地带。

这些项目看起来都运作得很成功，但于我个人而言，却并没有多少成就感。我是个善于做事的人，并不适应商场上的钩心斗角。

从公司出来那么久，折腾着各种创业，也一直跟公司过去的领导有联系。他坦诚相劝，机械行业相对来说比较简单一些，我们在这个行业待了这么久，情怀与资源兼具，何不重新回到这个行业来，为之去创造一点实实在在的价值，解决一些实实在在的问题呢？

这段话提醒了我，也打动了我。

我们决定合伙研发一款产品。这款产品肯定要避开老东家的锋芒，最初想进军农业秸秆市场，为老百姓解决农村不能焚烧秸秆的问题。经过市场调研，发现国内市场环境并不成熟，并且是个用大炮打苍蝇的工程。无意中跑到一个林场，发现里面有大量的林业废弃物，并且处理设备清一色都是进口的，我顿时眼前一亮：我们完全可以做进口设备替代。

就这样，我们于 2019 年年初成立了长沙中能装备制造有限公司，前 3 个月一直处于摸索状态，团队奋战了 5 个月后，终于做出第一台产品，可是这个产品依然有瑕疵。又经过无数次的实践和迭代，才形成现在的产品：我们自主研制出了国内首款带智能抓手的树木粉碎机，设备就地粉碎树木，效率高，无污染，容量大，但有一个问题，它是牵引式的，需要拖着走。

在我们第一次拖着上路做实验时就被交警抓了——这样的车"没有路权"。

我们才发现国外的牵引式设备，完全不适合国内市场。于是便想为什么不开发出一款"有路权"、可以上牌的专项粉碎作业车呢？这下不就更方便了吗？绿化垃圾在哪里，车就开到哪里。粉碎完毕的树枝直接拉去做资源化利用。

产品初次在展会上亮相便引起了行业的轰动，成为展会上最耀眼的明星。

公司成立三年时间，我们授权了 40 多项专利，研发的数十款产品全部为国内首创。2022 年参加中国创新创业大赛，从经开区到长沙市，再到湖南省，层层 PK，最后闯进全国 100 强。我们的研发团队全部来自工程机械行业顶级的资深高级工程师，从工程机械进入园林机械，属于降维打击，很容易将技术引领至行业顶峰，引来数十家企业争先模仿——我们不仅首创了园林垃圾粉碎车，还开启了园林垃圾清运处理的全新模式。

➤ 生命中所有的底气和力量，源于你站在真实的基础上

制造业与互联网怎么结合一直是个行业难题。

中能装备曾经走过一些弯路。前期我们花费大量的资金与精力自建了一支专业运营团队，以角色扮演剧情式的短视频吸引了大量粉丝，然而并没有成交一单，甚至连一个询盘的客户都没有。

一段时间后，我停止了这种"虚假繁荣"。偶然的一次新媒体培训课程上结识了年轻的新媒体老师舒丹丹，也是我中南大学的学妹。此时的她已通过网络变现了上千万元的成交量，在该圈子是炙手可热的风云人物。

她提了一些很中肯的意见：在没有找到更好的方法前，干脆就脚踏实地发布产品、发布车间甚至办公室场景。如果播放量有 2000，至少也有 2000 人看过你的产品、知晓你的品牌，这就是有效传播。而每天有 2000 个人看过你的产品，一个月下来，也有 6 万个人看过你的产品，一年下来，至少也有 72 万人看过你的产品，随着人群基数的增加，成交的概率就会很大。

现在舒丹丹已成为我的合伙人，经过她的运作，短视频账号每天都有几十人询盘，隔三岔五就有客户前来车间考察。

创业就是打天下，就是上半场。创业者如果不能务实，对企业的发展来说将会是一场灾难。

➤ 培养团队需要机缘

在一个大咖云集的饭局上，我发表了一个观点。有一名心理学博士女孩特意绕了大半个桌子，在我耳朵边轻轻地说了一句话："我不赞同你的观点。"自问我本是一个已经很能虚心接受别人的建议及意见的人，然而当时还是被大大地震惊了。尽管她做得也很得体：悄悄地过来只告诉我一个人，但我却愈加有种被当面打脸火辣辣的感觉，当下谈兴全无。

我知道忠言逆耳的分量。

我意识到有些经历，必须自己去走，有些坑必须自己去踩，只有自己实践过的，才能心领神会。就如《天道》里所说的："只要不是我觉到的、悟到的，你给不了我，给了我也拿不住。"

不管对孩子，还是对自己的接班人，你的出发点再好，但还是有很多东西是不能越俎代庖，也不能急于求成的。你不能帮他吃饭，不能帮他们思考，在人生的风雨路上，你不能代替他去淋雨，你只能一程一程地陪他们走。

直到他们在路上问："我该怎样做才能更好一些？"

【结语】

我们的生命并非由时间组成。

这就是为什么"亡羊补牢，为时不晚"；

这就是为什么屠夫可以"放下屠刀立地成佛"；

也就是为什么"有的人活着，他已经死了；有的人死了，他还活着"。

我们的生命是由我们曾经做过的事和将来要做的事组成的。

我们的一生就像由无数大大小小的事件勾勒而成的网。

纲举目张时，其余的都是时间滴落的声音。

人生平凡，但经历不平凡，生命如此宝贵，愿我们都活出各自的精彩。

西拓新材：生命以痛吻我，我却报之以歌

【导读】"作为一名残疾人，工作和生活能做到按部就班，我感到非常幸运：顺利进入大学、毕业后马上就能找到工作，参加工作后第二年就买了房，然后结婚、创业……在人们传统印象中，残疾人难道不应该是以获取别人的同情为生，和乞讨、卖艺画等号的吗？"采访过的创业者中，湖南西拓新材创始人邵晓克先生是最特殊的一位。命运的伤口意外撕开了一个窗口，给予了他一个如此丰富的内在世界。可能正是因为外在的遗憾，迫使人们不得不往内求，从而回归生命的本源，触碰人生的实质，并通过外在的显化，影响到更多人。

【创业自述】

> **➤ 不管是多么平凡的人，都有自尊、自信与自强，都有追求幸福的权利**

儿时家里不幸遭遇了一场大火，从火堆里死里逃生的我被全身烧伤，从此小心翼翼地活着，敏感和自卑伴随着我，也因此养成一种不服输的性格，总是愿意用十二分的努力尽可能地把当前的事做到最好，唯有如此，才能找到那么一点点自信。

家庭的困苦是我从小的记忆，母亲在我 13 岁时去世，父亲带着我们兄妹三

人艰难度日，每天都是愁云密布。高二那年，家里尤为困难，弟弟上中专花费不菲，我也需要用家里的粮食换粮票，恰逢当年麦收时遭遇连绵阴雨，只能眼睁睁地看着麦子在地里发芽，就这样家里吃了一年的发芽麦，蒸出来的馒头黏黏的、苦苦的，难以下咽。作为家里的长子，我无法为父亲分忧，只能偷偷减少伙食的开支，每当父亲问我粮票够不够，我都说够了，其实老是吃不饱。有一次没吃饱跑到学校门口准备买一块5毛钱的烙饼，犹豫了半天还是没买，一直等到下一顿。

有一次，从同学那里借到一本小说——《平凡的世界》，相似的遭遇一下子把我吸引住了，通宵达旦地看完了三卷。这是本对我人生影响最大的书。主人公在苦难的生活中仍自强不息、孜孜不倦地追求深刻的人生体验使我醍醐灌顶——不管是多么平凡的人，都有自尊、自信与自强，也有追求幸福的权利。

大学通知书下来的那个夏天，我正跟着父亲钻在玉米地里掰玉米，汗水浸在被玉米叶划开的伤口上火辣辣地痛。接到通知书那一刻的欣喜过后，我们马上又陷入沉寂，家里有三个学生，全靠父亲一人劳作维持家用，根本拿不出高昂的学费。但是我知道这是改变我命运的唯一机会，于是第二天就一个人去亲戚家借钱，父亲也到处想办法，最终东拼西凑地凑够了当年的学费，可是生活费仍然没有着落。所幸学校在得知情况后主动减免了我当年的学费，并安排了勤工俭学。就这样靠着勤工俭学和奖学金，我顺利完成了四年学业。学校和社会在我最困难的时候给予了我帮助，这一点我始终铭记。

此时家里仍然非常困难，弟弟妹妹也在读书，马上也要考大学，花销越来越大，迫切需要我有一份工作来补贴家里。薪水几何，有没有休息，管不管吃住，有没有保险，专业对不对口……这些都不是我考虑的，我也没这个资格。能拥有一份工作就是很幸福的事情，这是刚刚走出校门的我的真实心态。

毕业前夕，湖南一家企业去我们学校校招，我第一个递上了精心装订好的简历。一个星期后，可能有感于我的积极主动和善于抓住时机，本来不在录取名单上的我被临时通知去公司参加实习。在机会面前，我从来不退缩。

我十分珍惜这个来之不易的机会，在做完自己的事情后，处处留心找事做。这时候公司需要采购一批电脑和网络设备，作为公司唯一对电脑有点研究的员工，我自告奋勇地承担起选型和采购工作。调查了几家供应商后，发现通过单纯的谈判很难将价格降下来。由于经常见到公司参与投标，于是灵机一动，便向领导建议采取招标形式采购，能货比三家，领导欣然应允，高兴地说："咱们从来都是投别人的标，还从来没招过标呢。"我也是现学现卖，从撰写技术要求、标书到组织评标，每天晚上都工作到很晚，结果一切顺利，因此为公司节省了好几万元，得到了公司的嘉奖，并提前两个月转正。

我们没办法选择自己的出身，也没办法选择自己的样貌，但是我们可以选择自己的人生，每天比别人多努力一点，累积起来的能量就足以改变一个人的生活。

➤ 虽然机会垂青有准备的人，但更多时候，机会是自己创造的

与我同时进入公司的还有十几名大学生，他们的培养方向是从事销售，有一次公司组织资深销售人员给他们讲课，我在旁听，初步了解了公司业务的发展方向，对此产生强烈的兴趣。我意识到通过网络营销可能是个机会，便把想法向公司领导汇报，领导非常支持。于是我马上边学边做，改版公司的网站，充实和优化网站内容，并针对几个重点搜索引擎进行优化，经过几个月的努力，核心关键词排到了搜索引擎的首位，询盘量也大大提升。在回答和处理客户询盘中，我不得不逼着自己学习产品知识、了解客户工况，慢慢地有了一定心得，成交了一些订单。

那时候，公司还没有成立销售部，没有销售内勤，一旦遇到需要报价、做标书，就要叫上几个懂电脑的员工临时加班。随着公司外勤销售人员的增加，这种模式的弊端越来越明显，服务得不到及时响应，所做的文件也漏洞百出，外勤怨声载道，客户也不满意。我把这种情况跟领导汇报，领导马上拍板："你提的意见很好，现在没有合适的人选，你看是不是由你兼任销售内勤？"就这样，我又兼任了销售内勤，为销售外勤提供销售服务。虽然工作量加重了，但是接触一线客户的机会更多了，在为销售人员服务的同时，也学到更多销售的知识。我把学校所学与销售结合起来，对市场、客户、产品进行梳理和分析，帮助领导和销售人员作决策，取得了大家的一致赞许。

经过将近一年的探索，我觉得未来电子商务很有发展前途，于是撰写了30多页的电子商务发展规划提交给公司领导。那时候，与我一同入职的十几

位销售外勤因为没有信息支撑，业务无法开展，以致宣告失败，离开公司。公司的销售模式主要依托销售代理方式，销售人员与公司是松散的合作关系，业务一直不温不火。而我提出的以电子商务为信息支撑，销售外勤为业务落地抓手的方案正好解决了这个问题。公司领导看了方案后，非常高兴，立即任命我为电子商务经理，组建电子商务团队。经过将近两年的发展，电子商务团队成长起来，并逐步成为公司销售的主要来源，销售额也以每年40%的速度递增。我也由此升为销售部副部长、部长。

公司领导的这种雷厉风行、大胆授权的用人风格对我影响很大。犹如大部分将军出身于行伍，人才的成长也需要伯乐，所以每每念及此，总是对那里的领导和同事心怀感激，犹如恩师，终生难忘。

➢ 诚实守信，方能化危为机

有一次，接到了一个为一家水泥企业窑尾收尘管进行防磨处理的订单，在此之前，我们尚未涉足水泥行业的业务，所以我很认真地询问了客户该设备的运行工况，特别是运行温度，在得到准确答复——运行温度不超过200℃后，为客户推荐了耐温250℃的粘贴型产品。

结果使用不到3天，客户反馈陶瓷全部脱落，接到客户的电话是周日下午5点，我放下电话，马上和技术人员坐火车赶往客户所在地。下了车，正值凌晨4点，我们二人找了家小旅馆住下，第二天早上7点不到就出现在客户面前，客户又惊又喜，连连称赞我们的服务态度。因为事出蹊跷，我请客户查了机器运行数据，结果发现前一天凌晨1点到1点30分这个时间段，设备有将近400℃的超高温的情况出现，后经了解，系系统运行不正常所致。原因找到了，责任不在我方，系选型错误，请示公司后，免费帮客户升级了高温型产品，客户对我们的专业和服务态度赞赏有加。从此，这个客户成为我们的忠实客户。

这次危机处理，使我时刻铭记古人总结的"祸兮福之所倚，福兮祸之所伏"所蕴含的人生哲理——遇到困难不放弃，得意而勿忘形。

➢ 辛勤耕耘，总会有回报

通过为客户的一次售后服务使我认识到，要做好一件事，不但要知己，也要知彼。尤其是销售工作，只知道自己的产品，而不知客户的设备、工艺，永远都是门外汉，可能会酿成大事故。

这时候，水泥厂应用耐磨陶瓷来防磨还是个新鲜事，很多水泥厂听都没听说过。但是经过这家水泥厂的应用，确实能为客户解决大问题，为了使更多的水泥企业应用这项新技术，为公司开辟一个新行业。我利用一次为客户服务的机会，认真了解客户的设备，不懂就向工人请教，再与公司的产品结合起来，终于搞清楚客户的设备运行机理，结合公司产品，写了一篇关于新材料应用于水泥行业的论文，在水泥专业期刊上发表，取得了良好的效果。随后两年，公司在水泥行业的销售额从无到有，直至占公司销售总额半壁江山，兄弟厂家也纷纷加入这个市场，使耐磨陶瓷成为水泥行业防磨的标配。因此，当年人社部评选"全国建材系统劳动模范"中，我有幸成为湖南省 5 位劳动模范之一。

➢ 一个企业存在的意义是能不能为社会创造价值

有一次，客户问我能不能帮他们解决一个难题。原来这家企业因为工艺问题，循环风中颗粒严重超标，造成循环风机磨损特别严重。通常可以使用 2 年的风机叶轮，他们只用两个月就需要修复。而叶轮的修复又是一项复杂工程，首先要用吊车把盖子打开，从中吊出叶轮运到工厂堆焊修复，完成后再装回去，进行动平衡矫正，这个过程通常需要几天。造成了极大的人力财力浪费，再加上巨额的停机损失，企业不堪其扰。

风机叶轮是高速运转的机械部件，对风机叶轮进行防磨是行业难题，一旦防磨层脱落，将会造成叶轮不平衡，严重的会导致飞车事故。经过严密论证和计算，我们采用独特的结构和工艺，攻克了高速运转部件防磨难题。这台叶轮成功使用了 18 个月，是原来使用寿命的 9 倍。后来又做了一台，寿命长达 2 年，效果非常明显。区区几万元的成本，却可创造 100 多万元的效益，这使客户非常高兴，其总经理亲自表示感谢，并大力推广这种新技术在其他设备上的应用。这件小事让我认识到，上天从来不会辜负你的每一分努力，一个小小的创新，就可以带来巨大的社会价值，把新材料用到工业设备防磨上这条路是正确的。

创办西拓新材的初衷就是为工业企业提供新材料及防磨服务，因此我给企业的定位是"专注、专业、服务"，目的是聚焦新材料防磨应用。经过不断探索，目前公司形成了以氧化铝、氧化锆、碳化硅等先进陶瓷材料和高分子材料、合金复合材料为基础、以工业设备防磨为核心的一整套产业链，服务于水泥、火电、钢铁、煤炭、港口、化工、选矿、石油、机械等工业企业。除此以外，公司不断延伸服务链条，为客户提供技术咨询、工程设计、设备制作、设备安装等一整套防磨技术服务。

在无数次帮客户解决了难题、提升了设备使用寿命、节约了运行成本后得到了客户由衷的尊重和感谢后，我认为我们在做有价值的事。

➤ 发现人，塑造人，关注人

记得毕业实习期间，有一次坐公交车经过一家企业，在这家企业的外墙上有几个大字："发现人，塑造人，关注人。"作为一名基层员工，当时我看到这样的标语心里暖暖的，心想如果一个企业能够做到这种胸怀，他们的员工何其有幸。我牢牢地在心里记住了这句话，现在我有幸能将这种用人理念推行到西拓公司。

每当我看到身边那些聪明能干的残疾人没有合适的工作时，我就想如果有一天我有能力，我要尽可能让这些残疾朋友也有一份稳定的工作，靠自己的双手创造财富而不是靠别人的怜悯和施舍。现在，我们公司也有几位残疾人，虽然有这样或那样的缺陷，但是他们聪明能干，责任心强，很多方面比健全人更胜一筹，成为了我的左膀右臂。现在他们有的工资上万元，买车买房，实现了有尊严地工作和生活。

有一次，一个客户需要我们到现场指导安装，而其他售后人员都到别的项目去了，不得已我带着一位同事前去。这位同事是一名焊工，以前从来没有接触过类似案例，但是我觉得他这个人很聪明，事业心也很强，应该可以完成任务。后续的工作我便逐渐放手交给他去做。事实证明他做得非常好，客户赞不绝口。我感觉可以对他进一步雕琢，便对他提出更高的要求，鼓励他学习机械制图，现在他已经从一名焊工转型为一位技术员，可以独当一面。

后来他告诉我，在来西拓之前，他曾经工作了十几年，为好几家企业做事，都是操作工，从来没有想过自己能更进一步，也没有这种机会。在西拓，他觉得一切皆有可能，也彻底改变了他的生活。现在他不仅把妻儿老小接到了长沙，还准备在长沙买房定居。

在西拓，不唯学历，不论资格，而是秉持"发现人、塑造人、关注人"的用人理念，从行伍中发现人才，一对一地制订个人发展计划，用心培养；而在人才的任用上，尽量扬长避短；对德才兼备的人，充分放权，大胆任用。

在这样的氛围下，现在公司学习蔚然成风。我们一位负责电子商务的同事，默默开始学习CAD、三维建模以及三维动画渲染软件。这是非常复杂的系统，直到做出作品我才知道，大为惊讶。原来他是为了让我们的产品更有表现力，为了把工作做得更好。这让我非常感动，公司在为他加薪的同时也对他提出了更进一步的培养计划。

是金子总会发光，我相信他们一定会成功。

➤ 一个人用心活着，世界会感受得到，它会派天使下来拯救你

我本以为这一生我无缘爱情。

认识她时，我还是个刚参加工作的毛头小子，全部家当只有几百块钱，住在公司的集体宿舍。

我们在同一家公司工作，当年的她，裙裾翩然，温柔大方，也很有上进心——正在努力学习电脑，几乎每天都要问我很多问题。

每次见到她，我都深深地低下头，不敢直视。后来我们在一起谈恋爱后，她将我的肩膀扳过来，把我的头扶正，看着我的眼睛，一字一顿地说："听着，我喜欢你，跟外貌，所有的一切都没有关系，你很优秀，你一定要学会看着别人的眼睛说话……"

一个好的爱人，她会不断给你能量，帮助你，鼓励你，支持你。

遇见她之前，我除了工作就是工作。遇见她之后，我才知道原来一个人除了工作，还可以享受生活。

她爱吃零食，经常会隔三岔五去超市买各种各样的零食回来；爱漂亮的裙子或精致的小草帽，爱旅游，爱一切美好的事物。

在她的带动下，我终于能坦然自若直面阳光，灿烂微笑。

我不知道的是，她家里人坚决反对我们时，她向公司领导求助，由领导出面和她姐姐一起说服了她的父母，终于让我们的感情有了结果。

"对于世界，你可能是一颗尘埃，但对于我来说，你便是我的全世界。"这是我写给她的句子，也是现在我的感受。

创业期间有太多不确定性，经常会面临资金问题，我们常常会将好不容易购买的房产和写字楼抵押给银行以筹措流动资金。我不知道一个女人要有多强大的内心，才会经受得起这种跌宕起伏。但这么多年相伴相随，不离不弃，已形成了默契。

若干年后，我已不害怕站在人群中，接受众目睽睽的注视，经受造物主的检阅，也经受自己灵魂的审查，我相信一个人散发出的磁场，会吸引到更多同频的人来到身边，最终协助你，成全你。

做工程要有所敬畏：越是看起来简单的事情，水越深

【导语】

心理学家们喜欢回溯一个人的认知及思维形成的缘由。而事实上，当原生家庭没有力量给我们提供引导和帮助的时候，只能靠自己在社会上摸索，不管撞得如何头破血流，只要我们站起来继续走，所有的弯路也就不算弯路；因为未来的世界就是我们的信念在现实中的投射，而百川汇聚，终会殊途同归。

湖南瑞弗斯科技发展有限公司创始人之一谭磊先生性格内向，却能够将业务做得风生水起；家境贫寒，却视安逸为洪水猛兽；曾经满怀信心创业，却屡遭失败；最终深耕于建筑加固材料行业，现在到底做得如何呢？

➤ 社交恐惧症患者的自我设限：安全感的严重缺失

一墙之隔，咫尺天涯。像是卡夫卡《城堡》中的那个土地测量员，我足足在人家工厂门口坐了整整一天，依然难以跨出第一步。

第二天，墙内机器轰鸣，偶尔夹杂着交谈的人声，日高影短，我在门口又徘徊了差不多整整一个上午。

片刻，工厂里机器停了，传来一阵阵米饭的香味，我下意识地看了看时间：又是中午 12 点。

不知又挨了多久，影子掉了个头。看了看时间，已是下午 5 点，人家又快

下班了，做了各种心理建设后，终于打定主意走进了这家工厂的大门……

这是我第一次跑业务的情景。

心理学上认为，一个孩子与母亲的关系，决定着和所有人的关系；与父亲的关系决定自身的力量，与父母关系的综合就是与整个世界的关系。

或许由于从小失去母亲的缘故，我的性格非常内向，就连去村里的小卖部买个东西，都要做各种预设。比如我到了小卖部应该说些什么，老板会是什么反应，等等。后来我去北京的一家做防水材料的公司报到，因为从来没有坐过地铁，甚至不顾司机的"良心建议"，拒绝选择出租车+地铁的更优出行组合方式，硬是花了几百块钱打的抵达目的地。

> ➤ 矛盾综合体的形成：现实与想象的激烈交锋

我大学学的是建筑工程专业，走上社会后经过一番总结和研究，发现几乎所有公司的老板和高管，大部分是业务出身。为了彻底改变自己的现状，我决定从改变自己的性格开始，应聘至湘阴本土一家做家具板材的公司做销售。

这家公司老板的年龄较大，性格温和待人宽容。公司氛围其实挺好的，大家的日子过得都很安逸。几年下来我在公司已经有了一定的客户基础，也做出了一点小成绩。但一种潜意识的危机感让我视安逸为洪水猛兽，觉得这样的人生有点不对劲，但又不知往何处去。

直到有一天某招聘网站的猎聘给我打了一个电话，问我有没有换工作的意愿？我本能地一口回绝后便再未放在心上。不过猎聘的工作人员并没有放弃，他给我发了一个电子邮件，上面写着一家知名的防水材料公司以 12 万元的年薪招聘销售——当时是 2010 年，那时我的月薪底薪是 2000 元/月。

我发现穷人家的孩子身上普遍都存在着一种非常尖锐的矛盾性，既害怕改变又渴望改变。害怕改变是知道自己没有足够的试错成本；渴望改变是因为不甘现状而急于摆脱现状。12 万元的年薪给了我足够的底气，面试通过后，便毅然决然地辞职踏上北上的列车前去报到。

事后想想，幸亏这还算是一家正儿八经的公司。不然过于注重短期利益很容易被骗。

➤ 在海里游泳：被浪推着走，也被浪掀翻

这家公司总部在北京，入职后令人大开眼界，同时压力倍增：因为这里每个人的能力都很强，很多人被赤手空拳派去内蒙古、新疆开发市场都能拿到好结果。印象最深刻的是部门的一位极有职业魅力的姐姐，也是从业务员做起，当时已成为公司的核心骨干和高层管理。

公司做过的项目也令人如雷贯耳，比如×××会堂、×××纪念馆、×立方等。彼时，我们正式入职的要求便是3个月内开发一个经销商，未达标者，视为自动离职。

我被派去湖南永州开发市场，公司的产品并不便宜——去一个比较穷的地方卖一个最贵的产品，我知道要拿到高薪必然是有难度的，但没想到难度如此之大。这段时间我整个人仿佛被一根绳子吊在悬崖上，神经高度紧绷，压力山大。

几乎是怀着被流放的心情来到永州。很快我就厘清了思路：要找经销商，不如先找到一个项目，用这个项目来吸引经销商。经过走访，我得知某个政府项目正在对外招投标，因公司实力确实还不错，也有相关案例在圈内鼎鼎有名，顺利拿下项目后，我很快便找到了经销商，顺利地结束了试用期转正。

北方的企业好像比较崇尚酒文化，慢慢地形成了一种习惯，大家是有应酬了喝，没应酬了互相喝；早中晚三顿都是酒，睡前也要小酌一杯。整日浸淫于纸醉金迷，昏昏欲睡之中也令人感觉到一种虚空和厌倦……

➤ 有的行业"看上去很美"，结果不一定美

一年后我离开了这个行业，进入了一家以皮鞋设计生产为主营业务的知名品牌做督导。作为厂里派来的"钦差大臣"，我很受代理商的尊敬，有的甚至会在我去卖场视察前，先做好接待准备工作。薪水也还不错，如此过了几年的安逸日子。后来面临公司改制，内部政策骤然收紧令我非常不习惯，加之这几年也存了一点钱，人有点儿飘了，便想着创业，做餐饮。

我是个行动派，从萌发此念头到落地执行，仅用了半个月。我揣着这几年积攒下来的 35 万元全部积蓄很快于星沙大道很快便盘下一家约 300 平方米的店面，转让费就花了 18 万元，计划开一家主打年轻文化的时尚餐厅。该店从装修到桌椅显然并不吻合我的设想，于是对装修一窍不通的我，便亲自带人将店面按照我的构思全部重新整饬一番。

装修过程十分痛苦。敲了这面墙，那面墙就出问题；补完这边，另一边又烂了。然而这仅仅才是起步。因为我对餐饮一窍不通，请了个高级酒楼的厨师班组，人工成本不说，大厨对食材的品质要求也非常高。

居高不下的成本开支和难以上升的菜价定位令我苦不堪言，很快店里就入不敷出，每日都在负债经营。我个性追求完美，且并不轻易放弃，一两个月后，尝试转换风格，重新将店改头换面，做土菜馆。

却依然回天乏力，最后连买菜的钱都没有了，此时我已欠了亲戚朋友很多钱。2013 年 12 月 30 日，在全市即将到来的喜气洋洋的跨年气氛中，我非常痛苦而又艰难地确认，自己第一次创业失败了。

此时我所有的积蓄全部打了水漂、信用卡全部刷爆、唯一的车子也被抵押给了债主、外加一身外债。过年走亲戚时都拿不出红包，还是找父亲借了点钱打发小朋友图个吉利，后来买房还受到了影响。

这是我人生中最迷茫和沮丧的一段时间，对世界有了新的认识，也对自己有了非常深刻的反省与剖析：凡事不能看表象，只做自己最擅长、最熟悉的事情，要相信专业、尊重专业，专业的事找专业的人做。

➤ 稳定只是一个假象，不确定性无处不在

痛定思痛，还是打起精神面对现实。听人说深圳、广州那边的工资高，正准备去那边找工作时，接到一个招聘电话，就此与湖南本土一家建材企业结下不解之缘。这家企业当时是行业的天花板，老板是大学教授，温文尔雅，博学多识。公司购买了 40 多亩地，自建了厂房和办公大楼，亭台水榭，假山鱼池一应俱全，格调高雅，环境优美。

我以 10 多万元每年进入该公司做业务员。我被派去广西开拓市场，2015——

2016 年遇见了一个千载难逢的机会，一个特大项目——南宁市政府发布通知，要求整个南宁市内的所有桥梁都需要做美化工程，所需的施工工艺及材料与我们公司涂装体系刚好吻合。

而此时拥有全套施工工艺材料的在全国仅我们一家，这个订单看上去已经是板上钉钉的事情了，一时间在行业内产生了地震式的轰动。然而此种材料不同于一般材料，成本本来就高，报价自然也不低，施工单位也属于"第一次使用"心怀质疑。

无独有偶，这个项目的风声走漏到了竞争对手的公司，他们想方设法让人从我们工厂买了样品回去研究，经过研究后也开始加急生产，价格比我们便宜很多。

经竞争对手插了这一杠子后，我前面所做的所有的铺垫、准备工作全部化为乌有。不得已只好重新就价格、材料、技术做调整。彼时的心情如同在极短的时间里坐过山车：上午可能还阳光明媚，下午客户那边有所变动，马上又风雨满楼。

为尽可能地争取客户，我们做到了极致：本来只卖材料和做技术指导。现在厂里刮腻子做涂料的全部都上，相当于免费帮忙。整个南宁市桥梁全部同一时间动工，大家紧锣密鼓，加班加点——因为稍微松懈就会有人想办法挤进来。

在南宁奋战 100 天，我的眼睛还因此受伤了，这个项目全公司都花费了极大的精力，沟通、讲解、忍受委屈与挑衅……一位 80 后的同事，待厂里发完最后一批货后，这个铁骨铮铮的男子汉没忍住哭了。

➤ 做工程要有所敬畏：越简单的事情，水越深

经此一役，在我回到公司大半年的时间都没有再出差。正逢此时父亲又生了重病，作为独生子的我责无旁贷公司医院两头跑，但 2018 年元旦前夕父亲还是走了。

2018 年，我还是想自己继续创业。这时候的我意气风发，又一腔热血，以事业第一位，谁阻拦都不行的气概再次创业做工程，并成功以劳务形式进入岳阳一个商场的加固项目。但在这时又发生了一个意外：一名工人从架子上掉下

来摔成了尾骨骨折，由于缺乏经验没有为其购买保险，就此整个项目的利润因了这次事故化为零。

后进入怀化溆浦一个政府工程，由于政府财政需要走流程，因此前期需要垫资。且为了应总包方的需要抢工期，我叫了200多个工人在项目上。总包合同写得很好，但他们并不按照合同兑现。欠下70多万元工程款一直拒不支付，道行颇浅的我当时还认为只要有合同，证据齐全，就可以打官司走法律程序。却未曾想到总包方跟我们签订的合同是："按照实际工程结算。"这个就很难说清楚了，不出意外地，官司输了。

这一次，不但没有赚到钱，我还亏损了70多万元。但也就此给了我一个深刻的教训，直到我创办现在这个公司时，明确规定公司的合同必须经过专业律师的审核，且发票及相关票据必须以文字的形式存档，发货单必须有相关人员的签名等。

后来又接了一个工程，因管理不善耽误了工期，再次亏损。

所有的亏损我都认，但即便输得一败涂地我也永远不会服输。"所有的事情到最后都是好事，如果它没变成好事，那说明还没有到最后。"

➢ 可以亏钱财，千万不能亏人品

做承包工程虽然亏了，但人品并没有亏损，因此我在行业内积累了一些人脉，认识了现在的搭档——罗总。他的父亲老罗总做建材起家，生意做得非常大，将他送去学习高分子材料专业，也是有让他接手家族生意之意。但罗总有自己的主见和志向，他想自己做出一番事业。

我们俩在橘子洲闲逛时，他再次与我聊起这个话题，想要成立一家集建筑结构胶、水泥基材料、高性能复合材料及碳纤维复合材料于一体的建筑加固材料公司。

罗总是一位特别能静下心钻研的人，他买来书和资料，自己做实验搞研发，慢慢地产品成型了。2019年，我们注册了湖南瑞弗斯科技发展有限公司，并在罗总父亲的帮助下与其在岳阳的原有的工厂后边圈了一块地做厂房，购入了一些简易的设备。

创业初期是艰苦的，罗总有一辆越野车，把座位放倒，直接当货车用。仓库设在黄兴镇，为了节省成本和开支，我们舍不得请工人，自己动手搬货，经常忙到错过饭点，但这并不是最大的困难。

很快我们发现由于设备过于陈旧，工厂的产能不行，人力消耗也很大，检测能力也欠缺，产品质量很是不稳定。

在工厂运营一段时间后便感到举步维艰，不过我与搭档第一念头想的都不是放弃，而是如何活下来，只要商业基本逻辑是通的，其他的问题就不是太大的问题。我们下定决心买了4000平方米的厂房，并于2021年置入了德国最先进的自动化生产系统（当前国内类似的生产线工厂并没有几家，我们是其中之一），产品质量终于稳定且缩短了生产周期，公司的发展也开始逐渐转好。

根据以往创业的经验，我们从一开始就尽可能按照国家要求制定详尽可实施的技术标准体系、加强标准化队伍的建设，对公司实行标准化管理，并使公司迎来一次重大机遇：我们在网上看到福建高速公路的公开招标的信息，但投标门槛很高，对企业提供的业绩证明资料非常严格。得益于公司平常在内部管理上的细致和严谨，我们成为少有的符合条件的公司之一，不过该项目最终还是由于满足条件的公司未达到三家而流标。后招标方重新开标，我们以综合排名第一顺利中标。

目前瑞弗斯参与的大型加固项目已成千上万，相关案例有福建省高速公路桥梁维修、邵阳火车站、湖南省妇幼保健院、长沙市第一医院、广东梅州嘉应大桥、湖南常德沅水大桥、福建湾边大桥等。2022年被评为国家高新技术企业，并被纳为工业规模企业。成为中国工程建设标准化协会建筑物鉴定与加固专业委员会委员单位、长沙市建筑业协会检测鉴定与加固委员会副会长单位，并参编国家标准《预应力孔道灌浆剂》GB/T 25182—2010，拥有发明专利1项，实用新型专利7项。

【结语】

人即世界，与人打交道即与世界打交道。所以只有通过与人打交道，才能彻底了解世界，理解世界。这样才不会因为黑夜的存在就否定整个白天，由于一段路的泥泞而放弃了行走。

世界一直呈流体在时间里运转，过去所有的成功与失败、伤痛与挣扎都会被未来覆盖。而我们的不抛弃不放弃才是真正的稳定剂。生命以负熵为食，人类以秩序维持文明发展进程。不要认为节俭一点，欲望少一点，命运之神就会放过你。生活应当锐意进取，永不停歇，永不放弃，你才能有片刻喘息的机会。

做企业亦如是。

蓝天智能：穿过长达 5 年的煎熬，找到方向后逆境中的绝处逢生

【导读】

任何一个人的涅槃，都是从吃精神上的苦开始的，这是上天赠给我们的礼物，只有精神才可以被摧毁又能重建，无远弗宙，而肉体不能，当你察觉到生命只是一种精神体验，你就开始变得无所畏惧。

【创业自述】

➤ 为了坚持而坚持的创业是没有意义的，一家新创公司必须尽快找到突破点

如果说，人生是一场游戏，创业就是刷副本，那么我最初那个创业 5 年的副本实在有点烂：手里没有资源，只好捡市场上人家剩下来的项目做，难度大，金额小，回款慢，所以公司一直在温饱线上挣扎，由于为了生存来者不拒，无法聚焦，缺乏优质案例，反复恶性循环。

这家公司是我和几位小伙伴一起创办的，后面几年他们陆续退出，只有我独自苦苦支撑，中途也多次想过放弃，但最终因各种原因还是坚持了下来，开

弓没有回头箭，也许创业也没有回头路。

每天都在思考找寻新的方向，新的突破点，新的希望，每天的生活仿佛被牢牢地一张无形的大网笼罩住，令人喘不过气来。此时的我就像个NPC，没有思维，没有情绪，没有状态，这样的坚持，已经毫无意义，仅仅是机械地重复而已。

到现在，身边如果有同学、朋友要创业，我都一再劝他们慎重，曾经的心路历程让我心有余悸，而其实，现在回想，有很多苦头是不必吃的，或者说，可以不必陷入那么长时间的煎熬。

> ➢ 没有后路的创业是条真正的不归路，它会更严厉地锤炼你，也会成全你

现在想来，如果所有发生的事情都是需要发生的，那么它必然会发生。

高中时，其实我的成绩一直处于上游，因为疯狂地喜欢编程——将自己的思维敲入一行行代码中，行云流水般展现出从无到有的创造性让我着迷，所以填写的前三个志愿都是计算机编程，但阴差阳错，最终被中南大学机械自动化录取。转专业失败，我心灰意懒之余，就此开始了剑走偏锋的四年大学时光。

班上同学在上课时，我在学编程；他们在自习时，我在学编程；他们在写作业时，我在学编程；甚至在宿舍的床铺上，编程书"睡"半边，我睡半边。只有快到考试时，临时抱一下佛脚，看看书。大学四年，基本上都在宿舍度过，挂科是可以预见的。

后来干脆连毕业证都没有拿，就离校去省外一家软件公司上班了。由于在校时帮老师写了一个软件参与高铁震动分析，后来还做了一些维护，老师觉得有点可惜吧，他给我打了几次电话，劝我参加一下补考，好歹把毕业证拿上。当时一度认为，自己这一辈子也不会从事机械相关行业，这个毕业证于我来说，没有什么用。

却未意料两年后回长沙，创业的第一个项目做的便是非标机械自动化项目。因为当时和几位大学同学一起创业，除此之外，我们也想不到别的项目，此时的我精通编程，忽略了本专业，这样一来，无论从业务上还是从产品上都显得很被动。

就这样，毕业三年后，我重新捡起了大学专业，造化弄人。不过这次有些不一样的感觉，当年自学编程，培养了很好的自学能力，这次重回机械自动化，并没有觉得有多难，反而有种庖丁解牛的感觉，尤其是边学边实践，很快便在工作中得心应手了。

但如前文所述，我们依然举步维艰，公司没有聚焦，就难以找到方向，也就没有长期或短期的目标，一个目标不甚清晰的公司，就像大海里没有航标的小船，随时都可能被狂风恶浪掀翻。

一直以来，我都秉持这样的一种思维习惯：并不在乎世俗的一些虚名或者条条框框，只在乎所学所做实用与否，冷静而理性。后来回顾自己一路走来的点滴，当我试图去解释自己最初做的种种选择时不得不相信宿命。

我察觉到自己的人生，就像被安排好的剧本，你顺从它就给你奖赏，你违背它就给你惩罚，你觉醒时，它就把剧本交给你自己去。

➢ "天时地利人和"并不会同一时间出现，它们是相互吸引的关系

心理学上有个"过道效应"：过道里的感应灯是常闭的，可人们总想等灯亮了，看看什么情况再往前走。

可现实往往是这样的：你不往前走，就无法抵达相应的位置，灯就永远不会亮。

创业亦是如此。初创企业不要去做多么宏大的构想与顶层设计，只要往前走就可以了，感应灯会告知你一切。

到2015年，又和另外一家公司进行了整合，抱团取暖，三年后由于发展理念有分歧，又脱离出来，兜兜转转，又回到了起点，这时的物流自动化领域需求开始井喷式增长，通过深入分析发现这个领域有很好的切入点，我兴奋得好像发现了新大陆，创业路上如果能碰上一次风口，那做梦都得笑醒。我深知机会难得，加上多年的技术沉淀和积累，说干就干，机会稍纵即逝。

这次业务聚焦了，再加上有过前面的铺垫，公司很快以物流领域的智能装备为核心，开发出智能立体仓库、轻型高速 Miniload 堆垛机、穿梭车、RGV、

AGV、FMS 柔性制造线等系列产品。

还正好赶上了一波政策红利：国务院下发的关于中国制造 2025 通知，作为我国实施制造强国战略第一个十年的行动纲领，带动了大量传统制造业向智能化、自动化中高端方向发展，因此我们新成立的公司发展得很快，第一年我们做到了 1200 万元。

为了改善公司形象，我决定换个环境，将公司搬去产业园。

还未曾搬到产业园，尚在四处考察中，三一众创孵化园的负责人就介绍了一个单，并且很愉快地达成了合作。

这个小小的开端给了我很大的信心。

搬过来的这一年，我们做到了近一个亿的年产值。2022 年，厂房扩展至 4000 平方米，申请的十多项发明专利一年之内全部顺利通过。并在经开区领导们的关怀和园区负责人的支持下，入选湖南省工业和信息化厅、湖南国防科技工业局的湖南省智能制造系统解决方案供应商推荐目录。

➢ 创始人应务实、再务实，胜不妄喜，败不惶馁，胸有激雷而面如平湖

创业像一场又一场的挑战赛，在每一个比赛场上让你不停地去展示自己，锻炼自己，印象最深的是去参加河南牧原的一次竞标会议，当时参加竞标的同行都是上市公司或央企，规模实力远在我们之上，看起来气势十足。当时我选择亲自上阵，面对甲方 20 多人的轮番轰炸式提问，每一个问题都做了专业清晰的回答——在行业里摸爬滚打这么多年，我的沉淀和积累以及理解的深度与寻常人自然不一样，就在我答完最后一个问题后，我从他们的眼神里看到了两个字——"认同！"

不少同行无法啃下的硬骨头，通常只要能找到我们，就会有一个令人满意的解决方案。

走出去，才能在世界中找到自己的坐标位置，做合适的事情。

去年，我们与一家大型日资企业合作，见识到了日本人工作的细致与认真：整个项目，他们将每一步每一环都进行了仔细的拆分，对每一个环节中的每一

个细节都进行仔细的把控，相比于做国内的项目有了完全不一样的感受。他们这种精神和态度给我留下了深刻的印象。

创业初期，我会因为客户一句话就焦虑得无法入眠，也因为固执地要把产品设计得臻于完美而通宵达旦地加班，所以一直非常辛苦。

而事实上，现在的团队，无论从专业度还是从主动性来说，他们已经足够优秀了。

好的产品，是有生命、有灵魂的，以一种深沉而静默的语言与你对话，当你感受其意时，会感动得流泪。

➢ 当成就感来自世俗之外，这应该是一个人最好的状态

创业从开始就不可能是确定的，原地踏步，其实就是后退，因为大家都在往前走。即便搭上便车或者撞上风口，这也是不长久、不可持续的。很多人害怕企业变革带来不必要的风险，而和他们的认知相反，恰恰是所谓的"稳定"，才会导致企业生命的消亡。

成就感来自于公司成立初期，虽然名不见经传，但产品在展会上被客户惊艳到爱不释手。

成就感来自于多年的团队，他们从技术水平到职业素养，几乎都超出了同行水平。"其实团队不是一个原因，而是一个结果，是各方面都对了以后呈现的结果，团队是很难事先做出来的。"

成就感是来自于剥离了世俗范畴的，那种纯粹的创造和快乐。

创业就像是一场修行，现在再回顾最初创业的前几年，恍如隔世，一路走一路看，不断地经历，不断地回顾与反思，慢慢地察觉到生命就是一场游戏，一场体验，整个人也变得不再有任何恐惧，越来越平淡，对人生的意义也产生了不一样的理解。

当初那些难以承载的焦虑与迷茫，就如感冒时的咳嗽、吃了不干净的东西而腹泻一样，是灵魂的排毒反应，以一种破坏性的方式或者不舒适的预兆保护着我们、提示着我们，促使我们的人生发生剧烈嬗变，而在摸索的过程中，经过无数次反复，终于校准方向，扬帆远航。

博翼精密模具：一个女人深入制造业的 14 年

【导读】

明明只是想当好一名日语翻译，却偏偏成为技术流；

明明很安分守己，数十年如一日在同一家企业工作，偏偏最后选择了创业；

明明性格很单纯，偏偏要在这云谲波诡的商海里学会生存；

明明外形很"小鸟依人"，偏偏心有猛虎，细嗅蔷薇；

生命不折腾，纯属是浪费，人生不起落，无以量深度；

如果一切都是天意，一切都是命运，那博翼精密模具创始人刘婷女士可能不是"明明"，而是"偏偏"。"偏偏"的一手牌打得到底如何呢？通过她的故事可以感受到中、日在制造业里不同方向的发力，最终殊途同归。

➤ 硬币的两面：浪漫主义背后的严酷现实

碧绿毡子似的田野，一望无际的大海，安闲自在的蓝天白云，神秘幽深的森林，水墨画卷般徐徐展开的镜头，娓娓道来的故事，不染一点尘埃、永远值得赞美的童年……这便是宫崎骏的电影，他用强大的想象力与纯粹的善意给予了影迷们灵魂上温柔的治愈。

高考前夕我迷上了这位叫作宫崎骏老先生的动漫，于是填志愿时报考了日语专业。不过文学作品的存在，要么给予生活的希望，要么赋予生命以意义，与现实当然有所区别。在校期间，通过外教，更深地理解了日本这个国家。知道了日本为何到现在还存在"男尊女卑"的现象。

在日本，男人的地位之所以高，是建立在其所承受的巨大的工作压力之上的——因为日本女人是不出去工作的。如果男人下班回家的时间早一点，就都会被自己的老婆看不起，且其一半的工资直接打在老婆的银行卡上。如果遇见经济效益不太好面临公司裁员，作为被"裁掉"的一员，即便出来重新就业也很困难。这会被视为这么多年自己没有做提升，所以被淘汰。

一个日本男人最自豪的就是一生在一家公司工作。达到退休年龄后，再被原公司返聘便是最光荣的事情。因此他们在职时特别注重自己的职业技能的提升。不断地学习，再简单的事情都会被认为还有改进的余地，而不断琢磨精进。

我先生是开日式料理店的，在他们圈子里也流传着一个耳熟能详的日本仙人"四五十年只做一锅米饭"的故事。

窥一斑而知全豹，由此可想而知日式"内卷"席卷了各个行业。这样几乎"病态的"极致追求，令日本的精密模具行业非常发达，且领先全球。

➢ 以已有技能为支点，尽量脱离舒适区

2009 年，我大学毕业后进入广东一家日资精密模具企业做日语翻译。这家公司主营精密模具设计与生产，我负责与日方工作人员做对接，那些高深莫测的专业术语常常令我头大如斗，却也让我慢慢地对这个行业有了更深层次的了解，学到了很多技术上的东西。

令我真正对技术产生兴趣的是在 2011 年尝试着独立负责一个做打印机核心零部件的项目。带领公司相关成员与日方工作人员不断开会、碰撞，经过一段时间的磨合，原本要耗时 2 个月、成本需 1.5 万元的模具，只需 18 个工作日，成本仅需 8000 元即可做出来。样品出来经过总部严格验证，日方董事长感觉到特别惊讶，他觉得中国人学习能力很强，如果中国人盯上精密模具这个行业，并且足够重视，假以时日极有可能超越日本。

经过这个项目，我开始慢慢地接触业务。女性做业务有女性的优势，首先，客户可能会对你更具备包容心从而获得更多的一些机会；其次，等他发现你还懂技术，就会觉得很诧异进而转为钦佩。由于这一行做业务比较注重专业性，

商务应酬比较少，所以我做起来感觉还是挺顺利的。

精密模具行业，是一个只要你进来就出不去的行业。其应用范围广泛，行业发展空间极大，涉及汽车、仪器仪表、家用电器、建筑材料、通信设备、办公及电子设备等各种行业。只要你能静下心来，足够你施展拳脚，大有英雄用武之地。也正因如此，在行业展会或者商业活动上，我依然能见到 10 多年的老朋友和老客户。

> ➤ **初创企业一定要学会借力，通过借力把路走稳**

2016 年，出于孩子上学等问题的考虑，我回到了湖南长沙。长久地沉浸在这个行业，已经很难再做其他选择，但我发现这边做精密模具的公司寥寥无几，几乎在本行业很难找到可以与深圳那边薪水和发展前景相媲美的工作。

与其等待下雨，不如自己动手浇花。2016 年、2017 年我开始考察湖南长沙及湖北武汉、江西南昌等内地的精密模具市场。发现内地虽然有市场需求，但很多企业都已习惯在沿海地区采购，并形成了较为稳定的供应关系。由于长沙还没有形成相关产业链，单独成立一家精密模具公司，面临着各种挑战和风险。

然而长沙毕竟是中国工程机械之都，这里蕴含着巨大的市场潜力。在原公司老东家的支持下，我于 2019 年成立了湖南博翼精密模具有限公司。

初创企业规模小，品牌效应和口碑都还没有做出来，要从别人已成熟的供应体系里抢饭吃，只能啃硬骨头——2021 年，我去一家医疗器械公司找他们的采购谈业务。采购不在，在等待过程中，碰见他们研发部的技术员，通过从原材料到加工工艺及对他们这个行业的客户需求的理解等深度交流后，他们决定将自己没有把握研发的一个模具拿给我做。定下的条件也比较苛刻：正常 7 个工作日交付的时间被压缩到需要 5 个工作日完成。

还好总部那边很给力，走的是最快速的加工生产流程，准时准点保质保量完成交付。半年后陆续接到他们的订单，从几千元到五六十万元——我们就此进入这家医疗行业中龙头老大的供应体系，并逐渐有他们的同行慕名寻来。

就这样，2021 年下半年公司开始走量。2022 年，营业额增长了 40%，同年 4 月博翼成立了自己的加工厂，并吸引了多名离乡背井在沿海地区工作的湖南籍师傅回来就业，我们给予了他们相应的薪资待遇。

➤ 独木不成林，期待同行进入长沙携手发展

精密模具行业比较特殊。随着时代的发展变化，客户会有越来越高的要求，追求往更精细化更智能的方向发展。随着模具在加工精度、使用寿命等方面性能的提高，对主要原材料钢材的要求也相应提高。要求模具具备更高的纯净度、更好的等向性和均匀性，而这些只有模具加工设备的精度与装配人员的专业性搭配合理了才能制造出来。

作为一个相关配套尚未完善的产业，工厂成立初期，为找到靠谱的供应商，我曾独自开车跑遍了长株潭。精密模具加工与日常产品加工是完全不同领域的两个概念，本就寥寥无几的外协，能达到理想的标准者更是稀少。

这让我深深感觉到抱团的重要性和行业发展的重要性。所以每次碰见同行，我都真诚地希望他们能够来长沙发展，长沙的市场真的很大，经商环境也并不差。

当然经商很难避免价格战，因为大家都已经习惯了在沿海地区采购精密模具。每逢遇到这种情况，我都主动退让——我们这个行业签单后要经历2个月到3个月的磨合期。等企业主发现退货率较高，产能下滑，且无论从沟通成本还是售后维修成本及生产的配合度来说，本地企业更占优势时，他自然会再回来找我们。

当前博翼以医疗板块为切入点，已经做出一定成绩，去年年底公司已超额完成既定业绩，并根据三年计划上了设备。

➤ 创业的诱惑：世界变大了，烦恼就变小了

如今我进入精密模具行业已十四载，虽然已有了一定的技术沉淀和经验总结。但依然不敢懈怠，经常奔波于全国各地去学习、参加相关的行业展会和活动——要看得远一点，就必须看得多一点，以便让自己尽快适应从一个项目的负责人到全盘掌控者的变化。

创业真的是一件可以让人全方位飞速成长的美妙事情。当你不曾涉足于此，你根本不知道自己的潜能在哪里、到底有多深。几年下来，从技术、业务、管理等让我经历了思维方式的转变与能力上的跨越。

母公司精工源的陈总过去是我的人生导师、引路人，现在是我的合作伙伴。记得初步进入这个行业时，他曾经跟我说，一个人只要能静下心来，以只服务一家公司的韧性，用五年时间真正入行，比走五年弯路的收获是要大得多的。

陈总是行业内资深的专家。格局一直令我"高山仰止、景行行止"。这些年从他手下出来的员工创业的有数十余人，他也都很自豪地介绍给大家，偶尔还聚在一起喝喝茶，聊聊天，给予一些真诚的建议和指导。

其实女孩子，也可以尝试着自己去创业。创业以后，你的世界就变大了，很多人和事都只是你生命版图里很小的一部分，来去不伤感，得失平常心。敢独自走夜路，也敢与皓月争光辉，内心有火，骨里有风，静等风雨来。

宝翔信息：一个9年中小民企在茫茫生死路上的
坚守和遗憾

【导读】

其实，绝大多数中小企业，从成立起就一直在生死线上挣扎。可以说，一个没有任何背景、后台的创业者需要做好打持久战的准备，因此心态尤为重要，顽强地熬着，等待时机。新媒体时代，作为技术型的老总向东辉先生有点吃亏，不过只要积极学习，善于发现，终究还是会去往自己该去的方向：目前宝翔信息旗下的产品易支付已有近10万粉丝，并找到了自己的精准赛道和细分领域——共享茶室系统和共享棋牌室系统等。

【创业自述】

说实话，两年前抖音刚刚兴起时，我心里是比较排斥的。记得当时怀着娱乐好玩的心态刷了刷视频，本来打算只刷半个小时，从晚饭后直到上床睡觉时，才发现居然不知不觉刷了整整一个晚上，顿时惊觉到这个东西的可怕之处，因为我自认为是一个管控能力比较强的人，都能如此这样不知不觉沉迷，更遑论小孩子和一些自律性较差的人，除了给予人们一些短暂的、肤浅的、表面上的愉悦，并没有其他的帮助，于是把它卸载了。

这几年疫情反复，很多企业举步维艰。但我隔壁做搅拌机的公司，却开辟了新的渠道，通过抖音从线上来了很多业务，这给了我很大启发，一个新生事物的出现，应该辩证看待，或许它可以为我所用？当时他们因为发展得比较好，已经搬去了别墅园区办公，我便带着公司的核心骨干，前去取经学习。

从他们那里回来后，我决定将这个事情当作当前重要的工作之一来抓，先是在内部组织员工开会打预防针，做动员。然后到外部四处取经，大胆尝试。不到 3 个月，我们线上开始来业务了，即便在 2022 年三四月，长沙疫情较为严重的情况下，每个月依然有好几拨客户到访、成交。

哪里有什么柳暗花明又一村，不过是被逼出来的，作为一位企业创始人，空杯心态很重要，这也是过去创业时，一直让我耿耿于怀的一件事给予我的教训。

➢ 遗憾：技术型创业者 VS 媒体型创业者

我大学学的专业是机电，毕业后从事软件开发技术，后在上海一家电子化考试的上市公司逐步提升技术，前后在这家公司工作了六七年，在专业方面已经得心应手。当时父母年龄大了，需要照顾，于是我果断决定回乡创业。技术型创业者对于自己的技术有着迷之自信，在研发这一块也很舍得投入。但思维过于传统，一般都是"差价"的思维。

我创办的宝翔信息技术公司是为客户做移动智能支付的解决方案的，比如一个自动投币的抓娃娃机，根据客户的要求设计程序和部件组装，核算一下成本，加一点利润，就是我们的主要收益。当然，有时候在设计支付程序的同时，经过协商或者约定，还能有很小一部分支付返佣的收入；另外还有一个系统服务费，这是我们的额外收益，但这些额外收益对于一个公司的运营成本而言，只是杯水车薪，但我认为只要我们专注研发，不断创新，做好服务，公司迟早会迎来爆发的。

那时候有一个同行公司，比我们还晚几个月成立，他们的老板并不是这个专业的，而是做媒体出身。他们的策略一时让我有些看不懂：比如他们设计的游戏机、娃娃机的移动支付里，会配上一个他们的公众号二维码，只要扫一扫二维码，关注公众号，即可免费玩一次。就这样他们吸引了大量粉丝，很快做出了名气，占领了大部分市场，并获得了好几轮融资，快速地发展壮大起来。

那时候，我终于明白，做商业，思维和定位的不同，它从出发时就已经注定了后面的发展，从那以后我有意识地去学习一些商业、经济学知识，争取抓住第二次机会。

➤ 初期创业者注意避开"饥不择食"的陷阱，一定要聚焦

一个创业者，前期资金充足反而可能是坏事，这样很容易轻率冒进，忽略自我造血能力，成为第一批炮灰。但也有不少创业者尤其是做制造业实体行业的，开业初期每天一开门面临各种开支却迟迟不见收入，难免心情焦虑，也容易误入歧途。

在公司成立初期，我们也面临很多选择和诱惑，比如一些智能追踪项目与移动支付无关的业务也曾找上门来，仔细思考了一下，我还是拒绝了。因为初期创业者的时间、资源、精力、资金都很有限，根本经不起反复尝试，所以不如干脆"一条路走到黑"，也就是聚焦。

当前已是宝翔成立的第9个年头，我们所有的业务一直以智慧支付为核心：有支付需求，并跟物联网相关，不是自己优势的领域不去涉足。也使得宝翔发展得一直比较稳健，而且在智慧支付这个细分领域，技术处于行业前列。

➤ 9年民企留人秘诀

我们的员工很多都是好几年的老员工，流失性比较少，甚至还有六七年前一毕业就来公司，一直做到现在的。

宝翔同所有制造业公司一样，将大多数精力放在技术的研发和销售上，没有刻意去做品牌和企业文化。所有的东西都是自然而然形成的。比如我们的企业文化、愿景，非常务实，深入每一个员工内心深处，他心甘情愿被塑造的根本原因是，他在这里真正地得到了成长，这个平台让他感到骄傲和自豪。

所以我们也会带领员工在工作之余，尽量为社会去做一些公益。比如2020

年疫情暴发初期，我们自发做了小程序，将附近的中高低风险地区标注出来，免费供大家一目了然地查询。在力所能及的范围内，做点不以赚钱为目的的事，其实是很愉快的。

未来已来，正确面对当前严峻的形势，以"稳"字当头，拥抱不确定性。

当前随着战争、疫情、气候灾难的频频发生，各行各业即将迎来一场大洗牌，商业经过一段时期的"见山非山，见水非水"的阶段必然会回归"见山是山，见水是水"的本真。

虽然宝翔历经9年发展速度比计划中的慢，但面对当前世界的各种不确定性，依然表现出比较强悍的生命力：第一，没有引进资本，意味着不会被催着过分追逐利益形成虚胖；第二，我们已经沉淀了一批忠实的用户和较好的口碑；第三，我们的技术和研发始终处于行业前列。一个支付系统运营得稳定与否，看起来简单，其实是很考验一家企业的技术水平的。随着设备地增加，数据增多，功能增加，服务器的压力很大，随时随刻都需要进行优化和维护，不然会影响C端用户的体验感。

当前宝翔通过代理模式解决安装、调配及售后问题，这在未来也依然会是主要模式。往者不可谏，来者犹可追，以不变应万变，平和地看待一些事情，制造业的创业者就这样被锤炼出应有的格局。

湖南超鹰速：从产品到技术服务的艰难转型之路

【导读】

随着中国经济由高速发展逐渐放缓，市场已从增量时代转为存量时代，这决定了在制造业内，除非你有一个很高的起点，否则不要去开厂，不要去做产品，可以利用技术为别人服务。

【创业自述】

➤ 于喧嚣中磨炼心性定力，做工作中的有心人

受母亲的影响，在读大学时，我就已经抱定不管将来如何，必定要走上创业之路的念头。我的母亲是一位传奇女性，从我记事起，她就在水电站工作，工作内容就是为师傅们做饭、送饭。在这当儿，她会仔细观察师傅们的作业，不懂就问，慢慢地掌握了发电运行生产的一线工作技术，后来听声辨位，炉火纯青，新来的师傅们都要向她请教，再后来她成立公司，拥有了自己的事业。

这给了我很大的鼓励和启示，当我毕业走上社会后，所工作的外贸公司遇见了技术瓶颈，公司的老工程师都觉得很难实现，那就只能从外寻求突破——我被公司派往巴西前去考察、学习。国外的治安毕竟比不上国内，在那黑帮与政府火拼、抢劫时有发生的环境里，我们穿着防弹衣工作，用了整整一个月不

断拆解、分析、弄清楚各零部件及内在电路系统的逻辑关系，形成图纸。

回国后，经过优化、升级，将之改造成更适合我们国内的工作机制，并获得了国家发明专利证书。

> ## ➢ 当你觉得钱太难赚的时候，很有可能是犯了方向性的错误，如果还有力气，一定要考虑转型

两年后，我拿了准备买房子的钱和合伙人开始创业。初期，我们做的是机械结构件。由于门槛低，没有什么技术含量，竞争压力也很大，公司经营艰难，坚持了两年，依然没有起色。那时候我们对于成本的控制简直到了"锱铢必较"的地步。

我很清楚地记得，有一次，一位客户需要一个结构件，这个结构件市场价格还不到 10 块钱，但因我们承诺送货上门，左算右算，我们决定坐公交车去，大概还能赚个两块钱。于是我的合伙人龚工就坐了四个小时的公交，给客户送过去。

最艰难的时候，我和跟龚工变成了修理师傅，到处帮人维修各种设备维持公司开支。2016 年，我们决定转型：为中小微型机械企业做技术服务。

> ## ➢ 创业做事剩者为王，活着坚持下去就有机会

2018 年的一天，我接到一个朋友的求助电话，这个朋友在电话里告诉我，他 2007 年花了 400 多万元购买的一台进口的设备，电路出了故障，而且不是普通的故障，是程序出了故障。他告诉我已经给厂家打过电话了，厂家的回复直接让他跌入谷底：这个控制器已经停止生产了，用新的控制器的话，老的程序是不通用的。因此，如果要解决问题，厂家会派人来中国更换新控制器，各种费用加在一起要 60 多万元。

听了朋友的诉苦，我与合作伙伴龚工讨论了一下，龚工说只要能把液压方面的逻辑厘清，那么他可以编写一套程序替代国外的电控系统。听到他这么一讲，我非常兴奋，因为自己最擅长的就是液压控制，只要两人联合起来，那么

掌握逻辑关系后就会非常简单。

于是我们一起去了设备现场，经过对设备两个多星期的研究，终于摸清楚所有工序的逻辑关系，龚工现场编写程序，不断调试，不断接近国外控制系统的效果，最终两人齐心协力，拆掉了原先进口的那套旧系统，换上了我们一起开发的新电控系统，解决了朋友的燃眉之急，仅仅花了3万多元，并且以后再也不会被国外厂家卡脖子了。

做完了这个项目，我们也赚到了维持公司的资金，可以坚持下去了。

> ### 创业就是一个"兵来将挡，水来土掩"的过程，拥抱不确定性，正确对待难关，并想办法解决它

我们发现其实国外的控制系统并不一定适合国内的工地使用。随着智能化时代的到来，对设备的使用安全性要求越来越高，很多设备要求实现远程操作和无人操作。于是公司就开发了挖机的远程遥控操作系统。

很多在工地施工的设备，如果出了故障，维修的时间会非常长，很耽误工期。对此，公司一方面针对设备开发出简易化的检测工具；另一方面开发出大量独立功能的简易系统，实现"现场一分钟检测电路故障，现场一小时解决电路故障"。

随着鹰速的业务面向全国铺开，就会面临远距离异地出差的售后问题，对于，公司大量培训各个地方的电控系统的专业人才，培训完以后，让他们各自负责离他们最近的设备，公司接到的业务以及公司给主机厂家做的电控系统全部由他们去安装、调试、售后。这样公司可以通过学员获得客户反馈，有利于创新；学员可以学以致用，又有收入；设备生产厂家也可以减少售后成本；购买设备的使用者可以在最短的时间内得到响应和服务。

> ### 合伙合的是三观，是格局，是专业或者技能的互补，然而不管怎样，亲兄弟明算账永远是合伙人的相处之道

我的液压控制专业功底较好，龚工在电气控制方面有非常丰富的经验，同

为技术男，我较为外向开朗，小龚较为腼腆内向，我们的财务一直都是透明的，很多东西都可以摆到桌面上来讲，这也让我们不管经历多少风雨，依然可以坚定不移地一起走下去。

> ➢ 创业，即是创未来

在 20 年以内或许会更早，四个"无人化"将会很快到来，第一个是"工地无人化"，第二个是"工厂无人化"，第三个是"港口无人化"，第四个是"农牧无人化"。这些领域的设备都将实现远程操控和无人操控，因此蕴藏着一个巨大的市场，而这个市场，最依赖的就是电气控制系统的创新，有了它的创新，整个世界将会改变。

海恒科技：十年来工厂无数打工人背后的故事

【导读】

中国制造业一路狂奔至今天，离不开无数背井离乡打工人的辛勤劳动。而随着外卖、快递员等第三产业的兴起、人口逐渐老龄化，年轻人不愿意进工厂，整个制造业面临着严峻的用工危机。与此同时，随着中国制造向"中国智造"转型升级，又势必会带来大量产业工人的失业，这两者将如何达到一个新的平衡点？作为湖南头部人力资源公司——湖南海恒科技集团创始人郭泳辰先生将通过自己的创业历程，阐述自己的思路。

➢ 童年时期的耳濡目染，深深影响一个人的一生

我出生于 1988 年。爷爷是军人，曾经参加过抗美援朝，复员后因对土地有着根深蒂固的热爱和执着，谢绝了组织上的安排，回来踏踏实实地种了几十年地。

爷爷一直告诉我不靠别人、自食其力最光荣。他活了近 90 岁，生活极其节俭。令我印象深刻的是，在他快过世的前几天，父亲给他递纸巾擦拭呕吐物时，他拒绝用两张相叠的纸巾，坚持让父亲只抽一张纸巾。

父亲是老高中生，在村里算得上是半个知识分子，擅长舞文弄墨：写得一手好毛笔字，文章也写得很不错。

虽然父亲做农活不太在行，但在村里建房起屋，修桥铺路，练得砖匠、石

匠好技能，并日益精湛还会给石碑桥梁雕龙画凤。

小学三年级之前，我还是个没心没肺、无忧无虑的小学生，虽然成绩不好，但并不妨碍我每天开开心心地追鸡撵狗。

一切的改变源自父亲"当官"了。

村里竞选村支书，需要登台演讲。父亲夜里奋笔疾书、反反复复地修改，最后将稿子整整齐齐叠好揣进怀里。多年后我回想父亲当时的神色，想象着那张承载了一位中年男人满腔热血和抱负的纸肯定是何等的珠零锦粲。他如此郑重其事，以至于上台后竟然紧张得发抖，最终发挥失常。

在等待唱票的熙熙攘攘中，他乘兴表演了一个绝活：拿毛笔字即兴写了一首自创诗，描绘了美丽的村庄，被镇长当场拍板决定由他来当村支书。

父亲当了村支书后，家里逐渐热闹起来：陆陆续续地来了很多贵客。有省级的，也有县级的，还有镇级的领导下乡调研，经常来我家向父亲了解情况；也经常会有一些村民打架斗殴，为了几分地或几根菜苗，夫妻吵架，儿子不孝顺父亲，等等，各种家长里短的事情前来找父亲"断案"。

清官难断家务事，很多"案子"其实是无法将之弄得绝对的铢两悉称的，于是便得罪了很多人。城门失火，鱼池遭殃。老乡们表达自己的愤怒也很直接，他们比不了自己，就会相互比孩子，会说你家儿子将来肯定不会比我家儿子那么有出息，君子报仇十年不晚，你等着，等我儿子出息那一天……

我听了就觉得很忧郁。

那是我第一次强烈地萌生想要让自己变得优秀的愿望。于是破天荒地一改过往吊儿郎当的态度，开始认认真真地学习，三年级第二学期期末考试时获得了班上第三名，而后一直名列前茅。

我终于成长为让父亲骄傲的孩子，他去哪儿也愿意领着我，我潜移默化中从父亲身上学会了什么叫作责任和担当，以及如何以理服人，以情动人。

➤ 真实地面对自己，诚恳地面对生活

大学时，有4人一间的寝室，一个学期大概需要1200元；也有12人一间的寝室，一个学期大概需要600元。虽然家里并没有什么钱，父亲还是坚持让

我选择了四人间的寝室。

但走到寝室摊开铺盖卷的第一天，我就感觉到了强烈的差距：我们的肤色都不一样，穿着打扮不一样，谈吐也不一样。因为家里刚刚搞完"双抢"，我被晒得黝黑，衣衫褴褛地站在寝室其余三人中间，就像个错闯进富人府邸的孩子般不知所措。

我们的消费水平也不一样：他们的各种零食都是一袋一袋地买，还会很热情地分享给我。我却感觉如鲠在喉难以下咽：我什么都拿不出来可以分享给人家。很快，他们又买了笔记本电脑，又各自谈了女朋友……

再三考虑，我决定搬入 12 人寝室，这下才感觉不到违和。我家里是三兄弟，大哥要成家结婚；小弟还小，父母的负担很重。换了寝室后，我便寻思怎么赚钱。

这期间卖过校园移动卡，拉过黄页广告的赞助，还去工地上搬过砖，尝试过很多兼职，只要有机会，我就不想错过。

➤ 第一次失败不算什么，给好运一点时间

2010 年暑假，我留意到学校里一则招聘校园主管的广告。通过详细了解，发现是帮沿海地区的工厂招聘暑假工，招到一个人会给 30 元酬金。经过一番操作，我招到了 30 个人，虽然并未赚到多少钱，但就此改变了我内向不善言辞的性格。

因为我需要不断回答这 30 人的"工厂靠不靠谱，什么时候发工资，上班时间长不长，加班给不给加班费"等诸如此类的问题。

与这 30 名学生签订好了协议，买了火车票后，却接到上面的通知：说工厂已经满员，不需要人了。箭在弦上不得不发，我只好对这些学长、学弟们坦白，并拍着胸脯说没关系，我这边也有其他的地方，一样可以将大家安顿下来。

经过一番四处找关系，得知一位高中同学的舅舅在广东番禺开了一家人力资源公司，他可以安排人进厂，而且给的提成也较高。欣喜之余，为了保险起见，我还是决定先自己过去看一看。

坐着绿皮火车赶到番禺，同学的舅舅骑着电动车来车站接我，我见识到了

一家人力资源公司到底是什么样的：一间大概三四十平方米的门面，一张老板桌，一个茶台，一张营业执照和一个人就是一个公司。

同学的舅舅领我去附近的工厂转了转，工厂规模宏大，机器轰鸣，热火朝天。我觉得很靠谱，便带着 30 人直奔广东番禺。在同学的舅舅的协调下将人安排在一家公司的宿舍，我每天给他们买水买方便面，坚持了 7 天，然而最终还是没能进厂（我们学校放假太晚，附近所有工厂基本满员）。

无奈只得遣散同学们——有的去投奔亲戚，有的直接回家，而我为了招人，跑遍了湘潭几所大学，加上车费及其他各种费用共花了 1000 多元，幸亏同学的舅舅挺讲义气，补偿了 900 元。

无疑这一次的"创业"是失败的。

> ➤ **真正的问题会反复出现在同一个环节**

但是我发现这个需求是长期存在的：工厂那边一直有寒暑假工的需求，大学这边很多学生也一直有想打暑假工的需求。只是时间错位，所以我想这次失败应该可以成为"成功之母"。

而这个过程看起来简单，其实非常考验人的沟通能力、组织能力、协调能力及应变能力。我对此产生了浓厚的兴趣。

开学没多长时间，我便开始提前进行寒假假期工的布局，并有意识地为这门工作做好各种准备：1. 扩大范围，我跑遍了湖南所有高校张贴广告；2. 组建团队，在各大高校发展招工代理；3. 通过 QQ 或者 QQ 群发展线上业务；4. 起一个名正言顺的名字：东海寒暑假实习平台。

一切准备就绪，我又通过本校的一位后勤老师认识了沿海地区一家刚刚成立的人力资源老板，与之签订了合作协议。由于寒假较短，所以学生的工资高，给到我们的佣金也较高。

即使我准备得很充分，这盘棋下得很大，却也只招到了 30 多个人——很多学生想回家过年，并不想做寒假工，物色的很多代理也都纷纷被人挖走。

大巴车先将第一批学生拉到广东，又出现了状况：由于一开始讲好的是去富士康，可被告知富士康已经满员了，那么就要转厂，各个厂家的工资待遇标准不尽相同，学生们得知情况后大为不满，起哄闹事。

这份工作之所以刺激，就是它永远有意外在等待着你：整整一个白天，我一直在各种质疑及责备甚至谩骂中不停地解释、安抚大家。终于将所有的学生安顿下来后，当晚匆匆忙忙地坐绿皮火车赶回去接第二批学生。

随着两批学生顺利进入工厂，我也得到相应的佣金。现在回顾，当时看到别人都是几百人几百人地往工厂送，感觉自己这点运作简直就是小巫见大巫。

逐渐地深入这个行业后，我了解到贵州那边的大学生出来打寒暑假工的特别多，很多职高、技术学院的老师会自己组织学生进厂实习。彼时我被选为班导（相当于副班主任的角色），长相成熟，便以职高老师的身份与这些人力资源公司的老板打交道、招工。

一个人是不可能做大的。第二学期，我瞒着家里人，将学费用作本钱，开始继续招代理组建团队，请他们吃饭喝茶。

然而 2011 年的暑假，我再一次迎来了惨重的失败：这些人力资源公司的思路是先储备人，具体要不要还得看工厂订单情况。但这些人力资源公司并不会告知我，导致我花费极大的成本和精力招到的 1000 人，再次面临无工可打，流离失所的境地。

有人报了警。由于事先我已将联系方式公布给所有人，告诉他们有任何问题都可以直接找我，我坐车赶过去处理时，电话一直响个不停。接这样的电话需要极为强大的内心，不管那边的语气如何，我都沉下心跟他们来慢慢说，耐心解释。

经过一番折腾，最终只安排了三四百人。这三四百人分别进入了东莞的一家玩具厂和灯具厂。自此 2012 年、2013 年、2014 年、2015 年、2016 年我们形成了长期的稳定合作关系，每年能赚个几十万元。

2012 年年底，我赚到了自己人生中的第一个 100 万元。当时送了 1000 多个人去广东，虽然再次遇见了相同的问题：人力资源公司报出所需要的人远远大于实际需要的人，不过此时的我已经深入行业，已经明白了问题的所在，有意结识了很多工厂老板和人力资源老总，这 1000 人很快顺利地一一安排到位。

> **行业混乱是最大的商业机会**

很多创业者都知道要坚持。但坚持的前提是，市场还在不在。现在回想起来，在那个互联网不甚发达的年代，我们就是如此身不由己地反反复复犯着同样的错误。但在错误中我领悟到了：虽然被各种意外弄得焦头烂额，但是能赚到一些钱，而且这个是逐年递增的，那么说明不熟悉这个行业，值得坚持做下去。当你空有一身力量，却感觉无处可用，这是市场出了问题，这时候的坚持已经没有太大意义。

2013年毕业后，将上述长期合作的两个工厂的暑假工交付完毕，我便在东莞工厂附近一个小卖部的旁边举牌子招社会工，继续从事老本行，每天能招到40余人，导致旁边开店的老板们眼红得纷纷改行做劳务公司。

他们改为劳务公司后不久，便有城管来驱赶我们，我们很快便在那里做不下去了。

当时的人力资源市场特别混乱。有的工厂由人力资源公司的老板代发工资，老板会告知打工的人："你先回去过年，回头剩下的钱给你打在卡上。"当然这个"剩下的钱"是永远也不可能拿到了。

我还是想认认真真做点事，感觉当"黄牛"做不大，也没什么前途。于2014年回到湖南长沙于星沙二区二楼租了个办公室成立了人力资源公司，决定对帮助招工的人和员工负责，尽量将这个无序紊乱的行业规范起来，这便是海纳明人人力资源服务有限公司的雏形。

虽然纵横这一行已经多年，但在长沙我只认识蓝思科技的一位主管，等于要从头开始。安顿下来后才发现，很多长沙本地工厂采取直招的模式，没有走专门的人力资源公司的习惯。不过长沙工程之都的称号依然让我满怀信心。创业初期与蓝思科技合作，加上广东那边工厂的寒暑假工，公司还是盈利的。

果然2015年长沙市场迎来了重大转机——上汽大众来长沙考察，并带来了二三十个配套厂，他们的一线员工采用的便是劳务派遣的方式。不过他们与上海的劳务机构早已形成多年的合作关系，也将他们一并带到长沙。然而出人意料的是，这些精明能干的劳务公司无一不出现了"水土不服"的症状——招不到人。

这给了海纳明人一个极好的机会。至此，我们成为了他们的人力调度中心，通过旺季集中力量充分供应，淡季将人员派遣至其他工厂以满足他们弹性用工需求，降低企业运营成本；同时求职者也不用担心被裁员或者被降薪，收入也提上来了，此时我才真正领略到了人力资源这个行业的意义——通过员工共享的模式，打破厂与厂之间的隔阂，真正快速高效地使资源得到最有效的配置。

人力资源公司的服务不仅于此，还可以垫付工资，缓解工厂的资金流，减少劳资纠纷，甚至参与技术型员工的培训等协助工厂全力发展。

➢ 摆脱内卷的方式：其一，换个地盘；其二，干脆为同行赋能

2014 年到 2019 年，是海纳明人的爬坡期，发展得缓慢而又艰辛。彼时年少轻狂，一门心思想把公司做大做强，但是公司越大现金流就越紧张。

这期间每招聘一个员单单工培训他让他适应岗位就需要漫长的时间，更不要说花费的不菲的成本；然而等他彻底搞懂了，手里有些资源后，便纷纷离职单干，这令我思考到底应该如何管理好一个企业。

2017 年海纳明人开始实行核心员工执股，并形成明确的分工：公司管理内部人事调动及财务；其他的全由核心员工决策和执行。

2019 年，我思考应如何走数字化转型，让公司真正变得有技术含量。只有掌握技术，公司才不会被轻易模仿和替代，才能变得真正值钱。这一年公司组建了二三十人的技术平台研发团队，几年下来耗资数千万元，经过反复的摸索与锤炼，终于找到与市场的契合度。

如果你想做好一个品牌，就从做好一个产品开始，因为服务永远是不可控的，但产品是可控的；如果你真的想改变一个行业，那么就从赋能同行开始，因为赋能同行也会给自己带来新的商业机会，至此，海恒科技集团对自己的要求是：做全球劳动力综合解决方案的提供商。

我意识到核心员工及公司资源的流失，是整个行业所面临的问题，唯有解决这个痛点，那些真正想成就一番事业的人力资源公司才能做大做强。为此我们研发了一套从业务开发到合同签订、员工招聘、员工管理、员工离职、员工

再就业一整套量身定制的系统"上职家"以提供给人力资源公司使用。

该系统完整地记录了公司通过招聘所引进的人才的职场行为，并通过脱敏信息进行数据分析，可以更便捷精准地匹配到相关岗位。除了极大地提高了其工作效率，还保障了人力资源公司所有信息资源都能留存于企业内部，减少了资源外部流失。

随着人口红利的消失，我们还意识到，随着自动化水平的提高及智能制造时代的来临，办公室自动化也将迎来第二阶段：另一个板块晟工数智，以 AI 替代办公室简单重复的工作，比如某企业管理发货流程，过去需要人工检查订单状态，然后填写发货单和附属文件提交发货；现在可使用晟工数智无人值守机器人自动检查订单状态，自动填写相关资料发送给客户，该流程可提高效率达 80%。

对于工厂来说，随着老龄化的到来及生育率的下降，未来的发展面临着"找不到、招不来、留不住"的人才困境；而对于产业工人来说，随着工厂智能化自动化的提升，产业工人将面临失业。最终随着技术的进步这两者会通过一段时间的耦合达到新的平衡点，制造业将迎来新的发展契机。

➤ 对老板而言：保持自己的身体健康是工作的一部分

不过，人力资源公司主要还是与人打交道。与人打交道其实就是各种能量的交互与汇聚，而人的精神能量是不断变化和迁移的，所以极为耗心血。

去年，我感觉身体不太舒服，去医院检查发现各项数据都很吓人。我意识到锻造一个健康的体魄是工作的一部分，每天再忙都必须抽 30 分钟时间打太极做锻炼。

回望过去一车一车地拉人却无法安置，那些失望的眼神，以及自己焦头烂额的"救火"经历，恍如昨日，昨日不可重来，也幸好不可重来，如今随着时代的进步，我们也在成长，这种现象再也不会出现了。

创业注定是一个漫长又煎熬的过程，但也是必需的过程。尤瓦尔·赫拉利在他的《未来简史》中举例说，如果某只只要吃一颗坚果的松鼠，就能一辈子感受无比的快乐和满足，会带来怎样的结果呢？它再也不会努力地去寻找更多坚果，更不用说求偶交配繁衍后代。

所以，满足与幸福竟然是一种生命的静止。

因为"和他竞争的其他松鼠，吃过坚果才几分钟就会饿，反而能有更好的机会生存下来，并把自己的基因传给下一代"。

"因为让我们快乐的不只是结果，而是追求目标的过程。"——过程比抵达目的地更令人心情愉悦。

——这便是我所能悟到的创业的真谛。

宏瑞文博：清贫的童年，是我一生中最大的财富

【导读】

时间就是变化，不偏不倚

文物古迹向我们诉说着时间的广阔

小巧精致的时钟表明时间生机勃勃

时间的起源比我们早得多

时间也将比我们长寿得多

我在心中让整个世界焕然一新

你永远是最珍贵最亲密的瑰宝

——致梦想

【创业自述】

> 正确面对"贫穷"，很有可能正因为物质的简陋与匮乏，代偿出丰富的精神和持续不断的驱动力

我是 80 后，与大部分 80 后一样，有着一个拮据又艰辛却无比充实的童年。回顾往事，也会怀念儿时的山清水秀，割稻谷时跳跃的小蚂蚱，漫山遍野的野果子，雨后天边的彩虹，还有那两只走路摇摇晃晃的、洁白的小鹅。

其实它们不叫小鹅，叫作我的"学费"更准确一些。因为家里拿不出钱来供我上学，正值学龄的我，就留在家里照顾它们，直至它们长大。卖了它们才能有钱交学费，由此，我比同龄人晚了一年入学。

家有三兄妹，我排行第二。我的父母都是老实巴交的农民，家里养了那么多孩子，还要想方设法让每一个人都有书可读，实在是伤脑筋。因为他们除了种田，别无他法，就将村里外出打工的人、荒废的田地全部承包下来，每天不辞劳苦胼手胝足地干。

我哥哥的身形比较瘦小，而我十一二岁时个头就已经有大半个大人高了，可以适当干一些重活，经常跟着爸妈泥里来水里去，耕地施肥、插秧种田、挑水浇菜、拔草喂猪等无所不做。

身体累，不是真的累；物质穷，不是真的穷。

那时候，我的父母虽然一直处于家庭经济重压的愁苦之下，却从来不曾想过让我们兄妹任何一人辍学。每到开学，几乎成为我们家最难迈过的关卡，为了不中断我们的学业，他们甚至不惜到处借高利贷。

有一年，父亲突然生病了。有的债主怕我们还不上账就连夜赶来要账。家里人说了很多好话，等债主走后，我们兄妹三人挤在屋子里抱头痛哭，不是害怕别人要账，而是害怕父亲真的出现问题。

农闲的时候，父亲就会到处在村里打零工，找活儿干。有时候为了给我们兄妹挣点学费，他就去砖窑挑红砖，满满一整窑红砖，他独自一人全部担完，也不过挣百来块钱。

我知道父母挣钱实在太不容易了，因此总想着尽快独立，可以为他们分担。

就这样即便我考进了重点中学实验班，在实验班成绩也一直是名列前茅，但还是选择了中专。

> **"你能，因为你想要"和"因为你想，所以你能"**

你能，因为你想要。在我的理解里，执行力是放在第一位的，没有选择，干了再说。

你想要，所以你能。这句话与稻盛和夫的"心不唤，物不止"有异曲同工之妙。但大脑是人体的耗能大户，正常状态下，即便不做剧烈的脑力劳动，每天也要消耗 20%—30% 的能量，所以大脑会一直找各种方式"偷懒"以节省能量，它的结构特征注定了光靠"心唤"，是远远不够的。

毕业后，我一门心思只想做销售，谢绝了学校推荐的一家稳定但薪水不高的国企。销售这个工作，它的回报可以最为直接地体现出一个人的劳动价值，也没有地域、专业、行业的限制，无论哪个行业，不管怎么样，先干了再说。

毕业后，我从旅游到绿色无公害蔬菜超市再到装修公司、礼品店业务员等，横跨多个行业，每个都干了一遍，积累了丰富的经验，也积累了一些人脉。

记得随女友工作调动一同去重庆，在重庆一家礼品店做业务员时，由于坚信销售这份工作通过努力一定可以获得相应的回报，每天都很勤快地顶着烈日在外面跑，早上出发时为自己打鸡血，晚上回来仔细复盘，披星戴月，不厌其烦。然而一段时间下来依然业绩平平。老板看在眼里，最后跟我说了真心话：他真正赚钱的板块其实不在这一块，而是做图书，类似于新华书店那种集成书店。

当时他给了我两个选择：一是继续做图书这一块的业务，底薪不变，给予高提成；二是放弃底薪和提成，业务直接对半分。

我毫不犹豫地选择了后者。

那时恰好有个新的政策下来，各地区评选"双一流中学"，其中的指标之一就是考核图书馆馆藏多少图书，我觉得这是一个非常好的机会，于是就去××中学跑业务，但在门口就被保安拦住了。

过去，一个月 300 元底薪，住在一个破旧的四合院，白天各色形迹不明的人进进出出，夜晚风声鹤唳宛若兰若寺。只有等女友过来才能打打牙祭，那时候喝一瓶饮料都觉得日子是甜美的，吃一顿麦当劳更是奢侈。

而现在我连 300 元的底薪都没有了，一切都要靠自己努力去创造。这个单子是非成不可的。学校旁边有小卖部，我去小卖部里跟店家递烟，拉拉家常，聊聊天，很快便弄清了校长的姓名、性别、年龄，还有车牌号码。于是我假装一边接电话一边往学校里走："×校长，我现在已经到您的学校门口了，嗯，已经过了保安亭，我马上就到您办公室啊……"保安听到声音探个头出来，我冲他微微点点头，就这样进去了——我大概是第一个进去见到校长的人，这个单在 2002 年就给我带来了 8 万元左右的利润，就这样，我很快将重庆县城的几所中学全部拿下，赚到了人生中的第一桶金。

你能，因为你想要，后来成为我们公司的核心文化之一。

> ➢ 自己就是环境的缔造师，懂得感恩，就会一直遇见贵人；不管外界如何，始终真诚如一待人，终会被人真诚以待

在跑图书业务的过程中，一位业内人士告诉我，我有一个湖南老乡，是专门做图书架子的，可以相互认识一下。见面一聊，觉得还算投缘。他跟我说了实话，讲自己的主要利润来源其实也不是图书架子这一块，而是帮银行做金库，我们后期可以有这方面的合作。

于是我凭借一本资料即信用社联合社的 1 本黄页去公共电话亭，用 IC 卡挨个打电话。几百个电话打下来，快到最后的时候，才有个信用社说，重庆秀山有家银行需要做金库，放下电话，我马上跑去秀山，就此又踏入与银行打交道的这个行业。

2006 年，西北地区搞 50 周年庆，需要建一个博物馆，我了解到当时博物馆文物库房用的还是银行通用的金库门，感觉业务内容可以再拓宽一些，于是除了跑银行的业务又开始联系全国各地的博物馆。

业务渐入佳境之际，平地骤然起风波。突然有人借口我公司有问题，迫使所有的银行终止了合同，材料已经运过来，安装好的，也都一一被拆除。几年的积蓄转眼就付诸东流，我这才后知后觉地发现是因为触犯到了人家的利益。

当一个人一生中的至暗时刻来临时，只有你的过去可以承载你低谷时的痛苦，失落和折磨。因为在那里，你已对纷繁复杂的社会有了一个比较清晰的认知，积攒了足够的力量和勇气。

因为业务原因我和很多银行的领导都已经比较熟悉，他们可能也有一点欣赏和怜惜我这个孤身一人在外打拼的异乡人，出了这件事后，他们看在眼里，记在心里。

我另辟蹊径地重新实施个项目，避开人家的蛋糕，专做银行金库的门禁改造，终于还掉了工厂的欠款，还赚了一些钱。

在西北做博物馆金库门的时候，也会进去参观那里的文物，我发现博物馆主体建得很是豪华气派，但唯独本应得到珍藏密敛的主角"文物"，却被随意堆放，有的还因保护不得当而残缺不堪甚至面临消失的遗憾。一件件文物，就是一段段先辈故事的记忆锚点，历史就在这上面结绳记事，而一个没有过去的民族，就如同失去记忆的人，最终会因为无所凭依，坠入不堪的境地。

这时我觉得自己不仅仅是遇到了一个商机，而是在做一件真正有价值的事情：我要结合当前的信息技术建立一整套集保存、修复、展示、安防等于一体的博物馆解决方案。

但这个事不是我一个人所能完成的，2009年，开始组建团队。2010年，宏瑞文博注册成功。截至现在，我们的业务范围已经涵盖了装饰装修、文物保护装备、安防系统、消防系统、智慧库房管理平台、文物配套设备等环节，先后于长沙、宁波、北京三地成立了三大生产基地，专业生产文物库房门、文物储藏柜（架）、文物囊匣、文物展柜，成为一个集团公司。

➢ 做一个有人情味的人，而不是一个只追逐利益的"商人"，才能突破"小我"，成就"大我"

团队建立初期招进来的五位员工现在依然还在公司，已成为联合创始人。

其中有一个85后女孩儿，从一毕业就待在公司，作为一个性格内敛又带点小清高的才女，在公司刚刚成立时可以拖着行李箱在外出差十天甚至一个月地跑业务，风餐露宿属实不易。团队一组建，开支骤然变大，但在最困难的时候保障他们的基本生活，在企业高光的时候分给他们利益，这是我必须替他们考虑的。

我与员工不仅仅是"办公室交情"，当员工在生活上遇见麻烦也可向公司求助，比如买房交定金遇见麻烦，直接给他打过去几十万元应急；与客户也不仅仅是"生意上的交易"，我们更多的像是志同道合的朋友：因为我们都想把事情做好，方式不同，但目标永远是一致的。平常也会不带功利性地跟一些优秀的人交往，这样我们就会遇见一些真正喜欢的人和事，我们的生命就会变得更加高级而有趣。

我的创业有一个漫长的准备期，艰苦的环境会锻炼一个人的意志，而曲折会提高一个人承受的阈值。员工离职，我也会跟他们聊聊，好好做一个最后的告别，请他告诉我，离开的原因，以便反思。

我一直在思考，一个企业到底具备怎样的价值观才能走得更为高远，首先，诚信是一个基本条件。很多人可能觉得诚信是对外部而言，其实首先应该在团队内部形成诚实守信的氛围，自然而然就会对外散发。

其次，当然是感恩。感恩意味着不忘本，感恩员工的一路陪伴，感谢客户的信任及很多帮助我们的朋友，有的时候它不需要多么贵重的礼物或者多么华丽的辞藻，质朴真实地表达自己的一份心意就好，而这些都是蕴藏于细节之中的，比如逢年过节，我是极少群发短信的，怎么发？点对点，一对一地去发，简单回顾一下我们共同经历的故事，叙叙旧，表达一下祝福。同心，与客户同心，与员工同心，与国家同心，这将会形成一股巨大的势能，将企业提升到一个更高的维度，正因有了前面三者的铺垫，企业最终成就卓越。

这便是当前我的公司的价值观：诚信、感恩、同心、卓越，全体员工共同提炼。认可既是智慧的结晶，也是必须践行的行动目标。

从江边县城华容到瑞典隆德：社交恐惧症患者的精彩

【导读】

人的成长从可以真实地面对自己开始,因为这个世界不存在真正的舒适区。即便阳光、水、空气等大自然资源是免费的,依然需要转化成各种食物才能果腹。帕斯卡曾经发出"宇宙通过空间囊括了我,吞没了我,使我犹如一个原子"的哀叹,转而又写道:"通过思想,我囊括了整个宇宙"。是的,世界很大,我们很小,但尺寸并非全部,我们内在的丰富丝毫不逊色;所有的艰险畏途,不过是我们思想上的作茧自缚。每个人都有自己的短板,但我们不能因此就深觉自卑,更不能因此而躺平,导致一生白白浪费。恰恰相反,对于积极乐观的人来说,短板的存在很可能是促进自己提前觉醒的契机。碧臣环境创始人李超先生青少年时性格内向以致口吃,后来竟成为学识渊博的海归,并在自己喜欢的领域里创办了企业,紧扣新能源与环境保护两大主题。

➢ 从"社恐"到"社牛",挣脱自我精神禁锢后的世界如此丰富多彩

清晨,四下无人,水鸟低低掠空而过,长长的河堤上走来两个少年。一人手里一卷书,顷刻来到一处较为平缓的空地,只见他们一人占据一处摆好姿势,气沉丹田,面朝河流,万里江山写意于胸中,汹涌千重浪吁之于外:谈笑风生,舌灿莲花,宛若疾风骤起划破寂静,吹动滩涂芦苇摇风霜,惊走鱼虾深潜遁

形……这一幕，不是周星驰在他的无厘头影视剧里的表演，而是我和一位来自益阳沅江的室友清早来学校附近浏阳河边练演讲的日常……

1982 年，我出生于湖南华容县的一个小镇上，和所有的 80 后一样，有着一个被散养而又自由的童年。进入青春期后，性格变得内向，非常自闭，不爱与人交往。令我感到最恐惧的事便是上课时被老师点名站起来回答问题，我通常站在那里磕磕巴巴，半天都说不出个所以然，当然免不了一阵训斥，慢慢地竟然发展成了与人说话就口吃。

或许是因为这个原因，我的成绩一直不太理想。那时候，害怕被人过多地关注，只要能有个被遗忘的角落安静地让我待着就好，但也因为这样，我错过了很多机会，或许也错过了些许美好的人和事。

大学时我决心要改变这种状态，所能想到的最好的方式，就是正面现实，以毒攻毒——不是害怕与人交往吗？那就去参加各种社团；不是害怕当众发言吗？那就去报名参加各种演讲比赛、辩论赛。只有鞭子不停地抽打在自己身上，才能感觉到痛楚，才能激发潜意识要改变当前处境的力量。

大一参加新生演讲比赛的情景至今历历在目。因为我的普通话不标准，所以没有机会获得学院新生演讲比赛的资格。通过自己的努力和学生会干部老乡的力荐，候补为排名最后的参赛选手。那时候班上还有一位来自益阳沅江的同学，他说话带有洞庭乡音但语速飞快，我俩便每天起大早去浏阳河畔练习演讲。想起电影里，周星驰练完后臻于化境：将弯的说直了，将死的说活了，还把大鱼炸了出来。电影艺术手法虽然夸张，但我们练了一段时间后确实颇有成效。

学校的修业讲堂人头攒动，还时不时夹杂着窃窃私语。第一段结束，伴随着我的停顿，先前的窃窃私语都没有了，整个演讲现场鸦雀无声，气氛骤然凝固，人们伸长脖子等待着，每一秒都变得无比漫长，让我觉得如果自己不放个大招，都对不起这么多人漫长的沉默……然而令人绝望的是，我在脑海里拼命检索本已准备得滚瓜烂熟的稿子，一句话，一个词语，甚至一个标点符号却都消失得无影无踪。

在这绝望又令人恐惧的时刻，我做了一个令人出乎意料的举动：从口袋里掏出了演讲稿子，一字一句地将它念完——我是第一个也是唯一一个用稿纸演讲完的人。

阿德勒说，我们的烦恼和痛苦不是因为事情本身，而是我们如何看待这件事。没有获奖是意料之中，我也不是为拿奖而来，我只是来锻炼自己的。这次经历也让我感觉到失败或者失误并没有想象的那么可怕，可怕的是你自己觉得可怕而逃避，但生活不会因为你的逃避就善待你，恰恰相反，逃避会让人失去比输掉一场演讲比赛更多以及更重要的东西。

这期间××英语正风靡大江南北，创始人李×从高考英语仅有16分的英语"特困生"到炙手可热的"口语天才"，这过程中用一种别出心裁的方式死磕自己的短板，终于成功涅槃——他快速地提升了英语水平，也提升了自信，就此改变了自己一生的命运。他在当时的大学生们心里是一个传奇般的存在。近乎疯狂的"吼叫式英语"，具备极强的感染力，所到之处几乎场场爆满，激情四射，宛若国际巨星开巡回演唱会，大家一起跟着疯狂地 NO Face，也深深地冲击着我那颗敏感又自卑的心，促使我努力寻求改变。

××英语以一种神奇的力量吸引着我，我成为李×的志愿者。以此为平台，大二我就去新东方朝圣，我认识了很多当时寂寂无闻，现在已如雷贯耳的大佬，比如罗×浩，听他讲对创业、生活的看法和态度。由此，令我对世界的理解更为深刻，就在这个自我对症下猛药的阶段里，我从视野到内心都发生了翻天覆地的变化。

由于积极参加学校各项活动，做事也比较认真负责，和学校领导、老师走得很近，大学毕业后，我留校成为一名大学辅导员老师。

> ## 世界不会拒绝任何一个主动拥抱它的人：拥抱世界，即是拥有世界

留校任教后，我便积极开展对外的交流和联络，通过各种途径想办法打电话邀请小天鹅洗衣机副总裁、香港科大博士在读创业者前来长沙东郊演讲，让同学们知晓世界正在发生什么，到底发生了什么——我深知外界的认知和见解会给一个人带来怎样的驱动力和改变。

2005年，我申请了南京大学-约翰斯中文文化研究中心（简称"中美中心"）。中美中心是我国改革开放后首个中外合作办学机构，由时任国务院副总理方毅、

万里、姚依林、姬鹏飞四人签字批准，于1982年中国教育部和外交部联合报文建立。现已发展成为培养国际视野宽广、人文底蕴深厚、通晓不同语言和文化、适应全球化发展、具有厚实专业知识和解决复杂问题能力的国际化人才的教育平台。

南大每年负责为"中心"招收50名中国学生（大陆地区），由霍普金斯大学聘请美国教授用英文授课，学制一年。入学考试先是申请和推荐，面试再分为英语面试和笔试。作为高校思想政治辅导员，除了每日繁忙的工作，下班后还要蜗居在宿舍进行高强度的外语学习。在那个互联网不发达的年代，有影音配套资料的外语辅导书，让我如获至宝般的心情激动。

2005年9月10日，我如愿来到六朝古都南京，在这个改革开放以来最早建立的名扬四海的高等教育国际合作机构开始为期一年的学习。一年下来，不仅在语言能力方面获得了极大的提高，英语的听说读写达到流利，而且还学习到了很多国外先进的管理理念，掌握了国际经济、国际政治、国际法及美国研究等领域的理论和实际应用知识，进一步开拓了视界。

随着人类社会进入全球时代，国际风云变幻莫测，两个国家关系的正常化必然要不断地进行富有成效的思想碰撞和交流。随着两国之间政治经济和文化的交往日益频繁，而教育之间的交流是其所有交往的前提。这为中美中心的建立奠定了政治基础。回到农大后，我还想继续学习，也想去"更大更远"的地方看看。瑞典有比较好的工业基础，科研实力和创新科技在欧洲处于领先水平，于是申请了雅思，准备前往瑞典求学，研读风险投资。

> **没有准备就是最好的准备，接受世事的无常，接受不确定性**

中国有句古话叫作"穷家富路"，意思是在家可以节俭一点，但外出未知风险太大，所以要多带盘缠。此时的我其实并未存下多少积蓄，也不去想如何把书读完或者读书过程中钱用完了怎么办等问题，接到录取通知书后，我就独身一人前往瑞典。

记忆中的隆德大学，提及便有一种厚重感扑面而来，古老而又氛围十足的校舍，低矮的中心楼房，历经沧桑满铺石砖的街道，时间给它留下了很多细微的印记，它却做了时间的朋友。植物四处葳蕤，这里洋溢着一种令人舒适和踏实的质朴，一如学校教授授课的氛围，驱动自己能量的一定是热爱。纵然沧桑如斯，如此低调内敛，也丝毫不影响它成为世界 100 强大学之一。

在用了近三个月熟悉北欧大学校园生活后，我带的 2 万元生活费就所剩无几，得开始想办法打工赚生活费。我们中国人的性格大多较为含蓄内敛，而我因为大学的"自我拓展"成为一个特例。没多长时间，在学习几款鸡尾调酒后，便进入学校 Union 学生酒吧做兼职。做前台的好处是可以了解国际同学的社交习俗，还可以让自己的口语更加精进。当然，如果和客人聊得开心，他们偶尔还会给小费。

很快我发现了另外一个挣钱的渠道：瑞典建立了由市场机构运营的全国统一的易拉罐、饮料瓶和玻璃瓶回收体系，实施易拉罐押金制度。而在酒吧消费的大学生在附近逗留时会留下大量的易拉罐。凌晨酒吧打烊后，我会将易拉罐收集起来，去超市等设有自动回收机的公共场所，回收酒瓶换取有价凭证。刚开始时收入颇为可观，似乎可以将其当作一门正经生意来做，可是后来越来越多的中国留学生知道了这个赚钱的门道，去酒吧收集易拉罐和酒瓶的人也越来越多。内卷产生了，赚钱就逐渐变得困难。

就在我失去这笔丰厚的收入时，一位从南京过来读书的男生联系我，问我能不能合租。但在这里很多地方都是公用的，如果合租的话其他房间的室友会有意见。不过当时我和其他几位外籍室友相处得还算愉快，经过沟通交流，这位男生便搬进来了。

经过一段时间熟悉后，他告诉我他在做一个神奇的"兼职"：报球员。即看一场足球球赛可以得到 200 欧元，我初时搞不懂它的商业逻辑在哪里，将信将疑地看了 5 场，结果月底真的给我结了 1000 欧元，在"旺季"时，甚至可以拿到数千欧元。

那时候除了上课，我经常做的事情，就是拿一本书，戴上耳机，口袋揣上手机，乘坐火车去瑞典南部各个城市看球赛。在瑞典，很少见到高楼大厦，森林和动物被保护得极好。火车在原野上穿行，矮矮的独栋的小房子散落在草地上，仿佛童话世界里的蘑菇，阳光温暖，草木清香，令人心旷神怡。这样的工作，简直是一份"美差"。后来我终于弄明白，很多比赛没有直播，就算有直播，也会有延时，我在球场给他们实时汇报赛场战况，方便足球博彩的庄家计算滚球盘的赔率。我的"上级"是一位在瑞典北部的中国博士生。他手里有 20 多个像我这样的"实时报球员"，每年的收入令人咋舌。

➤ 人生起伏不定，但你总要有一段时间对得起自己

2008 年毕业后，我进入了瑞典一家废物利用的环保科技公司。瑞典的公司有个很显著的特征：虽然他们起步才三到五人，但从一开始就秉持着把产品卖到全球的信念。当时他们很看好中国市场，因此我加入后公司便在北京设置了办事处。给我配了一位博士做搭档。博士懂研和技术，不太擅长商务和谈判。而我在这一块虽然没什么问题，但由于不懂技术，依然备受掣肘，毕竟你不能信口雌黄。

而瑞典总部除了零部件和技术，给予的支持有限。他不可能把所有宣传册、使用说明、结构原理等全部印刷好了，等你捡现成的。产品做出来不知道该怎么卖，只有让自己成为专家，才能将那些高深莫测的专业术语用通俗易懂的语言阐述给客户听。经过郑重思考后，我决定回到瑞典去读博，研读环境生物技术。

跨专业读博的难度比我想象中还要大，博士课程的深度让刚接触这门学科的我难以听懂那些专业术语，上课时犹如听天书。大家在一起讨论问题时，也插不上话。同时，在这里基本上人人都是专业上的佼佼者，他们能让你感觉到极大的差距和压力。在瑞典，博士毕业有 120 个必修学分的要求。虽然对论文发表数量没有明确的限定，但课题组的博士们动辄六至七篇高水平 SCI 论文的研究产出，让我不得不提高了对自己的要求。毕业时，我已发表了八篇 SCI 论文。

在这个过程中我恶补基础课程、研究项目启动初期高强度的文献阅读和调研、科研项目，组建团队、参与实验课程的设计和教学，每天 12 个小时的高负荷运转。

读博期间，合作伙伴总是怕我不回来，因此，我还每个月要往返北京和瑞典，一边读书，一边照料公司，并向专家学者虚心请教来解决实际工作中所遇

到的困难。后来为了让大家更安心踏实地工作下去，我放弃了在北京购买住宅的想法，在写字楼里买了办公室。

➢ 不要去选择大家都认为好的，要选择自己认为好的——真心相爱，才能久处不厌

2012 年，虽然公司发展的势头稳步向好，但由于经营理念的不同，瑞典总部想撤销北京办事处，虽然自己也做得很累，但我依然觉得这个行业的前景和发展是非常不错的。因这时候的国内餐厨垃圾大多还是依靠焚烧和填埋的传统技术处理，会对环境造成二次污染，效果还不好。而随着城镇化的发展和人们生活水平的提高，这些问题正亟待解决也必须解决。欧洲生活垃圾的干发酵处理技术虽然已经很成熟，但因各种投入成本太大，成为一个巨大的门槛。

这期间国内有各种项目不断找来要合作，各种"挣钱的"机会纷至沓来。赚钱的路千千万万条，我选择了自己认为最有意义的一条，坚持走正道也规避了很多风险和问题，毕竟选择的不再是一份临时的工作，而是一份值得拼搏一生的事业。经过与瑞典总部协商后，我决定做他们的经销商继续合作。2017 年，经过反复的实验、测试，我带领团队研制的干发酵一体化装备样机在瑞典终于研试成功，国际生物能源知名期刊 Bioenergy International 第 94 期对其科研项目进行了专题报道，同年我获得国家优秀自费留学生奖学金、北京市科技新星计划和湖湘青年英才的资助。

故土难离，出去是为了更好地回归。2017 年，回到湖南家乡，我创办了湖南碧臣环境能源有限公司，并将清华大学环境学院国际引进计划，进入清华大学作为博士后担任助理研究员。在家乡创业期间得到了政府各位领导的关怀和支持，于 2019 年入选湖南省引进海外高层次人才"百人计划"专家，并在 2022 年获得湖南省科技创新创业团队（排名第一、团队带头人）等荣誉称号。

当前，碧臣成长为一家综合性的国家高新技术企业，旗下有北京碧臣仪器、碧臣检测等多家全资或控股子公司；建有省级工程技术研究中心和国家合作基地，通过高科技技术和手段为大家所担心的餐厨垃圾、污水污泥、工业废水、畜牧粪便等问题找到最合适的解决方案。

目前瑞典已成为能源转型指数全球最高的国家，同时也有着优异的生态环境，我见过那美景。当火车经过一片片田野，在绿色的森林中驰骋，静谧的湖泊清冽透明；在金色晨光的笼罩下，未苏醒的村庄，温暖又迷人。碧空、水流、鸟鸣、花香像一幅清新的画卷，连绵不断地在每一个人的旅途中出现，当"在路上"不再成为舟车劳顿的苦役，足够使我们觉得人间值得，让我们随意拍下的每一张照片，都可以自豪地说：这是我们中国，青山千古秀，长河万年流。

【结语】

很难想象我的人生就这样被我硬生生地扳过来了，虽然路途遥远，行百里者半九十，依然还有很多困难需要去克服。不过，现在回顾那些高负荷运转的时光，竟然令人感觉如此欣慰和愉快，人生不怕犯错，最怕的是时光虚度。该拼命的时候一点都不要含糊，因为让你拼命的机会并不会很多；而最可怕的事情，莫过于回过头却发现自己白来一遭。如同手里握着一大笔钱，却不知道要怎么花出去。可能我们自己一直想改变，只是欠缺一个契机，毕竟废物尚可回收利用，何况人呢？"你生而有翼，为何竟愿意一生匍匐前进？形如虫蚁。"每个人都多多少少会有惰性，那么就将自己放进更优秀的人群中。一滴水，经过小溪，见到江河，最终会抵达大海。

一位二十余年销售出身的老板的方法论

【导读】

关于销售，有一个现象违背了我们的直觉：业绩较好的，其实大多是性格内向的人。究其原因，性格内向的人善于观察、发现、总结，并在这个过程中掌握了与人建立起深度链接的方法。所有的销售都是初期创业者的雏形，在自由的时间里掌握自己的方向，拥有自己的节奏，对自己负责。科洛弗新材料创始人刘高峰先生从事销售二十年，横跨多个行业，作为一位典型的销售出身的老总，他有着怎样的方法论呢？

➤ 青少年时期是最关键的时候，生活环境影响很大

清贫得只剩下风声与饥饿的童年令人怀念。其实我们怀念的并非清贫，而是曾经为之所作的努力。

想起在那样困窘的环境下，父母还想方设法让我搞好成绩、读好书，就禁不住感慨万千。

20 世纪 70 年代末，我出生于湖南省湘乡的一户农村家庭，亲历了一个从"物资匮乏——无论生产什么东西都有人抢着买"的穷而快乐的年代到"物资非常丰富——无论卖什么东西人们都习惯性地挑挑拣拣"的压力倍增的年代。

小时候除了干农活，就是走村串户地卖冰棒，一天能挣几块钱，在当时也算是不错的收益了。闲时能挣钱补贴家用；上学成绩也一直名列前茅，于是我

成了方圆十里、远近闻名的"别人家的孩子"。

尽管中考时以一分之差与重点初中失之交臂，也可以另交 4000 元进去，但这在当时是全家一年的收入。正左右为难时，一位远房亲戚说："是金子到哪儿都能发光，小孩子只要自己肯努力，在哪里上学都是一样的。"想想也确实很有道理，就这样我以全校第一的成绩考去了镇中学。

镇中学的同班同学都不怎么爱学习，大多都调皮捣蛋。很快我的成绩就一落千丈。父母急了，在初二时给我换了班，找了一位老师对我加以重点关照，这位老师是父亲的旧时战友，在他的帮助下，成绩稍微有所提高。初三来临之际，家里人还是决定将我转去市里的普通中学，因为我的入校考试成绩很不错，被学校当作重点来培养，加之自己此时虽然懵懂但还是有点觉醒，愿意努力向好，加之学习方式正确，成绩很快再次名列前茅。

那时候成绩好的都会选择考中专。那时的中专，和大学差不多，一样可以将自己的农村户口转为城镇户口，一样包分配工作，不用读高中就可以早点出来参加工作。

这一年我们学校仅录取了两名中专生，我是其中之一。进入农业学校，学习四年制的经济作物专业，三年后自己出来找单位实习，很多人纷纷选择南下广东打工。

➢ 如果可以，尽量选择与人打交道的工作

所有物质和行为都只是人类思想的具象。因此，认知低下与思想上的匮乏，才是导致人们贫穷的真相。

只有与人打交道，我们才能弄明白世界到底是怎么一回事。才能以此为底层逻辑，获得属于自己的较为准确、深刻的洞见，才能拥有把握住财富的力量。

销售与服务，是快速认识社会的最佳途径。从学校出来后，我南下深圳经历了三份工作：在制衣厂做熨烫工、做日用品的销售、在永和豆浆做服务员。

熨烫一件衣服 2 分钱左右，同事也都是些大妈。尽管如此初出校门的我手脚并不熟练，不管我如何卖力，每天仅有二三十元的收入。那时候我与人合租在一个简陋的民房里，住高低床，没有被子和枕头，只能铺张席子，晚上睡觉

就盖件自己的衬衫。即便这般勤俭，除去住宿，吃饭的钱都不够，还被烫得满手都是泡。这才是真正的社会底层：终日劳碌却食不果腹，稳定得可怕，穷得没有希望。

坚持了两个多月后，我便离开了，自己去人才市场找工作。在等待入职机会的同时，偶然进入了一个直销行业：公司不给底薪，一番简单的培训后便提供产品和底价，卖多少钱自己说了算，赚到的都是自己的。产品是牙刷、牙膏等日用品，每天早上集中去公司开晨会，打完鸡血就背着产品各自散开在这座城市大街小巷里觅食。

随机在路上拦住一个人，让他购买他本不打算购买的东西，难度可想而知。对于刚踏出校门、性格内敛的我来说，更是莫大的挑战。这份工作对我而言只是权宜之计，坚持了半个月后便接到了永和豆浆的录用通知，加之业绩不理想，便离开了这个行业。

事后回想起这半个月，却是影响我成长最关键的一步。在这个行业里，业绩做得好的，一天可以挣一两百元，一个月可挣五六千元。这在当时是非常可观的收入了——销售，让我看到了一个平凡人实现财富自由的可能。

我发现做这行业绩比较好的人都有一个典型特征：他们的内心无比强大。不管被拒绝多少次，好像心情都不会受到任何影响，脸上永远洋溢着灿烂的笑容。如果说，人的一生要立足于社会，到底需要什么能力的话，我觉得这大概是最重要的一个能力了。

进入永和豆浆，经过 1 个多月的培训后我做起了晚班的班长。每个人要兼顾 10 多桌，那时候信息化还没有今天这么发达，客人需要的餐点品类全靠班长用纸和笔记下来拿去后台。工作量非常大，经常忙得团团转。因永和豆浆这类餐饮不同于快餐店，除了就餐时间，其他时间还会有人源源不断地进来消费。一个班值下来，整个人濒临虚脱状态。

深更半夜也经常有人点餐，要根据他的地址送过去。这些人通常都是在深圳定居的社会中产。送餐过去他们会给一些小费。这一年是 1998 年，大概就是外卖最初的雏形吧！半年后，我挣到了生活费和学费，还花了 600 元给母亲买了礼物。

20 世纪 90 年代末，腾讯刚刚成立，华为正处于成长阶段，很多大企业在深圳才刚刚起步；无数人怀着对财富的憧憬纷涌而来，却很少有人对自身的能力有准确的评估，对未来的方向有清晰的认识，而后我无数次回想那个千岩竞秀，万壑争流的年代，想着如果这时候自己能够坚定地选择进入某家科技型企业或者互联网企业，坚持个十年，估计也就早已实现财务自由了。

> ## ➤ 内卷时代，欲做销售，先成为行业专家

实习期满返校，我被学校分配至农机站。眼界初开的我已经没有了"捧铁饭碗"的意愿。最终将档案及户口留在农技站，去重庆找了一份推广宽带的工作，主要跟物业进行利益捆绑，先将光纤接入小区，谁家开通再收费与物业分成。公司采取的是低底薪和高提成的方式，折腾下来也没挣到什么钱， 三年后我再次南下深圳。

此后一直从事销售这个职业，在深圳卖过网络设备；也因一朋友想进入物流行业创业，在他的建议下进入物流公司做过市场经理，通过黄页上的电话簿约客户，为公司开吸引几个大客户。

半年后，这位朋友回了老家，我辗转这些行业依然没有挣到多少钱，唯一的收获便是经历。

在物流公司工作时，我感觉到了一线沿海城市与内地城市企业的显著差别：在深圳的物流公司，从客服到配送，再到经理的服务态度都非常好，客户要查货，无论什么时间段，都能快速得到回应；内地的企业服务态度稍微欠缺一些，效率不太高。究其根本原因，思想观念没有跟上，没有服务意识。

——产品同质化严重时，销售拼的其实就是软实力：服务。

销售门槛低，想要做好却并不容易。随着经济周期的变动，在增量时代，可以利用信息差坐吃红利。但在存量时代，随着红利的消失，竞争进入白热化状态，成交全凭个人勤奋和用心。

后面我自己创业，也深深意识到：在这个网络信息极其发达的时代，客户来咨询我们之前，可能已经接触过很多同行，产品大概在哪个价位、谁比较专业，他在心里早已有本账。这时候销售就要帮助客户找寻没有发现的需求，给客户更好的建议，才能建立起真正的内心的交流。

所以做销售，是最接近修行的一个职业：你不够专业，连上牌桌的机会都没有；你没有主见，并形成对市场及产品的深刻理解，便无法做出差异化；你没有全局思维，便无法给自己的产品做出精确定位而在成千上万种相似的产品中迷失。

➢ 摆脱内卷：在对市场的把握度和产品的深刻理解的基础上，做出差异化并不断放大这个差异

2005 年，一直从事建材行业的表姐创业，她的公司主营地毯，我作为负责人到南昌从零开始拓展市场。这时候做业务没有别的诀窍，就是一个"跑"字。跑宾馆、跑景点，几乎天天出差。逐渐认识了一些做家具的、卖墙纸的、卖窗帘的等其他工种的同行，大家互相之间会提供一些商机。就此慢慢地将市场打开。

内卷到了极致便是饥不择食。先货后款面临着极大的风险。由于我们所接触的大多是宾馆或者 KTV 这样的经营场所，难免会碰上黑老大，这时候才让我深深领略到为什么说合同只是一个君子协议。我们就付款方式、施工流程及进度基本已经达成了共识，并签了合同付了定金，结果货到了客户却找了一些匪夷所思的借口，不再付款，也不让你将货拖回去。报警的话，警方认为是经济纠纷；打官司的话根本耗不起那个时间和精力，经过反反复复的协商，适当给点钱了事。

在这个行业，经常需要就合同与付款方式、施工进度与人斗智斗勇，回去总结、复盘。花钱买教训，在不断打击中成长。这些阅历帮助我们增强对客户的把握度，同时增进对市场的理解程度，帮助我们完成进一步蜕变，在白热化的激烈竞争中让摆脱低价竞争的泥潭有了可能。

我认识的一位在深圳从事本行业的资深人士，在对市场的深刻理解的基础上研发出了一款比较小众的产品，虽然成本高，但由于品质较好且定位精确，走量比较好，为公司赢得了发展创新的机会。虽然小众，但放眼整个中国，就是一个很大的市场。

得过且过随波逐流只能一直在生死线上挣扎，直到某一天被彻底取代。我

们永远要记住，客户不会因为你便宜地卖给他垃圾产品而感激你；只有你能够很好地解决他的核心痛点，让他感受到价值才能真正做出口碑，成为朋友。

➤ 向前面更进一步，销售发展到了极致便是拼技术和研发

成家立业后必须要做长久打算。2008 年，做了一系列准备工作后，我领着家人回到长沙，一切再次从零开始。

在南昌做地毯生意时，我接触到了一种弹性地板，考虑到反正都是从零开始，不如从做一款新的产品开始。经过沟通协商，在高桥租了一个七八十平方米的展示厅，我代理了一家公司的弹性地板。

创业前期简直"饥不择食"，再小的单子都会去谈，再微薄的利润都会去赚，先把自己养活了再说。

很快我就发现自己的市场做到了天花板：做代理商受制于人，没有定价权，且受区域限制，市场极其有限。一段时间后，我考虑打造自己的品牌。便于 2012 年注册了科洛弗商标，从此开启了自己的品牌之路，并根据自己对市场方向的把握和对产品的理解，根据特定客户的需求来研发产品。

比如随着工厂的发展，它们的车间都有着改造的需求。但由于车间里多半摆放着各种设备，工人甚至不能中断生产。那么就要求地板铺设既要时间快，还不能扬尘，同时保证绿色环保，可以马上投入使用；由于车间地面还经常需要走叉车，所以对平整度、光滑度、承重性也必须达到一定标准，根据这个小众需求，科洛弗研发出了高分子工业地板。此外，还根据医院实验室地板耐腐蚀、防静电的需求，由工业领域延伸研发相应的产品。

产品过剩的年代，不做差异化就无法生存，做差异化就会引起更多跟随，其实也是带动了一个行业细分领域的发展。但只有走在前头，才有可能享受到短暂的红利。所以，销售到了最后，就是纯粹地拼技术了。

创新是一个企业发展的必要前提，这些年不间断地去拜访各种工厂，结合

他人的思维，听取客户的痛点，产生新的思维以捕捉商机，从未倦怠。

【结语】

在我们创业的道路上，机会来了又走，你不知道哪个会改变你当前的状况，甚至改变你的一生。游离的态度，得不到任何结果。最遗憾的错误莫过于机会来了，却因为自己的不够用心而没有抓住，恶性循环就是这样种下的，同一起跑线上的企业，差距也是这样一点点拉开的。

对于职业，日复一日的重复，我们有疲倦期；对于创业，我们会被各种形形色色的客户消磨掉往昔的激情，也有倦怠期。所谓"深耕"的定义，并非"你尚在局中"，而是你永远热爱这个行业，永远保持着希望与信心。

销售不应放下尊严，它会促使你将产品做好

【导读】

任何工作都应有尊严，需要放弃尊严的行业，一定不是值得你为之去拼搏的行业。诚如董明珠所说，推荐好东西，不要低三下四，能成交就成交；不能成交那就下一个，不断寻找客户的过程，其实也是在不断磨砺、完善自我的过程，这就是为什么做得越好的创业者，越具备一种亲和力，越懂得从他人的角度来思考问题。

【创业自述】

我有点完美主义倾向，高中时因未能考上心仪的大学，便复读了三年，三年下来身心俱疲，已无心恋战，便就此撤退。十八九岁的年龄，回望过去，尚是"草色遥看近却无"，畅想未来，云雾正迷蒙。

过了一段兵荒马乱的日子，在那段时间，人是迷茫的。迷茫的原因，是自我意识逐渐苏醒，同时知道了自己的渺小，却又不知如何对抗，于是和所有辍学不再读的年轻人一样，南下广东打工。

在广东打工并不顺利，加之水土不服，2005年我还是回到了长沙。在一个廉价的小宾馆里栖身。几个月过去，身上已是囊中羞涩，而这时候的我，不出去找份事做实在是不行了，便四处托朋友帮忙介绍工作的机会，朋友们都一一

答应，但有回音的寥寥无几。

经过我不厌其烦地屡次催促，一位朋友碍于面子，带我去了一家建材市场做陶瓷的店面走了下过场，然后各自散开。回来的路上，经过马王堆建材市场时，我发现有一家门面玻璃上贴着招聘销售员的启事，于是前去应聘。

进入了这家店后，度过了半个月的适应期用来熟悉产品；店主也培训了一些基本的销售技巧，大多是看陈安之的视频，学习从不可能中发现可能，从一片黯淡中创造辉煌的业绩。

这是一家陶瓷店，销售的主要渠道是与装修公司合作。所以装修公司就是我们的客户。经过一段时间培训后，我跟着经理出去跑业务。这时候业主装修用什么材料和产品，大多是由室内设计师拿主意，因此我们对接的也是设计师。

看着经理毕恭毕敬地半蹲半跪在设计师旁边，设计师一边做图一边漫不经心地搭话；有时候一进门还要递上一袋槟榔或者一包好烟，说着好话，赔着笑脸，我感觉这业务难度实在太大，可能并不适合我这样的性格，便萌生了辞职的念头。

这时候我觉得，要放弃尊严去做的可能不是一门好生意。

不过在行业里也混熟了几张面孔。有一家装修公司经理对我印象不错，邀请我去他的公司上班，也是做业务。只不过，不用再赔着笑脸到处跑，可以坐在办公室里打电话，相当于从乙方到了甲方，也算上升了一个台阶。

装修公司从各种途径买来电话名单，分发给业务员，其实这种电话是一种骚扰的存在了，效果并不好，打 100 个电话可能 1 个人也成交不了，我惊异于他们为什么还要沿用这种方式多年一成不变地严格执行。装修公司还有一个业务渠道就是跑楼盘，接到某个楼盘收房的消息，便早早避开保安在现场等着，直到看到业主过来了，卖门的，卖窗的，卖窗帘的等等……各种奇奇怪怪的人一窝蜂拥上去，这种状况也让我感觉不太好。

这时候我还保持着只要产品足够好，不愁没有市场；只要足够专业，一定可以做出品牌的念头。经理无奈地说，能试过的途径早已试过了。如果你还要坚持原则，老老实实地报价，费尽口舌去解释，就等着喝西北风吧。说实话的人注定没有饭吃，整个行业风气如此。

有很多心灵鸡汤之类的书籍都会这样说："放下面子努力赚钱才是成年人最

大的体面。"可是，有没有这样一种可能，需要放下面子和尊严去赚钱的地方，已经极度内卷，不适合你的进入呢？在这样的环境下求得碎银几两，人格都扭曲了，三观都碎了，精神都被击垮了，尊严都被扔在地上了，这样的赚钱方式有什么意义呢，而且越是这样吃力，越是赚不到什么钱。

很幸运，后来通过投递简历，我进入长沙本地一家最大的涂料公司。

这家公司有比较成熟的客户群体，规章制度也较为健全，企业文化搞得很不错，包容性也很强，经理人也很好。我进去时，正是上半年淡季，公司上上下下正在专心练兵，不但给予新来的人锻炼机会，也给予充分的帮助和扶持。我是湖南邵阳人，口音很重，为了练好我的普通话，经理鼓励我拿着《没有任何借口》这本书关上门每天大声念半个小时到一个小时。

《没有任何借口》这本书影响了我的一生。并使我从来不以"我觉得……""我以为……"为开头表达。

借口是一生的麻醉剂，很多被借口麻醉的人生，浑浑噩噩，一事无成，且留下了极大的遗憾。它告诉我一个人该如何去真实地面对自己——"因为再妙的借口对于事情本身并没有丝毫的用处。"

深受这本书的影响，我比一般人要努力，每天拜访客户回来后都会记日记复盘，写清楚这位客户的大致情况，下次再去拜访他时需要注意什么；另外，我性格比较温和，遇事也习惯换位思考，跟客户的关系也很到位，我们的沟通基本没遇到障碍。第二年开始我就成为公司的销售冠军，并被评为优秀员工，奖励了 1000 元。

我的性格比较温和开朗，跟谁都合得来，因此在公司的人缘比较好。从打扫卫生的阿姨到技术人员、总经理、老板的关系都相处得很融洽。

如果说前面几家是历练，那么在这家公司便是成长。

但还是产生了一些裂痕。做业务时，总觉得公司定价太贵，有时候为了成单，不免想要公司优惠一些，下调价格。很多时候，公司都把价格掐得很死，导致一些订单流失。当时不能理解，直到 2011 年我创办了湖南好风景涂料有限公司后，随着角色和立场的转变，才真正明白和理解。

价格其实也是一种筛选，可以将优质客户筛选出来，以便更好地做产品和服务。

这家公司培养了很多人，是我们建筑涂料界的"黄埔军校"。迄今为止，我依然对这家公司有感激之情。我的生日与这家公司的老板娘的生日在同一天，每到那一天我都会发一条祝福短信给她，10 多年从不间断，这仿佛是一种仪式，提醒我喝水不忘挖井人，做人要记得感恩。

在行业峰会上碰见这家公司的老板，我也会主动迎上去打个招呼，宴席上特地过去向他敬杯酒。

2013 年、2014 年适逢多彩漆盛行，公司发展得还算比较顺利，并于 2013 年创造了半个奇迹，在全行业涂料领域里排行第三。这期间除了跟随市场需求研发创新，还去另一家同行公司参观、拜访、学习。此时，我们从规模到品牌其实是不相伯仲、并驾齐驱的。

如前所述，推荐好东西无须低三下四，但前提条件是东西要足够"好"。秉持这样的观念，我们精力集中在产品研发和投入上，主要面对 B 端客户；这家公司走的是品牌路线，联合自媒体各大平台进行无差别宣传，发展得比较快。

做企业是需要放下执念的，只有通过不断虚心学习，才能突破自我，拥有更新、更广袤的视野。2019 年，我们也开始在以研发为基础的同时注重宣传及品牌推广，但依然比较克制和谨慎。

我身边有太多活生生的例子，急于求成，结果往往适得其反。

记得有一位朋友读了 MBA，认知层次又提升了一个档次，贷款走捷径买了 10 多个公司，组成一个集团。为上市造势、包装，为此还在望城买了 100 多亩地，目前欠款 2 个亿。

我是一个悲观主义者，有很重的危机意识。对于同一件事情，会预设很多不好的结果，然后再考虑与之应对的方案。

好风景一直遵循的是稳健原则，稳而慢，正因如此，才能承受疫情之类的黑天鹅事件顺利平安地渡过各种难关。

没有任何借口，从不刻意委曲求全。很多朋友都想着怎么走捷径，殊不知一旦有了捷径思维，就很难把事情做好。

就比如以打牌为生的人，为了多增加一分胜算，就会想办法怎么出老千。于是他不琢磨牌技，却琢磨如何把老千出得神不知鬼不觉，那么他的牌技就会越来越烂。

当前的涂料行业依然受地域限制。比如一提到涂料，人们就会想到广东和福建或者江浙沪，只要我们坚守品质，相信湖南的涂料可以走向省外，走向全国，甚至走向更远、更广阔的地方也是指日可待。

贸易转生产：创始人要适应的两种截然不同的思维转换

【导读】

这个世界要维持温饱实在太简单了，而人生的真正价值却在温饱之外："如果你瞄准月亮，即使迷失，也是落在璀璨星辰之间。"

【创业自述】

> **鸡蛋，从外打破是食物，从内打破是生命：那个年代的主动下海和被动下岗**

被偷了一个萝卜，能骂得人祖坟冒烟；为了一点家产，兄弟之间争得你死我活；还有人为了争田里放水灌溉的机会，大打出手闹出人命，结成世仇……过去我们的乡村，更多的并非田园诗意，而是流泪的现实，为什么会这样？因为穷啊。

从更宽阔的角度来看问题才能摆脱内卷；

从更高远的维度来看问题才能解决问题。

1967年，我出生于四川省南充的一户农村家庭，家里共兄弟3个。彼时三年困难时期刚过不久，饿肚子是家常便饭。在那个缺衣少食的年代，能够活着，已经是非常幸运的事情了，但这时候懵懂的我，并不知道这些。何其有幸，我的大家庭还算比较团结。我因成绩一直比较好，又爱读书，父亲和其他兄弟辛勤劳作，举全家之力将我送进了大学——1990年，我顺利通过千军万马拥挤的独木桥，进入吉林电气化高等专科学校（现北华大学），学习液压与气动技术专业。

毕业后，通过双向选择，我进入云南昆明一家钢铁企业，钢铁企业从炼铁、炼钢到轧钢、焊管基本上都要用到液压设备。此时中国的液压行业状态是除了低端产品和部分中端产品可以自己解决，绝大多数中端和高端产品均需从国外进口，"漫天要价""卡脖子"事件时常发生。当时，公司正引进德国西马克集团生产的世界最先进的高速线材生产线，组建了筹划小组。我在这里待了整整两年，亲历了大型企业是如何运作一个项目，而中西文化又是如何在某些细节问题上碰撞出火花的，也看到了中国与外企在产品和技术上的差距。当时西马克公司各类自动化监测仪表、多层次高智能化自动控制系统已处于世界先进水平，中企每引进一台设备都需要花费高昂的费用。

20世纪80年代末，摸着石头过河的新中国，终于稳步走向了一条有自己特色的社会主义道路。破壳而出的市场经济，以其巨大的创造力和生命力为中国经济带来盎然生机，并在可以想象的未来几年，走向高速发展；随着我国沿海城市经济和工业的蓬勃发展，北上读书与南下打工潮相互交织，国企高管们纷纷主动下海与工厂工人被动下岗并存，一时多少豪杰，浪花淘尽英雄！

我被时代的洪流裹挟其中，也不愿意过一眼就可以望到头的日子，于1995年南下深圳，进入一家私企做销售，负责液压元件和液压气动产品的销售。这家私企最初给开的底薪是2500元/月，后因迟迟未能成单减到1500元/月。再到后面，老板便说能否以合伙人的形式合作，并约定如果业绩达到了多少，可以单独成立一个由我主导的业务部门。这时前单位的一位朋友给了我一个有这方面需求的客户的电话，半年跟踪下来，这位客户有了回音——他们放弃了德国的一个品牌，采纳了我们推荐的一个意大利品牌。就这样，我们这个销售部门终于得以成立。

此时，尽管我国液压工业取得了一些不错的成就，但因产品品种少、水平低、质量不稳定、可靠性差等因素而形成了固化印象并未具备占据市场的优势，市面上使用的大多是昂贵的德国和美国产品。20世纪90年代的信息闭塞，互联网还是一片尚待耕耘的处女地。我出身科班比较专业，可以利用自己的所学所悟满世界地帮客户寻找同样品质、性价比更高的产品，相较德、美的产品可节省约 30%的费用。在这里我感觉到了工作的真正意义，这不仅仅是赚钱的事，而是一种脱离了小我的更高的价值，让我感受到通过付出而不是索取来实现自身价值的美妙。

事情做好了，赚钱只是附带的。来深圳打工 4 年，我挣到了自己人生的第一个 100 万元，此时我刚过而立之年，正是意气风发时。

➤ 创业者的"狭缝"思维：咬定青山不放松，任尔东西南北风

一颗种子的成长，其实并不需要一座山或者一块地，只要能够容下种子的狭缝就可以了。它可以在缝隙里畅饮雨露，利用接触到那一瞬间的阳光，生根发芽，茁壮成长，最后枝繁叶茂，这便是造物主赋予生命的神奇之处。

1999 年，因与老板在经营理念及运作模式上产生了分歧，于是从该公司独立出来，开始了我正式的创业历程。

一个企业，不管初始时它是如何的简陋、渺小、微不足道，当它在商业逻辑上成立、具有生命力时，它就会得到成长和壮大。我们当时做的事情就是如此：大企业看不上，他们都在代理欧美的大品牌，热衷于进口；小企业又没法做，因为它不够专业。我们在地沟里抄型号，熟悉产品，然后报价给客户——我们正是一颗在缝隙中求生存的种子。

很快，我们拥有了全国 20 多家钢铁企业的大型客户，就此扎稳了脚跟。十多年过去，公司早期的业务员也都具有千万甚至上亿身家，几乎都成了老板。

深入液压行业 17 年，让我感觉到：随着时代的发展，中国的液压行业虽然已达到世界第二的规模，但产品性能和质量依然和欧美有不小的差距，这使得国内无论民用还是军用领域都付出了沉重的代价。这直接影响了我的后半生：作为一个资深的业内专业人士，当你觉得自己可以去试试时却不去做，心里便会有种深深的遗憾；作为一名受益于时代的进步和发展的中国人，也渴望能够通过自己的微薄之力为改变行业的现状做一些实际性的贡献。

因此在别人眼中的"成功"，在自己心中反而成了未完成。

我还是决定开厂做实业。与公司其他几位合作伙伴一商议，他们均表示赞同。2008 年，以长沙用户群为基础，我们关闭了贸易公司，受长沙市经开区管委会张庆红主任之邀，来到素有"工程机械之都"之称的长沙开始投资设厂。耗费数千万元，历经两年多的建设和研发，我们从 2010 年开始调试，直到 2011 年正式成功投入生产。

> ➤ **解决内卷的问题需要跳出平面视角，从一定高度来寻找答案**

高度可以是下游纵深——洪水泛滥之时，一跃即成壮丽的瀑布；高度可以是上游的宏观——惊涛骇浪之间，总有高山让你仰止。你创的不是业，而是以生产线为脉络，让企业得以持久地具备健康而强壮的生命力。

做企业，不能因循守旧，越守利润就越薄，越守市场份额就越少，最终泯然众人矣。必须在运动中防守，不断创新进取——从它成立的第一天起，你就不能把它看成一个普普通通的组织单位，而需要将它看作一个随时随地也需要呼吸、进食、具备新陈代谢功能的有机生命体。

现在的鸿辉，自觉担任起中高端制造的重任，以液压为基础，以智能制造为方向平稳发展，并通过液压元件——集成——应用，不计成本和代价地大力研发前端技术，形成自洽化组织，便于通过全链条把握产品的质量，在内部构建出一个良性循环的生态，做出在国际市场具备竞争力的高端产品。

当前，鸿辉研发的垃圾压缩站电液系统已顺利投入使用。作为最早研发的企业，凭此单品占据了全国 50%的市场份额，成为行业内为环卫做主机配套的龙头企业；鸿辉自升自航式工程船桩腿升降电液控制系统，解决了"卡脖子"问题，打破了美资品牌在国内海工领域的垄断地位；鸿辉平单轴光伏板铺装工程车、越野剪叉高空作业车均为国内首台套；鸿辉港口集装箱转运设备电液控制系统实现自动驾驶领域的重大突破；鸿辉即将面世的智能光伏清洗机从结构到效率都有极大的创新，属世界首创……

未来随着科学技术的进步和产品结构的调整，液压技术将会得到更进一步的发展，这个行业也会逐渐成型，多学科高度融合的机电液压一体化也会出现。这是压力也是动力，当你还弱小时，做别人不愿意做的事情，才有机会；当你逐渐成长时，做别人做不了的事，才能在群雄逐鹿时获得自己的咖位。

> ➢ **由贸易转生产的路有多长：不是无缝对接，而是从头再来**

做贸易和做生产完全是两种不同的思维：前者是客户思维，后者是产品思维；前者看频率，后者比耐力；另外，随着工作人员的数量发生了改变，管理也会发生质变。

贸易公司，数十个人基本上就能做出上亿的业绩，成本小，机动灵活，人员也易于沟通和管理。

生产型企业，生产环环相扣，节节相制。产品出现问题，多半是管理出现问题，你得重新恶补大量管理知识，甚至还有心理学、社会学等其他学科的知识，必须不断精进和学习，从此走上另一条不归路，这注定是一个相当孤独而又漫长的过程。

贸易生产型企业，如同一个视频段子说的：没订单的愁订单，有订单的愁货款；能付现金的单子量太小，量大的现金单子没利润；有量有利润的单子要欠款，有量高利润的单子做了要破产。

多年的发展，让鸿辉成为一家具有好几百人的集团公司。在这过程中你必须不断和人性作斗争，曾有个别业务员为了走私单，联合技术人员盗窃公司的技术资料，还故意将渣滓放入公司的产品，导致机头和整台机器运行出现问题；企业里每个人的能力、水平和职业素养都不同，工作上也会出现大大小小的差错，你需要做好各种心理建设，不被这种随时可能发生的小插曲干扰，将这些不同环境、不同背景下各有思想的人的心拧成一股绳，齐心协力来拉动这艘沉重的大船在云谲波诡的商业之海上缓慢航行，倘若遇见险石暗礁，樯倾楫摧之际，其他人都有随时可以选择跑掉的自由，唯一不能跑的是你自己，你得留下来与这艘大船共存亡。

——你做的是世界上最难的事。意识到这一点，便既有种壮士断腕、不成功便成仁的悲壮，又有种负重致远、如履薄冰之感。

办厂几年后，带着满腹疑虑我去读了中欧的EMBA。

细节真的决定成败吗？

只有定好战略和方向，搭建好组织框架，并健全相关规章制度，才能去追求细节；

为什么一个组织架构齐全的公司，却不能成单，业绩也迟迟提升不上去？

组织结构齐全的企业，业绩却迟迟上不去，说明它徒有形式，其实有很多人不能胜任自己的工作职责；

企业各部门之间相互扯皮，应该如何打破这种僵局进行顺畅有效的沟通？

给他们建一间虚拟办公室就好了。

……

如果仅仅是为了结交人脉或者包装自己，不建议去读 EMBA，但如果你抱着解决问题的心态去学习，就会惊喜地发现，读书当然是有用的，它能让你拥有更为广阔的视野和更高维度的思维方式，在众多答案中，做出最优选择。

当然，也有人学得一知半解，回去后大搞革新，却弄得企业人心惶惶，鸡犬不宁；还有人学成后，高谈阔论，头头是道，最终做出来的方案却迟迟落不了地。

切忌生搬硬套，我们本来就是一个擅长学习的民族。中国人最值得称赞的是，能够把学到的技术改良成适合本国甚至本地的产品，这里面隐含的是创造性思维，它就像 DNA 信息复制过程中的聚合酶，通过化学反应，将所学知识与现实精确对接。

➤ 正确了解财富因果律：金钱只是一个计量工具，如同你跑步时的计时器，你应该专注于"跑"，不应关注计时器

就像我们不为了应付考试而学习，才能真正学到一些东西。分数，只是一个检测工具，在这个检测工具之外，还有很多我们看不到的其他东西，比如学习的方式，勤奋与否，兴趣的大小，悟性，等等，我们需要在知识之外掌握大量的方法和技巧，才能厚积薄发。以金钱为规矩绳墨，错失拥抱更大更广阔的世界的精彩，实在是大遗憾。

成功是一个综合因素，以此延伸，可知创业有几个维度。

选择的方向决定我们的生命力——选择的方向，应是商业逻辑的客观存在，

不以人的意志为转移。这个方向一定不是我们"想当然、自认为"，这个方向一般隐匿于行业之中，先出现小范围需求，而后形成燎原之势，我们要做的便是在这个过程中，时刻灵敏地感知市场。

是否全力以赴决定我们的成功概率——初始条件的很小差异会产生出最终结果的极大不同，埃德加·E.彼得斯在《资本市场的混沌与秩序》中得出的这个结论与杠杆原理有异曲同工之妙，人生或企业的最关键的那几步，我们是否全力以赴，导致的结果将截然不同：吃苦的人一辈子都在忙碌，成功的人只需走对那几步，人生问题本来没有那么难解，只是看起来让人难以理解。

内心能容多少人就能成多大的事——在我们四川，有句俗语是这么说的："吃得亏，打得堆。"创始人要做好受气、吃亏、吃苦的心理准备，才会有人跟着你走，有人才有一切，因为一切都是人创造的。

创业者最好的状态便是"轻装上阵"，这也是为什么大多数创业者没有那么强烈的物质追求。人的精力有限，沉溺于感官刺激或寻求纵欲享乐，就很难再有时间去思考一些更深层次的东西。所以经历过创业的人，都会在世俗红尘中来一场自觉修行：从横流的物欲中解脱出来，直面生命的本质，获得另一层次的智慧和身心健康的愉悦。

鸿辉创办至今，已有12年，以厂为家也有12年，三楼是我的办公室，五楼是我所住的地方，工作即是生活，生活也是工作。也偶尔感觉到孤独，也曾有过焦虑，也对家庭感到很大的亏欠。但现在我的身后不是我一个家庭，而是几百个家庭。

财富不属于创始人，创始人只是财富的保管员。

【结语】

勿忘历史，吾辈当自强！过去正是因为有了乐凯，柯达才很难卖出高价；奇瑞上市后，大众桑塔纳便不得不降价；而华为、中兴崛起后，摩托罗拉、爱立信基站设备……鸿辉，一路走来，从行业的狭缝来到历史的狭缝中，迎来了更大的挑战，也迎来了擘画更为壮美蓝图的可能！企业是社会的一个细胞，创始人便是维持这个细胞健康运转的医生，万事万物都在不停运转，流水不腐，生命因流动才有活力，看啊，时代浪潮之下，万舸正竞流……

慧思通电气：后疫情时代"重"的选择

【导读】

三年疫情，给人们特别是创业者留下了心理阴影，很多创业者坚持到粮尽弹绝，也未能等到复工那一天，便无声无息地倒在风中。疫情期间，无数创业者还坚持给员工发基本工资，而自己背负着房租、房贷、水电、机器设备损耗……导致很多人一直认为：要轻资产创业，才能将风险系数控制到最小。而湖南慧思通电气科技有限公司的刘思远先生，由于疫情原因不得已关闭了多家正蓬勃发展的分公司，反其道而行之，于 2020 年决定建厂组建研发团队，将公司做"重"。这样的决定因何而产生？让我们来读一读他的经历，或许可以理解这种"负重致远"的情怀。

【创业自述】

➤ 相信世界是能量守恒的，该吃的苦，一点都躲不掉

1988 年，我出生于山东省临沂市的农村家庭，是家里的独生子，家庭条件并不是特别好。为了生计，父母做过各种小生意，贩卖过西瓜、苹果等农产品；还卖过凉粉、豆腐、煎饼。每天起早贪黑做一些小生意，忙忙碌碌，都做得不太成功，也给了我一些失败的经验与教训。

不想事的童年，也并非完全无忧无虑。小孩子也有小孩子的小社会。我的

学习成绩并不是很好，也比较调皮，在学校难免受到排斥和挤对，小学时遭遇霸凌，青春期开始反抗，一路跟人打架打到中学时代。

中学毕业后就没有再读书了，处于迷茫期，不知道自己该干什么好，也不知道往哪个方向好。在苏州一家冲床厂打了半年工，一辈子干冲床，想想都觉得可怕。父亲的一句话拯救了我："回来当兵去吧！"于是便应征入伍了。

在部队里，我开始有那么一点点觉醒了，对于自己过去在学校没有好好用功学习内心有了一种强烈的遗憾，这种遗憾促使我努力去适应各种艰苦的训练，并往最好的状态去表现自己。

军营里6点吹起床号，我一般5点钟就会起来先跑个5公里，然后再和战友们一起参加早操、训练。那时候为了锻炼自己，也下足了狠劲：在觉得跑5公里没有什么挑战后，就在每条腿上绑5斤的沙袋去跑5公里……

凭着这股劲，我在部队获得了嘉奖，成为优秀士兵。两年义务兵结束面临着退役，我向部队递交了留队申请，并顺利通过为时两个月的魔鬼训练，成为一名士官留了下来；后又成为班长，立过三等功。

军营里的生活规律，每天雷打不动的8个小时训练和执勤，有一定的空余时间。我报了函授继续学习，顺利拿到了经济管理专业的本科文凭，也算是弥补了过去的遗憾。

部队里的筛选比社会上的筛选来得更直接具体，从报名参军开始就被筛选，到后面的训练，比体能也比技能，由上级推荐以全连官兵的民主测评通过。

➤ 年轻时，最大的失败不是犯了错，而是什么都不干

5年的部队生涯磨炼了我的意志，也重塑了我积极乐观的性格，还将我培养成了一名合格的班长，让我知道了如何以身作则去管理一个团队，带新兵时如何与他们在最短时间内磨合好，如何在内部形成良性竞争关系……这些都让我受益终身。

2012年，我从部队复员回来，已经蜕去了最初的迷茫与焦虑，多了份沉稳与从容——此时一门心思想要创业。

我拿着10万元的转业费，度过了一段随心所欲的时光：报了驾校学车；拿

了2万元与一位亲戚做电商；一位朋友"现身说法"成功地吸引了我，我不顾父母反对又投了一个叫作"新概念超市"的项目——花了3万元成为他们的钻石会员，既可以买里面的商品，也可以通过分享给别人赚钱，跟着团队天南海北地参加培训、演讲。

此时，我与离得近的其他几位复员回来的战友还时不时聚一聚，喝喝小酒，吃吃烧烤，聊聊往事，畅想未来。

两年后，电商生意无疾而终，"新概念超市"不了了之，转业费消耗殆尽。

还记得，我们战友四人最后一次相聚。气氛有点悲怆，我们只点了一盘土豆丝，用煎饼裹着土豆丝吃完便各自说拜拜：无论有多恋恋不舍，无论有多少豪情壮志，都终将被现实抹去。

➤ 没有资源时，自己就是最大的资源

在这个光怪陆离的世界，我拿什么来立足？我第一次郑重地思考了这个问题。

也并非一无所获，在参加"新概念超市"做直销时，通过上台分享，我学会了演讲，彼时讲得好还是不好，"家人"们都会报以热烈的掌声予以鼓励，一次次的锻炼，我开始逐渐享受这种感觉。

心里意识到或许我可以成为一名司仪或者主持人，便在网上搜索打算去参加一些有针对性的专业培训，此时认识的一位好心的姐姐将她花钱学的东西、资料都毫无保留地分享给了我。

在一段时间紧锣密鼓的加强训练后，我颇有心得，自我感觉可以出山了，便印了名片四处找婚庆公司合作。很快我发现这一行也不好做，收入不稳定不说，随着经验的增加，控场能力和主持水平的提高，出场费也会增加，但出场次数就会变得越来越少——只要结婚的新人没有特别的要求，为了降低成本，争取利润最大化，婚庆公司大多会推荐那些便宜的新手司仪。

一年半后，还是挣不到多少钱，此时我已经逐渐开窍，意识到长此以往肯定不行，便去××同城谋了一份讲师的工作，专门为一些企事业单位、酒吧、饭店等经营场所普及消防安全的知识。

面试内容是一个 PPT 和十页满满当当需要背诵的内容，需要在一星期内全部熟练掌握。又是一番魔鬼式的自我加强训练，我顺利地进入了公司。

这里的讲师带有销售性质。国家对消防安全有严格规定，并对各单位每年组织相关人员进行消防安全培训有要求，所以这种带有公益性质的讲课很受欢迎。事后根据客户需求配送相应的消防设备。

我到公司第一个月就完成了 300 套转正的要求，第二和第三个月的业绩也数一数二，业绩越好，也就越能争取到公司一些好的资源和课程，慢慢地感觉自己"上道"了，竟有"如鱼得水"之感。

开一个这样的公司不难，我又想创业了。

2015 年，为了避免和老东家发生冲突，我离开这个城市，去河北秦皇岛开始了我人生中的第一次创业。

透支了 5 万元的信用卡，我在这个城市置办了投影仪，招了几个客服，租了办公室。办公室共三个房间，一间给财务用，一间用来存放货物，大厅就是我们办公的房间。为了最大限度地节省成本，每天等员工下班后，我便铺张垫子睡在大厅里，早上上班之前收拾妥当。

四五个月后，公司有了一些起色，我才去租了一个住处。

创业，站在岸上看，和下水是完全的两码事。因为每一个看起来门槛不高的行业，背后都有不为人知的一面。就比如我们这样的消防公司，面对的客户鱼龙混杂，特别是经营场所和娱乐场所，那里是火灾发生的重灾区，又是藏污纳垢之所，经常能碰见一些地痞、流氓。

曾经就发生一位员工去一个娱乐场所送货，结款时被一个满脸横肉的大汉掐住脖子，按到墙上。这种情况下，只好半卖半送。即使公司稍微有点起色，员工也因害怕辞职不干了。

每一行都有竞争，不过，你见过两个看起来文质彬彬、衣冠楚楚的"讲师"为了争抢讲课资源扭打在一起的吗？如果再被同行各种骚扰和威胁，没有一点心理素质可能还真受不住。

培训新人的阶段也不是很顺利，整个人筋疲力尽。8 个月后，因为多种原因，我关停了公司，还清了先前刷的信用卡，手里结余了 3 万元左右。

➤ 初创公司最好选择轻资产，是对自己也是对家庭、社会负责

除非行业刚好可以轻资产进入，否则不管是想开一家餐馆还是开一家工厂，最好先从试着去帮这个行业解决问题开始。不能因自己错误的决定，牺牲了自己，委屈了家人，最后还成为社会沉重的负担。

而消防这个行业初期是完全轻资产运营的。回到老家临沂，沉寂了半年时间，一位之前的公司当过经理、业务能力不错的朋友联系了我，经过交流、调研、考察，我们决定合伙在河南焦作开公司。

我担任法人，掌管财务，不直接参与团队管理。朋友管理公司，带团队，我们分工明确。两人一起在外做业务，强强联合的效果立竿见影，公司成立后的第一个月就开始盈利。

公司逐渐在壮大，也变得越来越复杂。公司是朋友在管理，但经常会产生一些冲突及由此带来的危机。有一次他想开除一个表现不好的员工，又不想给工资，由于这名员工是本地人，纠集了当地的社会大哥来公司要打他，出于恐惧他一直不敢当面解决事情，导致对方气焰越来越高涨，甚至扬言这事就算把工资结清都不能了之，至少公司还要赠送他 10%的股份。

我跟朋友再三保证，如果对方动手，我绝对不会袖手旁观。当晚便约了朋友，想这位员工和他大哥一起叫来及早解决问题。这位被开除的员工劝我不要管，这事跟我无关，他只是要朋友那 10%的股份。

我斩钉截铁地告诉他，首先，公司是我和朋友两个人的，不可能与我无关；其次，把工资结清就可以了，至于公司股份的事情，毕竟你们又没有投钱，所以公司股份的事情就不要提了。

黑社会虽然黑，但多少讲一些道理，一番争吵、讨价还价、协商后，最终以结清该员工的工资了结。

那段时间，朋友的老婆也一直在公司里闲逛，说人是非，看到公司效益越来越好，也想参与进公司。我一直在外面出差，极少待在公司，她便在员工面前说了一些不利于团结的话，从员工那里传到我的耳朵里。我感觉这样下去也不是长久之计，趁没撕破脸皮之前，最好的解决方式便是给彼此找个台阶下。

第二天找了个机会，将法人、股份全部转让给了朋友，再一次离开了公司。

我干不出带领"旧部"重起炉灶的事情，只好尽量将影响控制在最小，退股后低调离开。然而公司内部人心逐渐涣散，原先焦作公司的一部分员工也随之离职了，他们各自从事了别的行当。也有部分员工希望我在焦作另起炉灶带着他们干，虽然来事了我也不怕，但我是个不太愿意与人正面起冲突的人，天大地大，总有我的容身之处，离开焦作后，我在山西运城创办了公司。

这一年是 2017 年。

➢ 公司做大就是培养、存储人才的过程，在人才体系尚未完善之前，扩张不可操之过急

经过一番轻车熟路的操作，运城公司很快也盈利了，每个月大概能做到十几万元的业绩。这时一位离开公司后工作不如意的老员工再次联系我，他愿意千里迢迢奔赴我。

小伙子过去在公司是销售，我决定把他当作接班人来打造，而后我感到最大的成就，就是将这位小伙子打造成可以独当一面的商场精英。

小伙子过来后，我便将山西运城公司全权托付给了一位表现还不错的经理，带着他去陕西渭南考察市场开分公司。

租办公室、购买设备、招聘客服，一套组合拳地打下来，渭南分公司很快步入正轨。不过由于没有选对负责人，山西运城的公司已快要垮了。营业额从十几万元急转直下至仅有几万元。既有新的团队需要带，老团队也濒临崩溃，万般无奈之下，我只好将运城公司关闭。

➢ 生命不能承受之轻：轻到成为一个概念的东西容易成为梦幻泡影

这期间我又在同一个坑里第二次跌倒了：过去直销认识的一位朋友加盟了一个新项目，用人民币购买虚拟货币，返利很高。最初我投了 5 万却试水，一个月后返了 2.5 万元，禁不住诱惑，我继续追投，追投至 30 万时元，却发现虚

拟货币提不出来了——原来公司因涉嫌传销被查封，我这几十万元仅是九牛一毛，该公司涉案资金高达几百个亿，被异地执法后才东窗事发。

至此，2018 年我之前所有赚的钱全部归零，所幸，我没有拉任何一个人进去，即使赔了钱也总算没有欠良心债。在同一个地方跌倒两次，我也深深地反省了自己：这世界上没有捷径，所有的捷径都是在绕远路。

➤ 老板不能只盯着一块蛋糕，而要看着很多块蛋糕中很小的一部分，因为你想的是"事成"

我再无任何侥幸和投机心理。收拾好心情专注擘画我梦想中的商业王国。创业在我看来，其实就是一个找对人、分蛋糕的过程。因此对于优秀员工，我舍得分钱，对于优秀人才，我舍得给机会。

公司有起色后，便让核心骨干参加相关培训，提高认知和眼界。并请专门的老师来做股权架构，解决员工入股问题。虽然老师设计得很科学合理，但估值偏高——这站在创始人的角度来说，是没错的。但是对于整个团队很难落地。

此后的几年，我陆续在湖南邵阳、永州、怀化开了分公司，快速裂变，投钱入股。骨干们可以少投钱，多分股份；我则多投一点，少分股份。

此后形势向好，分公司月营业额基本上都有几十万元左右。没有见识过暴风雨的船算不上是真正的船，如今风帆已拉满，就待启航。

在长沙万达设立总部成为我们最高光的时刻。豪华气派的出入门厅，环境高雅，宽敞明亮的办公室映照得我整个心境都在熠熠生辉。

至此，以长沙为中心，陕西渭南和湖北荆门、邵阳、永州、怀化各自发力，已呈燎原之势。

然而长沙总部房租高达 2 万元/月，这边内卷严重，竞争激烈，还有很多同行和客户已有比较铁的关系，开了半年只能维持基本运营，并没有产生利润，亏了几个月后，我决定将它关闭。

不过这对当时的我们而言，仅仅是一个小插曲而已，因为其他分公司都在盈利。2020 年 1 月，我们特意避开春运高峰，举办了年会。来自各地分公司的员工汇聚于怀化，济济一堂，犹如振鹭充庭。大家在一起载歌载舞，复盘过去，畅想未来。

这一年的奖品是苹果电脑和电动车之类的，我们设想 2022 年的奖品是高档轿车。新公司的股权架构已经全部设计完毕，还有外部投资要进来，正在进行细节磋商。气氛热烈而融洽，人人脸上都洋溢着兴奋和激情。

我无比欣慰地看着这一幕，知道公司的正向回路已形成，就等飞轮加速运转。

然而，我没有想到后面会有一个相当漫长而又煎熬的沼泽在等着我。

2020 年 1 月 19 日年会顺利结束，大家都踏上归程。20 日传来疫情暴发，武汉封城的消息，接下来这个年，随着很多城市一一被封，全体中国人在不安的心情中度过春节。我也回到了老家山东，年会上的气氛余热未尽，大家都还在群里热火朝天地交流，对于疫情没有概念，也不知道意味着接下来会发生什么。

➢ 疫情其实并未改变什么，只是加速了事物的发展和某些进程

此后就一直在家等待，网络上各种谣言铺天盖地，对于整个社会何时回归正轨依然莫衷一是，从大雪纷飞的隆冬等到春暖花开，也只是等到了局部小范围撕开的一个一个小小的口子。

3 月底，只有一小部分企业开工，允许人们出来，但不允许聚集。我们开车先去了湖南，后又去了广州、广西、云南转了一圈，发现大部分企业还是没有开工的迹象。我们这样的公司，属于聚集性的活动，是万万不能开工的，而且防疫政策有着只紧不松的趋势，只好继续等待。

再次从湖南回到老家山东，我才静下心来认真思考公司接下来的问题。

没有开工，就只能给员工发基本工资，时间一长，有些员工就离职了。半年后，为节省开支，公司只留下一些优秀的员工——他们还心存希望，愿意陪着我们慢慢等。

又过了一段时间，新闻里不停地有巨无霸公司陆续爆雷的信息传来。还有没有被媒体关注到我身边的部分创业的朋友，他们的公司悄无声息就没有了。昔日满怀激情的老总，在疫情期间不但没有一分钱进账，房租、员工工资、税

费等各种费用依然在持续产生，如果公司不关闭，就会全部变成债务；如果公司关闭，马上就会变成一贫如洗的无业游民，这实在不值得大张旗鼓地宣传。我还知道有创业者举债给员工发了最后一个月的工资，最后只能西风独自凉。

这一场漫长无比的疫情，将多少创业者拖入泥潭再难翻身；也将多少行业泡沫挤出，最终倒逼人们必须脚踏实地去创造价值。所以，你很难去评价它到底是好还是坏。

但这也给了我一个思考的契机。

➤ 所有的轻，都会有一个 "落地为重" 的过程

疫情期间，大家都在反思，包括某些知名自媒体都在呼唤轻资产创业最保险。轻资产创业真的保险吗？这些年，东奔西走，水送山迎，殚精竭虑，指江山定乾坤，最终还是不敌疫情。

因为没有自己的产品。

不然依托互联网还是能活得很好的。

这期间，我曾成立过招商公司试着代理过一款安全用电产品，帮着招商。不过随着互联网的发展，"中间商"生存的缝隙也越来越小，人们更多的意愿是找一手货源。

产品不仅仅是一个产品，而是一个公司所有人所有的资金、时间、精力的结晶具象，这个结晶具象，是会被市场认可的，不管是在互联网上，还是在线下渠道。

2020年年底，将过去的公司全部关闭后，我决定反其道而行之，将公司做"重"。这时候我意识到，制造业这三个字本来就是一种筛选。从资金实力和性格上的筛选，来不得半点玩笑和虚假：你在前沿就有红利；你是跟随者也没有关系，只要踏实做事，也有平均利润；制造业，在负重中前行，在不断伤筋动骨中创新；太聪明的人不会选择它，太会赚钱的人也不会选择它，它属于心思简单、做事踏实、性格成熟、勇于担当的人。

那么，我们要做什么产品呢？我们最为熟悉的领域也不过是消防领域，可是消防领域的很多产品大多已经足够完善，新开的厂如果没有红利很难存活。

我决定要进一步往前推安全的程度。

我们经常在新闻里看到电线老化起火、暴雨天高压线底下被电的事故，日常生活中人们习惯在床头一边充电一边玩手机，最后漏电发生危险；小朋友的喜欢用手指头去抠插电孔；还有人开车出远门却发现家里某个电器没有关，甚至在去年冬天的湖南，人们喜欢用方桌下的电烤炉，时间长了，已经发生了好几次火灾……

我能不能做几款产品，将这些现象扼杀于萌芽之中？通过与团队反复讨论、商量，觉得是非常可行的。

经过两年多的努力，迄今为止，公司研发了大功率塑壳智慧款断路器、2P多功能防触电断路器（数显款）、4P多功能防触电断路器以及多款适用于不同场所的浸水防触电保护器和多款智能防火防漏电保护器，全方位多角度细致地提前预判用电安全，在更好地保护了人们的生命财产时，也推动了国家及社会在安全用电方面的进步。

我们做事是闭环的，但思维应该是开放式的，像一个四维空间的克莱因瓶。小能闭环执行落地，大能吞食万物。企业发展的上限，是创始人格局决定的，企业要发展，就必须往更高的层面去努力，太阳无私普照万物而万古长存，企业的生命力就是被需要的程度。走尽千山万水，触摸到生命的实际，才能脱离形式上的低级趣味而厚德载物。此生不悔进入制造业！

以互联网起家的实体企业迎来爆发式增长

【导语】

互联网的发展彻底改变了商业规则，也改变了商业格局。令很多实体企业举步维艰，叫苦不迭，怨声载道。有的认为这是不公平竞争，有的说自己的产品不适合互联网。抱怨是最无能的表现，当一个人被负面思维所禁锢，他就永远看不到格局打开后的精彩。

朗乐铝业的创始人刘烈仁先生以自身经历非常好地诠释了"所有的传统生意，都值得通过网络再做一遍"。

【创业自述】

➢ 生存能力是第一能力，只有为钱发过愁的孩子才会珍惜财富、渴望改变

两个老实巴交的农民，家里 4 个孩子，面临超生罚款，受户籍制度限制，不能随便进城打工，每年种田还需交农业税和公粮。

这样的家庭，放到现在都难以想象。

从记事起，全家便努力为了"吃饱"这个小目标做斗争，我经常因为交不起农业税被学校点名，一度还差点被拒之门外。两个姐姐也早早辍学南下打工去了。

为了生存，除了种田，父母还承包了鱼塘、养了羊、喂了鸡，猪肯定也要

养几头，于是我们的日子便被安排得密不透风：几乎放学一放下书包，就得马上干活——写作业倒是次要的，成绩好坏家里也不会过问，但如果有一天忘了喂猪，绝对会挨打。

父亲的种田产量不高养鱼技术也一般，即便全家人起早贪黑无休止地劳动，依然会挨饿。更多时候，只能靠借债度日，每到年底前来要债的人便一波接一波，这是我过年时最深刻的印象。

更难受的是岁暮天寒的腊月，朔风凛冽，人人都被冻得佝偻着身子走路，我还肩负下塘捞鱼的重任：脱掉外边的长裤，赤足一步一步走进冰冷彻骨的淤泥之中捞鱼，不一会儿，全身都是泥水，整个人不停地发抖，上岸后要凑近着火烤很久才能回过神来。

更难的其实不是捞鱼，而是卖鱼。由于是临时的摊位，经常被人从这里赶到那里，看着父亲唯唯诺诺赔着笑脸对人家不断道歉，像个做错事的孩子，我心里便会涌现出一股强烈地想要改变现状的愿望。

上学时，我的成绩并不好，当生存都成问题的时候，并没有人会关注成绩，包括我自己。但作为家里唯一一个文化水平较高的人，在父母做买卖时候，都会把我带在身边帮忙结算各种账目。

家里还做过米粉、卖过包子。卖米粉时碰见同学，我还觉得没什么，他倒躲躲闪闪地觉得不好意思——小时候的贫苦生活，让我学会的第一课，便是脚踏实地，放下面子。

这期间，我还向一位表兄拜师学会了烧砖窑，就这样家里又多了一门事业，每年要烧 4 个砖窑，就更忙了——闲下来在我们家是相当可怕的，意味着饿肚子和还不上债。

高考结束，我的成绩很不理想。我并没有感到多沮丧，只是有一种近乎松口气的解脱：我不读书了，意味着就不用花家里的钱，还能够帮家里挣钱，父母的压力会越来越小。

➤ 发展能力是第二能力，只有经过磨炼并以正向思维看待问题才能解决问题

此时国家已经放开了政策，村里很多人都南下广东、深圳打工。我去了镇上的农贸市场，踩了一个月的三轮车帮人家送货，挣够了路费毅然决然加入南

下打工大军，这一年是 2004 年。

经过二姐介绍，跟着她同事的丈夫做学徒，学习 CNC 编程，这是通过编写程序让生产产品的机床做相应的动作，生产不同规格的产品以适应不同客户的需求。前三个月没有工资，靠着二姐的补贴和救济扛了下来。

第四个月终于拿到了工资，我很清楚地记得是 450 元，拿工资的时间并不长，然而这一年年底还是存下了 1000 多块钱，我充满自豪地全部交给了父母——这在农村已经是一笔不小的收入了。第三年换了家公司，带学徒，薪水也涨到 1500 元，这一年年底存下了 1 万多元。

2006 年，正想换工作。一位同村的老乡打电话告诉我，在他们那边的公司，我这个职位薪资的可达到 2000 多元，还有各种福利，于是我便果断离职去了他们所在的城市。

一下车便有几个人来迎接，见面寒暄几句后，问我身上带了多少现金，接着便张罗着替我接风洗尘请吃饭，我当然不好意思让人家请吃饭，于是抢着去买单，发现刚刚好是我身上所有现金的金额。

还有人借我的手机打电话，手机拿回来时已经欠费，短信中心号码也被修改（此时还不确定他是故意还是无意的），如果中心号码是错误的，短信就无法发出去。不过我的记性很好，便改回正确的号码并一直跟外界有联系。

等身上没钱，手机也无法与外界取得联系后，我被带进了一个老破小出租房，走进去便有人更热情地迎上来。

刷卡交了 3800 块钱，终于正式成为"家人"。此后的日子，并不谈工作，只是不断地上课，也给你上台演讲的机会，就在这里我练出了自己的口才和胆识。

上课时除了各种描绘发财梦，老师还灌输"一切靠自己双手创造"的思想，并煞有其事地布置作业：不能花钱、不能偷、不能抢，自己想办法填饱肚子。

于是一群人便纷纷去菜市场捡菜叶，一个个"未来的百万富翁"就着这些捡来的、没有油水的菜狼吞虎咽地下饭，并美其名曰，弘扬艰苦朴素的精神，这多少有点怪异。

这种怪异令我敏感地察觉到自己来到了一个什么地方，不过此时不管去哪里永远都会有两个人形影不离地跟着。幸亏我还留了几十块零钱，但几十块钱根本走不出这个城市，要是被找到了，会被打个半死。

经过一番详细周全的策划，趁着一个他们放松警惕的空档，我联系上了二姐并简单说了一下情况，二姐给我寄了 600 块钱。

几个月后我和一位同学逃了出来，我们并没有马上去火车站——火车站当天肯定会有人找我们。我们在另一个朋友那里小住了一个星期，才各自分散——同学去深圳，买好两人的车票后，我把所有的钱都留给了他，便赶去上海找二姐。

这是我被骗入传销窝点的全部经历，损失的金钱就当交了学费，至少锻炼了我的沟通能力和讲话能力，也让我不再那么害怕社会，毕竟当你一无所有的时候，捡菜叶也是可以生存的。

➤ "让客户看见我，来找我"转化率比"主动去寻找客户"至少高 50%

在上海，我进入一家钢厂做仓库管理员。仓库很大，空旷，夏天的风穿堂过户很凉爽。平常有很多人坐在门口乘凉聊天。直到有一天一位销售的话点醒了我，他说："人要善于发现身边的事物，并学会利用它。"

我便留了个心眼，发现厂里很多废料都卖得很便宜，便跟处理废料的同事协商，是否可以以同样的价格卖给我。同事很爽快地答应了，我在网上发布信息招来买主，果然有人咨询。就这样在 2007 年，我挣到了人生中的第一桶金——10 万块钱。

虽然和同事之间都是正常公平的交易，但长期做下去公司其他人难免会有想法。在两年后身上有存款有了底气后，借了 3 万块钱给二姐与人合伙做铝型材加工生意，我便离职去寻找其他机会。

闲了一段时间。此时妻子在一家石膏板工厂做人事，每天接送她上下班时，我又想起那名销售的话："善于利用发现身边的事物，并利用它。"顿时灵光乍现，让妻子牵根线，我去跟她公司的管理层谈谈，看看我们能不能加个盟，回湖南开一家卖石膏板的店。

这时候高铁还没有普及，每年的春运都很难抢到票，回一趟老家犹如梯山航海般困难，也许回到湖南小小地创个业，才是最适合我们的。

然而妻子的销售总监很诚恳地建议我，先不要开什么门店，做公司的业务员去开拓湖南那边的市场就行了，这样没有任何风险，还有 2000 块钱的底薪。

我被说动了，2009 年 7 月 30 日，我坐上绿皮火车独自来到湖南长沙，联系了一位在湖南农大上大学的高中同学，晚上在他的宿舍里打地铺，总算落了脚。

白天就去高桥一带跑市场，暑期的长沙酷热难耐，不一会儿便汗流浃背，公司是小众品牌，没什么名气，市场也不好开拓，有时候费半天劲找过去甚至连门都进不去。努力不对，功夫白费。这时我深深感觉到未来的营销应该是"让客户看见我，主动联系我"，而不是"我主动去找客户"。

通过摸索，我搭建了一个网页，学会通过关键词不断优化，并逐步有了流量。有需要花钱的地方，我就自己掏腰包花钱去做推广，最后搜索引擎整整一个版面都是我发布的产品信息！本来只想做好湖南市场，结果甚至把公司的信息都压下去了，全国的客户都跑来找我，市场慢慢地做起来了，我成为公司所有区域业绩最好的销售员，公司内部还做了采访和报道。

然而到了年底一结账，只拿到 5 万元，而我的投入也恰好是 5 万元。此外公司的高层并不稳定，时不时换人，每次人一换，制度也会跟着变，一切也要随之重新开始。

感觉做得再好也不受重视的我，开始得过且过地混日子，一个月只跑 5 天业务，其他时间跟人喝喝茶聊聊天打打牌——反正每年的结账都是 5 万元。

➤ 在互联网上，小公司和大公司的起跑线是一样的，创业者要抓住这个机会

就这么过了两年，我觉得这样的状态不能再继续下去了。2013 年，我注销了过去常用的手机号码，远离了原来的圈子，改头换面，注册了湖南朗乐科技有限公司。公司设在大汉建材一个安置小区里，主营铝型材生意，和二姐成为同行。当时并未告知她，一来怕她多想，二来怕她的合伙人知道后多想。

互联网给了创业者很多机会。因为在网上，大公司和小公司展示的机会、平台、起点都是一样的，有的大公司网络宣传甚至还没有小公司做得好。

朗乐完全是靠互联网起来的，起步时抓住了那一波红利，通过研究 SEO，优化关键词，客户非常精准，第一年的营业额 50 万元，第二年 200 万元……逐年呈递增趋势。

慢慢地会有大客户来公司考察，2014 年，将公司搬迁至远大科技城的对面。此时公司仅有 5 人，请了一位同学兼职做设计，由于同学并不了解本行业，难以理解客户的需求，我便自学了 3D 画图软件，白天跑业务，晚上做方案。夫妻两人吃住都在厂里，这种情况持续了 1 年后，同学也慢慢地上手了，我们才稍微轻松一些。

妻子生产的前一天还在忙厂里的事，在孩子出生后，由于双方老人都要帮其他兄弟姐妹带小孩，实在分身无术，我们便一边自己带小孩一边照料厂子。等孩子稍微大一点，能坐稳了，就放在后座的儿童座椅上，带着她一起跑业务。

日子就这么一点点苦过来的，生活也是这么慢慢地变好的。

这一年是 2015 年。

也就是在这一年，在我们的资金依然比较紧张的情况下，真正拥有了属于自己的家，成为新长沙人。

> ➤ 企业业务最优配置：根扎国内努力成长，通过外贸解决现金流；
> ➤ 企业宣传最优配置：短视频制造引爆点，朋友圈等动态进行初步链接，网站图文并茂进行品牌深化

2017 年，业务量突然爆发式增长，营业额达到了 800 万元。风险也随之增加——国内的国企和大型企业都需要走流程，走完流程还要各种审计，短则几个月，长则一两年。这一年，我们的应收账款就有 500 万元，厂子慢慢地被拖入困境。

我们的房贷逾期了 9 次，甚至连生活都差点陷入困顿。听朋友讲，做外贸是先款后货，而且利润比较丰厚。便跟着一位客户朋友前往印度参展，虽然在那里并没有发现特别好的商机，但回来后，铁了心地要做外贸。

想尽办法，不惜一切代价，各种试错，陆陆续续砸了 60 多万元，开始零星地接到了外贸的单子，后来逐渐有国外的客户开始几十万美元几十万美元地下

单——公司终于不缺现金流了！

2020 年，有了初步的接触和信任基础后，国外的客户开始几百万美元几百万美元地下订单；此时国内因遭遇疫情，口罩机十分抢手，我在某短视频便平台上发布了一个关于口罩机的信息，播放量蹭蹭上涨，仅此一个视频给我们带来了很多客户——我们加工的口罩机铝型材机架只要有货，都会被抢购一空，回款也非常爽快。

这一年，国内市场与国外市场开始同步起飞，我们的厂房扩展至 6000 平方米，年营业额增加至近 3000 万元。

因我们线上的客户来自全国各地，为了更方便地服务客户，提拔一些真正想做事，能成事的人，近几年以湖南总部为核心朗乐分别在武汉、常州、东莞、重庆、南昌设立分公司。

目前公司在行业内已有较高的知名度，并于 2021 年正式组建网络营销团队，形成独有的 SEO+短视频平台系统的运营方式。

【结语】

人生如蝼蚁，当美如神。

贫穷并不可怕，可怕的是你已经适应了贫穷的生活，还自我安慰，知足常乐，平凡可贵；磨炼的结果要么是长经验，要么是长智慧。在所有的磨炼没有得到转化之前，一直都只会是磨炼。

普通人之所以普通，是因为他承认了自己的平庸……再窘迫的生活，都阻碍不了一个正常人对美好的向往；再艰难的困境，都是为了成就你的不凡与独特。黑云压城城欲摧时，永不放弃挣扎，因为那是你转化的唯一希望。

荣协机械：做配角的唯一出路就是，换个片场当主角

【导读】

代工厂似乎只有两条出路：一条是成为蓝思科技、富士康；另一条是自主研发和创新。而随着人口红利消失，经济逐渐下行，前路已然很难走通，一边是眼前的苟且，一边是诗与远方——一家下游配套企业到底应该如何在逼仄的现实中挣扎自救？前往行业的纵深，唯一的答案就在那里。

【创业自述】

现在中国重工行业呈现中×、三×、徐×三足鼎立之势。

而在过去的二十多年前，北方，有北京起重机厂，并以此为圆心，有两支北起的员工分别向西迁移，于是，西方有长江起重机厂；南方有了浦沅工程机械厂；徐州的"三厂一所"合并后演变为现在的徐×。

它们为中国作为"基建狂魔"一路狂奔，为实现城镇化、经济高速发展作出了不可磨灭的贡献。我在此行业从业21年，工龄与时代的脉搏跳动合而为一，能清晰地听见历史的车轮滚滚向前碾压出时代的回响，于事件交错的经纬之中感知到一股强大的力量对于个体生存轨迹的冲击及改变。

那时，为了早点出来工作给家里减轻负担，初中毕业后我选择了浦沅技校，后来进入浦沅工程机械厂成为一名蓝领。我家在浏阳永安镇上，那时候交通还

不太发达，每次回家都需要七八个小时，相当不容易。印象最深刻的是 20 岁生日那天，家里人等着我回去好好过一个生日，但厂里一直很忙走不开，甚至要通宵加班。

我们通宵通常是下午提前备好材料，等晚上吃完晚饭便正式开始工作，一直做到天亮，等早班的同事过来接班。黑漆漆的夜晚，万籁俱寂，只有机器的轰鸣声陪伴着我年轻的 20 岁，随着天空被阳光一点一点地镀亮，我灰蒙蒙地走出车间，在心里暗暗里祝自己生日快乐，只是没能回去，觉得对不起母亲。

这样的生活，一过就是十多年。封闭式的环境，两点一线的生活，重复机械的操作，日复一日……工人与机器就是最好的伙伴，工人其实也是机器的一部分，是活的机器。

1997 年，浦沅在长沙泉塘设立了一个厂（即为现在中×起重机分公司的前身）。我特别渴望回到长沙，但彼时转户口还是比较难的，因此一时未能如愿。每次他们来选人的时候，不管什么工种，我都会跑去应聘，前前后后四五次，连招聘的人都觉得我很"面熟"，终于被选上了。

就这样加之过去的工作经验，我在该行业工作了 29 年，从基层员工到班长、计划员，再到车间主任，也把最美好的青春年华献给了工厂。

2012 年、2013 年，整个工程机械行业开始不景气，并带来了一系列连锁反应，工人上班开始没有事做。其实，在厂里，忙得脚不沾地并不是最难过的。没有事做才是痛苦的、煎熬的。大家已经习惯了上班付出劳动，然后获取报酬。闲下来反而无所适从，人们纷纷卷铺盖离开工厂。

陆陆续续地，公司的一些领导，包括我的顶头上司也离开了，他们有想法有资源，大多出去后就在外面自己干，其间有领导叫我一起出去，并承诺为我安排一个合适的位置。我性格一向比较谨慎，此时我并未具备创业的心态，也未做好创业的准备，虽然工资微薄，但尚可养家糊口，因此一直按兵不动。

直到 2014 年，过去出去的人们大多也都干出了样子，这给了我很大的震动，加之这些年虽然通过了成人教育，也拿到了大学本科文凭，但职业生涯却是可以一眼望到头，上半辈子眼看已经过完，如果再不出去闯荡一下的话，就已垂垂老矣，再也不会有机会了。

2014 年年底我便辞职出来了，在一家公司担任生产部长；后在一家大型企业担任职业经理，出来后，接触的人和事不一样了，认知及某些观点也发生了变化，过去根本看不懂财务报表，现在既懂财务也懂管理。

该家企业与×钢合作，他们各占 50% 的股份，我的老板是销售贸易出身，基本不管生产；另外一位老总，是上海人，被外派驻在厂里，他也全部放权。这样的环境对我来说，是没什么问题的，依然每天尽职尽责忙得热火朝天，身边也陆陆续续地集合了一些从中×离职的优秀伙伴，生产、技术、设备管理各方面的人都齐全了，一个比较完善的生产团队已经形成。

照理来说公司就这样下去也是可以的，大家相安无事，各不干涉，反正都是大企业出来的，主观能动性都比较强。可就在 2017 年年底出了个意外，源于一场三角债的问题激化，带着剪不断理还乱错综复杂的关系，债主把工厂的门堵了，工人没办法上班，拉锯战似的扯了挺长时间，已下订单的客户产品做不出来，工人歇在家里没有收入，所有的眼睛都在看着我，这时候我手上还有 80% 的业务。

就这样命运将一个并没有创业野心的人逼上了创业之路。

2018 年春节期间，我打电话联系了团队的同事，跟他们说，我对这事其实也没有十足的把握，但我们都一把年纪了，可以尝试着给自己打工。就这样，这一年我与几位志同道合的老同事注册了湖南荣协机械有限公司。

代加工工厂降低成本的根本方式并不是压榨工人，而是考验工厂的运营管理水平。我们这 7 人中恰恰管理、生产、设备、技术都有相应的人员，公司成立初期，人手不够，我们这几个股东还曾亲自上阵，在工厂里搞通宵，没一个人有怨言。这样做出来的东西质量比较稳定，也被甲方客户认可，公司首先占据了第一个有利条件——人和。

后因甲方上量，为了跟上他们的节奏，我们决定在他们附近租赁 5000 多平方米厂房进行扩厂，投入了几百万元的设备，工厂位置设置得离配套的企业近一些，也方便他们的领导过来视察以及日常的产品沟通，努力凑个"地利"。

有一定的业务做底子，公司成立时正好处于抛物线的半山腰的位置，因此虽然第一年产值不到 2000 万元，但是第二年逐渐达到 5000 万元，第三年，也就是 2021 年做到了 1 亿元，也算是占据了"天时"。但到了去年，受到疫情影响，上游企业的业务严重萎缩，导致我们的产值又回落至 3000 万元左右，其间工厂停工了 4 个月，另外由于现在在做新产品，便于 2023 年年初将以前租的老厂房关闭了。

这就是做配套工厂的风险，在看似没有风险中承受最大的风险：不升级设备扩大规模，你就会被淘汰；升级设备扩大规模，赚到的钱就全部砸进去了。

做代加工利润极低，还需要垫付资金，被拖欠货款，实在太被动了。几乎无可避免的是，所有的代加工工厂的出路是拥有自己的研发团队和自己的产品。

所以可以预见未来五年、十年内研发人才会非常紧缺，尤其是智能化和自动化的。

一边是未来，一边是眼前的生存问题，荣协要怎么走？去年经过一年的研发，我们新产品工程专用车图纸已经基本上做出，就等生产了；另外为了摆脱内卷，经过努力开发东南亚市场——做外贸，当前，公司 80% 的业务已经转至外贸。

作为一家下游的工厂，荣协是幸运的，疫情来了，我们依然活着。

但也存在些许遗憾，没能在业务最高峰期间，尽快尽早将重心放到研发与外贸上来。

做企业就像开车跑长途，会经过平坦的水泥路，也可能会经过坑坑洼洼的泥泞乡路，路是怎样的并不重要，重要的是你要到哪里去，你的车技如何，除了熟练度，是否具备足够敏锐的观察能力。因为再熟练的车技，一时的大意也可能会出现事故，还有可能越跑道路越宽阔。

你可以走岔路，走错路，走弯路，即使兜兜转转你依然要知晓目的地在哪里，未来荣协只能面向全球，在工程基建细分领域努力耕耘出属于自己的一片小天地。

传感器领域创业者的十年探索之路

【导读】

传感器、高端芯片、工业软件被称为征战数字世界疆域的三大"利剑"，但不可否认，我们和美国、德国等传感器的发展规模和水平依然还有差距，一些元件还需从美、日进口（日本发货周期需20—40天，美国则8—10周），传感器产品研发时间长，推广运用门槛高；很少有企业能够耐得住这个寂寞；另外传感器技术更新快且客户要求多种多样，意味着企业要投入极大的研发成本。那么目前这个行业到底发展得怎么样了呢？

【创业自述】

当您将车徐徐开进自动洗车机，洗车机会开始全方位调动传感器，扫描、检测车型，再根据车型的大小、高低自动调整水压、吹风和擦干布轮，做到无死角洗车的同时，还具备防刮、防砸、防磨功能……如果在一辆洗车机装上传感器，它就活了。

高大的拉索桥，如何掌握外部环境变化和经过的每一辆车对它的影响，从而方便工程师进行专业分析，对超载车辆对桥产生的威胁做出处理或者准确判断桥梁受损伤的部位和程度，及时提供维修建议……如果在桥梁装上传感器，它就会喊"痛"了。

传感器，相当于一个人的口耳鼻舌，它将无处不在，实现智能化制造而必不可少，越灵敏的传感器，带来的效果越令人震撼。

我沉溺其中数十载，欲罢不能。

我出生于 20 世纪 80 年代，是家里的独生子。因母亲外出打工，我由外婆一手带大。那个年代，大人只管你吃饱穿暖，不怎么管学习，成绩全凭自己的"造化"和自觉。相比较文科，我的理科成绩显得很"鹤立鸡群"，还拿了市级奥数二等奖。因为性格比较直爽、不会拐弯抹角，高考填写志愿时班主任给了个建议："邓成钢，你这个性格适合当警察。"于是便报考了湖南警察学院——我自己也这样觉得，我会成为一名光荣且合格的人民警察。

我的父母都是普通农民，农村没有什么赚钱的渠道，日子过得很艰难。大学毕业，家里直接致贫——欠了好几万元的贷款。看着父母被贷款压得喘不过气来，我第一次知道了钱的重要性。后经过公务员考试选拔，进入常德市武陵区公安刑警大队，每个月的薪水只有 2800 元，还要协助父母还债，日子过得也是捉襟见肘。这时候我在广东深圳的舅舅打电话过来，说他计划要开一家传感器工厂，问我有没有兴趣。

农村的孩子能够在城里立足很不容易，很少有人能够有勇气去打破这好不容易捧上的"铁饭碗"。见我犹豫不决，舅舅开门见山地问我一个月能拿多少钱，要面子的我报了 3000 多元的薪水，谁知道舅舅并不以为然，他说："你到这边来一起开厂，有可能一个月就能赚到一年的钱，甚至好几年的钱。"

舅舅的话很有诱惑力，更有说服力的是他的成就，他毕业于华中科技大学，是他那个年代的"天之骄子"，也是我辈楷模。一毕业就南下闯荡，在深圳买车买房娶妻生子，在老家人看来，是妥妥的"成功人士"。

稳定和赚钱，对于我来说，赚钱更重要一些，这样爸妈就不用为了省钱整天吃咸菜，活得可以轻松一点。但就此辞职又怕父母接受不了，于是 2010 年 6 月瞒着他们辞职并偷偷踏上了南下的列车。

怀揣着对大都市的憧憬和赚钱的"梦想"，我被舅舅安排进了一家已经成熟的工厂学习、观摩，可能理科学得还不错，我觉得原理还比较简单，通过自学和观摩，仅半年时间就基本掌握了电气、机械结构，就此与各种传感器正式结缘。

舅舅与人合作开办的工厂设在一个小作坊里，初始场地简陋而狭小，但很快就让我见识到了什么叫作"迅猛的发展"，厂里没有业务员，我便当仁不让地去做业务，大学学过一些心理学正好派上用场，通过阿里巴巴、百度竞价等网络推广平台接单，业务也做得很顺利。六七个月后，小作坊便搬到了宽敞明亮的厂房里，还增添了一条新的生产线，又招来一批业务员，我负责培训。这时候厂里已经很像个样子了。2011年7月，厂里又进来两个股东——本行一家龙头企业的两名高管，他们的加入让工厂如虎添翼的蓬勃发展起来。订单增多，生产主要靠管理才能出质量，一时半会儿找不到合适的人选，于是我又成了生产主管，最忙的时候经常晚上十一二点下班。

厂里忙起来了，公司股份也变得越来越值钱，我有心入股，但此时因公司的股权结构已经比较复杂，进出都变得困难起来，便打消了这个念头。

后来我自己单独在外接单，成为自由职业者。此时我带的一个徒弟进入了行业里另一家工厂，打电话叫我过去看看，我去的时候，发现他们由于产品性能不稳定，公司管理也较为混乱已濒临倒闭的边缘（几个股东正商量1个月以后清算资产），我看了下他们的生产线，觉得还可以挽救，就有了想入资的念头，他们投资总额100万元，我入股10万元，占公司25%的股份，其中15%作为技术入股，大家均表示同意。不过我进来后才发现100万元已经被他们消耗得差不多了，公司账面及所有资产仅值47万元，便要求再追加一点股份。

此时生产线经过一番整顿，产品已经完全没有问题，慢慢地就有了固定的订单和客户，厂里逐渐有了起色，几个合作伙伴对于我要追加股份的事情也开始避开正面回答。

看着忙碌的车间，我内心也充满了奋斗的激情和自豪感：谁能想到在一个月前，这还是一个奄奄一息的厂子呢！但由于股份的事情一直悬而未决，双方展开了拉锯战，你进我退，你退我进，他们不放我走，也不同意追加股份，一直磨了三个月。我决定撤资离开，经过和平协商，他们返还10万元本金给我，我放弃厂里的分红和工资离开，并约好如果有客户下单，后续还是可以合作的。

生意场上永远不要去依赖人性，这期间有客户给我下单，厂里便千方百计得到了客户的信息，直接将给客户的价格砍掉40%。我手里的客户就这么逐渐流失了，也意识到他们很难做大，因为他们的格局就那样了，果然半年后他们就再次关门大吉了。

初创的工厂，因品牌效应有限、推广费用有限，要的是尽可能在有限的范围内用人在市场做深度链接，因为此时的你就像一滴水，如果放入大海，瞬间就会消失得无影无踪。

兜兜转转又回到了原点，但又有什么不一样了。

短短几个月将一个厂子从濒死的边缘上拉回来，给了我极大的信心和鼓舞。我决定单独开一家工厂。但10万块钱显然是远远不够的，父母将他们在农村老家省吃俭用的钱也全都给了我，剩下的缺口我便抱着试试看的态度在供应体系和客户圈子发信息，大致说我想开一家做传感器生产的工厂，有谁愿意投资可以联系我。出乎意料的是居然有七八个人愿意投资，我谨慎地选择了一位比较熟悉和了解的供应商，一位性格比较好也谈得来的客户。

2014年7月开始筹备，2014年9月，欧尔博自动化科技有限公司正式成立，在东莞设厂，并与德国Germanjet深度合作，为广大客户提供优质的产品和可靠的服务。

由于对产品近乎完美的追求导致成本一直居高不下，此时类似的厂子也陆陆续续增加，鱼龙混杂，市场慢慢地变得难做起来，导致工厂在2014到2016年，整整两年处于亏损状态，在此期间我每每回家，看到父母日渐佝偻的身躯、憔悴的面容，却又总是充满希望地看着我，都让我忍不住泫然欲泣，真真切切体会到了什么叫作"无颜见江东父老"。

最最困难的时候，为了省下一块、一毛钱，不惜反复计算，也不禁自问："我这是在做什么？在开厂吗？"多亏两位投资人心态都比较好，也一直没怎么过问厂里的情况，其实我也可以向他们求助，让他们追加投资，但我不想破坏彼此之间这种默契，让他们担心，便咬牙将家里的房子抵押贷款了30万元，继续坚持了几个月后，公司终于活了下来，而后为了更好地照顾家里，我将厂房于2021年搬迁至湖南长沙。

当你创业后，才会明白坚持的重要性，有时候真的就是"失之毫厘谬以千里"。当然这个坚持，不是盲目的坚持，还是要看产品的属性和当时市场的趋势，因为柯达胶卷就是因为坚持而"亡"的，显然传感器这个行业没有问题。

传感器、高端芯片、工业软件被称为征战数字世界疆域的三大"利剑"，但不可否认，我们和美国、德国等传感器的发展规模和水平依然还有差距，一些元件还需从美、日进口（日本发货周期需 20—40 天，美国则 8—10 周），传感器产品研发时间长，推广运用门槛高；很少有企业能够耐得住这个寂寞；另外传感器技术更新快且客户要求多种多样，意味着企业要投入极大的研发成本。为了满足客户的各种需求，我们坚持与华中科技大学深度合作，并由张宜生教授主持、带领研发团队，以期研发出应用范围更广、精密度和准确度更高、稳定性更好的产品。我期待，通过为客户带来价值，再慢慢地为行业，甚至为国家做点什么。

机械技术型研发公司在疫情中实现增长

【导读】

创业最艰难的阶段可能不是从 0 到 1，而是从 1 到 0 。要把一手烂牌变好没有别的窍门，那就是坚持与等待，然后抓住机会将 0 重新变 1。

你是一个什么样的人，是自己修炼而成的；想成什么事，是你身边的人决定的，所以要去那个圈子寻找同频的人。

正是因为这个世界并不美好，所以一切美好才更值得我们去追求。

➤ 我的三所大学：第一所教我文化知识，第二所教我技术，第三所教我如何做人

1982 年，我出生于湖北省咸宁一个非常偏僻的小山村，家里有兄弟姊妹共 5 人，我排行第四。我的父亲读过高中，在当时也算得上是个知识分子，做过老师，也当过大队会计。因此他的认知与思维要比村里其他人略高一筹，除了工作和种田，他还承包鱼塘、茶叶厂等搞一些副业，即便这样我们还是免不了饿肚子。虽然我们食不果腹，日子也过得捉襟见肘，父母依然有一种朴素的信仰，他们认为读书是农村孩子的唯一出路。就这样，开学季成了我们家最难度过的关卡，每逢此时，父母只好向亲戚朋友、邻居四处借钱。所幸老大、老二出来参加工作后，可以帮着父母扶持后边的兄妹，我们兄妹 5 人，就这样有 4 人先后成为大学生。

而其实，我的前半生一共上过三所大学。

第一所大学是武汉理工，在这里，我学习到的是文化和专业知识。大学里一位老师说的话令我印象深刻："不管你们走上社会做什么，社会生存主要看的是耐力，坚持得久一点，机会就多一点。"

第二所大学是三×重工，在这里，我掌握了机械设备制造相关技术；也见识到了，一家几万人员工、业务遍布全球、庞大如斯的民企是如何高速有效运转的，是如何不断迭代创新的。

第三所大学是社会，在这里，我见识到了人性的多样化，并接受了在过去从来没有想过的事情，因为它已发生。

在那段缺衣少食的困顿岁月里，老大、老二那时候刚毕业，工资并不高，他们除了还自己上学欠下的钱，还要供弟弟妹妹上大学，极为不容易，所以遇见什么事我们兄弟之间更多地会为对方考虑，同时也让我亲身体会到了什么叫作"团结就是力量"。

大学毕业后，我回绝了一家国企的 offer，进了三×。处于小白阶段的我，对公司老技术员驾轻就熟的操作佩服得五体投地，为此还曾提出把自己的工资一大半给他，让他教会我那些技术。但是技术这个东西并不是上课背书，它需要经过时间的沉淀和实践的磨砺，并不能一蹴而就。

意识到不能一下子学会所有的技术后，便静下心来，每天踏踏实实跟在人家后边看、想、悟，做事积极主动一点，反应迅速一点。

一晃十年过去了，我从一个想法天真的小白熬成了资深老技术员，也从最基层的员工成为一个部门的负责人，因对懂技术的人有着发自内心的欣赏，大家相处得都很融洽。公司虽然很大，但人际关系相对单纯，与公司一切资源围绕"成事"，而不琢磨人的文化导向有极大关系。

公司从技术、研发、管理到产品都跟国际接轨，如果项目或者订单有变动，从人事到设计、技术等各个环节都能非常灵敏地做出相应的反应和改变。这个公司迄今为止已成为闻名遐迩的巨无霸，依然走在坚持不懈创新与艰苦奋斗的路上，我想，这是它能够成功的根本原因。

三×就像一个黄埔军校，里面人才济济，都是追求结果也能出结果的人。因此，但凡从三×出来的人，我们都会有比较强的认同感，不仅仅因为是一家公司的同事，更是因为是同一所学校的校友的感觉。

桃李不言、下自成蹊。三×孵化了很多工程机械相关的企业，我们也是其中的一家。

➢ 社会给我上的一课：成长就是允许一切发生

出来创业纯属偶然，2016 年辞职出来时，准备去大哥的公司给他做管理，这时候一位曾经在三×做销售的孙先生（化名）找到了我，让我组建一个技术团队，与上海一家企业合作。这家企业在圈内已经是执牛耳的存在，是重型装备制造业的知名企业，其在海洋领域占据全球市场 80%的份额，但集装箱靠岸卸货时间都有限制，超过时间便需赔付滞纳金，他们急需一种正面吊装车。

我觉得机会难得，而这一块又是自己所擅长的，便以极高的效率与几个小伙伴成立了一个研发团队，技术出身的我们都比较单纯，简单谈了一下分红的事情便跟着孙先生去了上海。

后来才得知我们所合作的这家大型上市公司为了这个产品的研发，花了几百万元找了几批人都没有成功。

我们用了半年时间研发出了样机，并顺利通过各项性能测试。当年卖掉了12 台，第二年卖掉了 60 多台，第三年卖掉了 100 台。供应这样的设备仅我们一家，可以形成小范围内的垄断，因此利润还是比较可观的，公司经营渐入佳境，但内部却有了很深的裂痕。

源于起初谈好的分红迟迟难以兑现，且到了上海一段时间后，我们才察觉孙先生的用意，他想以雇佣的形式将我们全部纳入他的公司名下，并不打算给股份和分红。

团队里很多成员都刚刚结婚生子，背井离乡地来到陌生的上海打拼，无非就是为那一点上不封顶的希望，所以这个想法很难得到大家的认同。

而我们作为研发团队前期可能还有点主动权，但随着时间的推移，产品已成功面市，我们似乎也没有了讨价还价的筹码。就这样彼此反复协商、无论怎么说孙先生都寸步不让。

这期间我们商量了一个折中的办法，那就是重新再注册一家公司大家相互合作，孙总的公司专做销售和品牌推广，我们只做研发，孙总还是不置可否，并且不断告诉我们，注册一家公司不是那么容易的事。

在关系僵持阶段还发生了一系列奇怪的事情。照理说，我们很多技术资料及下一步的打算都属于商业机密，平常不会对外泄露；但我们技术部内部开会、每天做什么、说了什么话，孙总就像开了天眼一样，知道得一清二楚。

最终我们还是决定重新注册一家新公司，公司注册下来后，放假期间，一位跟着我们一起来上海打拼的小伙伴说要去公司拿东西，要走了办公室钥匙。假期结束后大家上班时才发现所有的电脑主机都被搬走了。

这匪夷所思的一幕令我思绪驳杂五味俱全，我没想到孙总竟然策反了我们其中的一位小伙伴，并作为卧底安插在了我们身边。

虽然后来经过客户方的协调，又把主机都送了回来，但公司已陷入了极大的内耗之中，分裂已不可避免。我跟其他小伙伴说，我们现在已经处于非常被动的一方，如果要走，肯定要牺牲眼前的利益，至于未来怎么样，谁也不敢肯定，但可以肯定的是，不会这么压抑。我们相当于出来学习了三年，回去从 0 开始，但这个 0 不是空空如也，而是带有弹性的触底反弹。

最终一部分小伙伴决定先回湖南长沙，还有一部分需要养家糊口、牵一发而动全身的小伙伴继续留在上海，等待时机合适了再回来。临行前再去找孙总协商分红的事情，从 400 万元协商到 200 万元，将客户、产品都留给了孙总。

➤ "有道无术，术尚可求也，有术无道，止于术"

虽然心态较好，但第一次碰见这种情况，令我真正领教了什么叫作"商场如战场"。这些事情的发生挑战了我的认知，也刷新了我的三观，一时半会很难接受，很长一段时间，我都绝口不提上海那边的事情，偶尔其他人议论被我听见了，也会跟他们讲，尽量少提，毕竟那边怎么样，跟我们已经没有任何关系了。

我们需要有足够的专注力来迎接重新开始的挑战。经过两个多月的讨论与协商，我们明晰了股权及核心团队的责权利，成立了湖南图南机械科技有限公司，这是一次真正意义上的创业。

成立初期，方向不明，也没有找到合适的业务，为了生存也做了不少尝试，现有的业务不足以养活团队，公司一直处于亏损状态。其间有一位小伙伴因为家里的缘故半途要离开，我便根据最初的出资比例将他的钱退还给他，并且由于他前期为团队作了贡献，所以后续如果公司达到一定业绩，他还是可以按照原比例享受分红。

做人要感恩，做企业也是。其实到现在，我可以坦然平和地叙述出来，并无任何怨恨或者怪罪，我觉得那是我应该并且必须经历的，不在上海被上课，就会在其他地方被上课。没有经此一役，对人性的洞察就不会这么深刻，对很多事情不会看得这么透彻。

重新启航的图南经历了一个较为漫长的过渡期（也许相对制造业来说并不算长），小伙伴们给予的这种毫无保留的信任，让我觉得必须要对他们负责，也要对他们身后的家庭负责。这令我确确实实感受到了压力，感觉到度日如年。

晚上睡不着，白天经常早醒。这期间，有伙伴不断地问我，公司到底还能不能继续；留在上海的那一批想回来的伙伴也在追问，公司发展得怎么样了，他们可以回来了吗？

我总是说，会好起来的——这时候我意识到作为一名创业者，他所必须具备的，就是那种永不放弃的信念，而我的信念，也恰恰来自于团队，毕竟一家上市公司花了几百万元都没有做成的东西被我们做成了，说明团队足够优秀，暂时的黑暗，就不能算是黑暗。

公司一开始是没有办法定位的，总有变化会打破你的计划，创业者需要的不是一个方向盘，而是能熟练在风浪中掌舵的感觉，2021 年，我们厘清了思路，确定了发展目标和方向：

当前中国工程机械领域的通用设备在全球范围内已经很强，并且产生了巨头，市场份额几乎已经被瓜分完毕。他们相当于基建行业的大动脉，接下来就是在狭缝中也就是毛细血管中寻找机会。

➤ 上善若水，因为一切皆流

没有什么是固定不变的，客户的需求也会随着时代的发展不断改变，设备会不断更新淘汰，所以靠一款产品吃到底显然是不可能的。但人会随着经验的丰富以及技术的熟练根据客户的需求灵活调整。

我们承接订单之前，会先做一番市场调研，看看这个产品值不值得去做，它应该是市面上没有的或者没有完全饱和的，具备推广的意义。消耗大量时间和精力，当然不是只为了赚一台设备的价钱。

根据思路的调整，我们对客户也做了一定的筛选；加之没有内耗，大家的工作效率也很高，公司慢慢地撑下来了，即使在去年疫情期间，营业额也做到了近 4000 万元，目前整个团队体系齐全、专业过硬，在工程机械领域，无论多大的产品多高的要求，研发都没问题。

我们研发的一些产品，一些巨头也在整合部门研发，但总体来说稳定性和可靠性都不如我们，就此也给公司的团队立了一块小招牌。毕竟一份工作和一份事业，其内涵是没有可比性的，因此我们在工程机械设备私人订制这一块具备绝对的优势。就这样名气逐渐传开了，优质客户也纷至沓来，我们的业务也一直在增长。

接下来公司将继续前往专而精的方向，一年至少研发两款新产品，今年准备明年的，明年准备后年的，未雨绸缪，灵活机动，将经济效益与品牌效应提升到一个更高的台阶。

当然，未来还有更多不确定性的因素出现，其最终结果如何，都取决于我们如何看待它们，用什么样的心态去解决问题。老手善于把一手好牌打得更好，而我们要向高手学习，善于把一手烂牌打好。"地不生无名之辈，天不生无路之人"，这世界发生的一切，不管好的还是坏的，应都保持着"均有利于我"的想法，便无惧任何挫折与磨炼而无往不胜。

唯电科技："风口"是把"双刃剑"

【导读】

　　作为储存能源的必要装备，锂电池应用范围相当广泛，从日用电子产品、照明设备、储能设备到新能源汽车，均占有一席之地。尤其是近几年的新能源汽车领域和储能领域，群雄逐鹿鏖战正酣，让锂电池突然站到了风口，湖南唯电科技有限公司于2019年杀入这个炙手可热的赛道，进入的时机没问题，行业没问题，政策没问题，能一帆风顺吗？

【创业自述】

➤ 创业，即便是好项目，也要选择合适的时机

　　太早就会变成"未来很美好，明天值得期待，饿死在今天"；太迟只能看着前面已走远的公司"望其项背"，于左右掣肘之中艰难内卷。

　　我大学学的是工商管理，2007年刚毕业时，在长沙一家公司拿着微薄的薪水做实习生。2009年遇见了一位贵人，跟随他来到深圳，薪水大涨之余，还极大地开阔了视野。

　　深圳企业多，上市公司云集，世界500强企业就接近100家，天生具备创业的DNA，只要头脑灵泛，赚钱不是难事情的。这期间，我读完了金融硕士，

也结识了很多贵人，抓住了一些商业机会，做了一些买卖，30 岁之前赚到了人生的第一个 100 万。

2015 年之前，我一直在新能源行业摸爬滚打，做过电芯和锂电池系统，还有新能源汽车运营。那时候特斯拉虽然研制出第三款新能源汽车并顺利完成交付，但并未盈利，一直靠着融资输血才能活下来；中国的新能源汽车其实也开始得很早，但技术仍处于早期、充电设施落后，其间还遭遇"骗补"问题走了一些弯路，种种原因导致其发展缓慢。

历史性的转折发生在 2018 年，中国政府拆除了汽车制造业的外资限制最后一堵墙，特斯拉便顺身挤了进来，在上海建设超级工厂，鲇鱼效应倒逼着不温不火的中国电动车市场加快发展的速度。

深圳虽好，但压力也极大；虽然此时我的从业、从商经验均已比较丰富，但还是未能找到可以让自己专注并长期付出的事业，2018 年，因思乡情绪，加之孩子将要上小学，我们便回到了湖南长沙。

休息了整整一年，我们去了很多地方，也看遍了长沙每一处风景，吃遍了长沙每一道美食。毕竟还年轻，也不到退休养老的时候，便觉得还是要想办法做点事情，创造一点价值，于是便想着创业。

➤ 设厂，公司具备盈利能力的时间会拉得很长

我是一个要么不专注投入去做一件事，要么投入就会非常认真的人。

创业前我做了两件事：一是通过查询信息，拜访朋友，了解国家的宏观政策，来确定合适的项目。恰逢"十三五"期间习近平总书记提到的碳达峰、碳中和的概念，意味着新能源即将迎来蓬勃发展的契机，且随着新能源各种项目现在已经在欧美国家纷纷落地，决定做我熟知的锂电池行业。可以预判，这个行业在中国至少可以深耕 50 年。

二是跑遍了长沙大大小小的工业园了解营商环境和政府支持相关政策，最终决定落户国家经开区。因为当时手里的启动资金只有几百万元，这对于新能源行业来说，简直杯水车薪，创业启动资金并不宽裕。

定下来了之后，我还特意去拜访了长沙星沙经开区管委会，了解地方政府

的相关政策；发现政府的服务水平提高了，具备与企业"唇亡齿寒"的危机意识，真正从"父母官"向"人民公仆"靠拢；这样的政府所在之处，经济才真的欣欣向荣，有种各方面都会很顺的感觉。

厂房租下来的时候是个毛坯，为了节约资金，自己当项目经理请了一支施工队来搞装修，反正自己有的是时间，经常跑去工地一边监工，一边注册公司，做各种准备工作。

装修搞了半年，年底便开始陆陆续续地上设备，这时候一场突如其来的疫情打破了我所有的节奏和计划：设备上了，员工也招了，但整整三个月，因疫情封控，我们都没有正式上班营业。虽然这期间，厂房租金及员工每月工资全部照付，不过感觉尚能承受，因为员工也不是很多。

2020 年 3 月，公司正式开工，经过反复的调试、测验设备，5 月份才正式投产。就新能源电动车这个行业来说，电池必须要质量好、寿命长，不能使用价格便宜，但粗制滥造的电池；所以极少存在可通融的空间和灰色地带，要么做到最好，要么出局。

因此从公司成立开始，我就引入了企业全面质量管理体系，从研发、采购、设计、生产等方方面面都设立了相应的规范和标准，我觉得一开始就从根部捋清这些，将避免等公司已成长成型、形成轨道后再去矫正的阵痛。这一年虽然正式生产时间只有短短几个月，但我们有了 1500 万元的营业额，员工增至 20 多名。

2021 年，我们继续保持着遒劲的势头，完成了 6500 万元的营业额，纳税 150 多万元，员工也增至 50 多人，国家高新技术企业、省级专精特新小巨人也顺利申报下来。

一切都是欣欣向荣的景象，行业没有问题，宏观政策没有问题，这给了我极大的信心，也给了我公司马上就要腾飞的错觉。

> ➢ **新兴的朝阳行业问题一般出在上游原材料方面**

2021 年年底，我做了一个更大胆的决定：将公司搬迁至一个新园区，那里配套设施更齐全，地理位置更优越。

2022 年年初，业务果然保持着增长的趋势，订单接了 1.6 亿元，但越多的订单，让后续的我感觉越来越棘手：随着人们普遍看好市场及新能源汽车销量的暴增，导致制作锂电池的原材料，特别是碳酸锂价格疯狂上涨，涨幅匪夷所思地高达十几倍！

此时公司人员已从 50 人增加至 100 多人，厂房租金也从 50 万元/年，增至 200 多万元/年，并增添了多条生产线，成本的增加与利润的降低，对公司经营无异于双重打击。而合同的价格大多是按照原来的原材料市场行情签订的，一个相当严峻的考验就此摆在面前，如果按照合同严格履行，那么将面临难以想象的亏损！

在情绪最低落的时候，看着落地窗外的车水马龙璀璨灯光，脑海中也闪现过可能的另外一种人生：其实 2018 年回到长沙时，已经有房有车有存款，妻儿都在身边，做点小生意或者小投资，保持一下财务的小增长肯定不成问题，日子也能衣食无忧过得安稳。

但再回到 2019 年，我依然会做出同样的选择，因为"衣食无忧和安稳"实在太没意思了。

所幸的是，1.6 亿元的合同中，大约有 1.1 亿元的客户因为这样那样的原因，没有交付订单。经过客户的大力支持和团队的积极努力，公司的年度实际出货量约 5700 万元，且公司一向在财务上求稳，没有贷款，也不欠任何供应商的货款，没有负债，公司也就尚能勉强应对。

2023 年年初，随着上游产能的释放，原材料价格渐渐回落，整个市场的供需关系得到缓解，今年我们依然能打个漂亮的翻身仗。

➢ 老板的决策出问题，行业的问题，都不是员工的问题

公司有人才才有未来，将人从长沙带去深圳容易，但从深圳带到长沙就很难，唯电的研发团队来自于深圳一些知名企业，他们都是有格局和眼光，并且有自我判断力的人才。人才愿意逆流而上，首先看中的是企业的未来，其次是这个企业的未来是否与自己有关系，到底有多大关系。

天底下所有创业的底层逻辑都是一样的，终于迎来了新中国。国家有国家

的公信力，企业也有企业的公信力。

企业的公信力表现在老板心情好时候的一句话，在心情差时候的算不算数；在公司效益好的时候做的承诺，在公司效益差的时候会不会兑现。

所以2022年，不管公司如何困难，我年初对员工承诺的福利和奖金一分都没有落下，因为行业出现波动及企业出现决策性的失误，这不是员工的问题，只要他做好他应该做的事情，完成他应该完成的任务，那么他就应该得到预定的奖励。

即便千疮百孔也要保证员工的周全，他选择了你的公司，等于把身价前途交给了你，你得负这个责。

对待员工给足安全感，存在感，想要人家把公司当成家，就应该真的像一个家。在唯电，我反复告诉大家："每一个人都非常重要，都是极其宝贵的。老板是紧固件，员工是螺钉，相互配合，没有螺钉，紧固件就会松动，掉下来；当然没有紧固件，螺钉也发挥不了它的作用。"

唯电科技是一个很民主的企业，没有严格的上下级观念，我可能更多地扮演的是一个兜底和分配的角色。公司一切以品质为本，以科技创新、服务客户为前提，坚持这个根本不动摇，其他任意发挥。

➤ 从"幸福的家庭"到"幸福的公司"

最理想的培养孩子的方式是简单的物质+足够的爱。

感谢父母让我知道一个幸福的小家到底是什么样子。我的父母都是普通的工人，虽然没有多少文化，但他们凭借为人父母的直觉来爱孩子，凭借善良的本性来教育我们。让我知道以后无论遇见什么事、不管如何做选择，选择善良总不会错。

毕竟人活在世上，只有起正念干正事，才能不断遇见贵人，捞偏门其实是有业力的，它只会让你身边围绕着一群居心叵测的人，让你难以集中精力去做自己想做的事。

可能很多人觉得，无论是一家公司做决策还是一个家庭做决策，都应该具备足够丰富的社会经验和灵活处世的方法，但我并不这样认为。

　　虽然我的妻子为人单纯，但我也会与她商量一些事情，听听她的建议。单纯的人提出的建议没有太多算计，才有可能将我从"当局者迷"的情景中解脱出来，获得新的思路，做出正确的决策。诚如葛优说的，千百算计，不如一颗真诚的心。

　　托尔斯泰说：幸福的家庭总是相似的，不幸的家庭各有各的不幸。小时候，父母和你相处的模式，就是将来你和世界相处的模式，我希望，将我曾拥有或者已经拥有以及正在拥有的幸福，带给身边的每一个人。

湖南湘妹子种业：农业只有走规模化路线才能盈利

【导读】

"是岁江南旱，衢州人食人。"

"旱蝗，大饥，疫。"

"江淮饥馑，始采树皮叶，或捣稿为末，或煮土而食；诸物皆尽，乃自相食。"

史书上的寥寥数语，却隐含着宏大的社会背景和历史变迁，更是个体遭遇的巨大灾难。

这也是西汉丞相丙吉外出考察民情，路遇有人斗殴死伤不过问，却因耕牛不同寻常的喘气而下车的原因。

我国是农业大国，古代君主要去"祭天""封禅"以表达对大自然的敬畏，大家可以敏锐地感觉到，古时候稍微经受大旱，老百姓就会受灾，甚至"饿殍遍野"。随着现在社会的发展，农作物的产量也提高了很多倍，粮食供应不再成为问题，但问题会以另一种形式隐藏其中。

这就是我们所担忧的种子问题，湖南湘妹子种业创始人之一粟建文先生深耕种子行业几十余载，对该行业及农村有深刻的理解和洞见。

【创业自述】

> **"每个离乡的人，其实都是一粒被寄出的种子"**

我是农民的儿子，童年的记忆里，满满当当都是饥饿，那时候住的是土墙草苫的老房子，每逢雨季，四面漏风，屋里泥泞不堪；吃的是山芋稀饭，水鞋里塞着稻草保暖；下地干活，每天不停歇地劳动是我们这个年代的人普遍的特征，清贫的生活磨砺了我的意志也为我植下了根深蒂固的乡村乡土情结。

高考时我选择了湖南农学院（现湖南农业大学），毕业后被分配至农业科研单位工作。此时我国的科研机构与市场联系并不紧密，了解品种的不了解市场，了解市场的不了解渠道，费时费力耗财研究出来的成果最终真正能应用到田间地头的寥寥无几。

春种一粒粟，秋收万颗子。那时候我经常跑市场，种子行业，是可以获得成倍收益的，比如300块钱的种子，可能获得3万元的收入，目睹种子在农民手里得到增收，特别有成就感；也因看到仅仅由于缺乏宣传和推广以致很多研究成果得不到转化，于心痛之惜之。

2013年至2015年，农业部、科技部、人社部出台一系列文件鼓励科研人员自主创业，成立育种、繁种、推广一体化公司，在这样的大背景下，我保持着"从农村中来，再回农村中去，让农村变得更好"的心情于2015年主动放弃"铁饭碗"，停薪留职与人合作创办了湖南湘妹子农业科技有限公司。

公司其他几位合作伙伴于20世纪90年代初就开始做种子代销，此时大多数种子门市店都是夫妻店，做不大，也无力搞研发；加之市场上的种子参差不齐，以次充好的现象比较普遍，种子一时半会儿也检测不出来，必须种到地里，才知道"康师傅"原来是"康帅傅"；奥利奥变成了"粤利粤"……给农民带来重大损失的同时，也给执法带来了难度。

我们成立湖南湘妹子农业科技有限公司的初衷就是要集科研、育种、繁种和推广于一体，创造具有自主知识产权的蔬菜新品种，贡献于蔬菜产业的增收增值。

➢ 种子研发的难点：盈利周期长、团队建设慢、成果保护难

湘妹子种业成立后，我们组建了研发团队，并在长沙县路口镇流转了157亩地，在海南三亚流转了20亩地作为我们的科研基地；随着公司的发展，陆陆续续在湖南、甘肃、安徽等地建立了种子生产基地。

然而农业搞科研谈何容易，从品种资源收集到纯化组配，再到组合筛选以及试种推广，一个周期做下来动辄好几年，有的甚至需要数十年，一般蔬菜新品种的培育周期要8年左右。

科研团队建设也是漫长的过程，种业行业薪资水平相对不高，没有足够的吸引力，只能边累积边发展并走向稳定。

另外成果保护难，公司投入大量经费时间与精力搞研发，最终将成果拿到生产种子的合作公司去生产，时常有成果被盗取的现象发生。还有不法商人会冒充客户去生产基地套取种子，这些情况都防不胜防。从一定程度上来说，也伤害了民企研发的积极性从而掣肘了整个行业的良性发展。

我们公司是育、繁、推一体化民营蔬菜种业公司，公司大多数利润都会投入研发，通过逐年累积，公司自主研发的蔬菜新品种将逐步系列化，并大力推向市场。

随着乡村振兴被纳为国家战略的高度，种业发展已成为中国农业发展的重中之重，很多相关法律及帮扶措施都在进一步完善，未来的现代化农业，是值得期待的行业之一。

迄今为止，湘妹子种业已成立9年，建有长沙和三亚两处科研基地，现有科研人员12名，2018年被评为国家高新技术企业，2021年，长沙科研基地被确定为"国家农作物新品种展示评价基地"，先后成立了辣椒、茄子、冬瓜、南瓜、丝瓜、苦瓜及菜苔等育种项目团队，陆续育成并成功推广了50多个优良蔬菜品种。累计推广面积约3000万亩，产业创收约1000亿元。

➤ 小小的种子，是我国现代农业的"芯片"

在我们的印象中，植物的果实通常就是植物的种子。但大多数人不知道，现在我们所吃的大多数水果蔬菜并不能留种了，为了提高农作物的产量而付出的代价是第二代就会退化、产量变低。

我国虽然是农业大国，但农业产业化程度低，加之早期缺乏相关意识，在农作物种子科研这一块起步比西方国家晚，当前除了小麦和水稻，还有相当一部分农作物种子依赖于进口，故有"卡脖子"之忧。比如 1996 年阿根廷引进美国的转基因大豆时，发明该项技术的孟山都公司睁一只眼闭一只眼。大豆产量的提高可以赚更多的钱，令尝到甜头的阿根廷农民毁坏了大片森林，甚至不惜摧毁奶牛农场全部种植大豆，待转基因大豆占据阿根廷绝大部分市场时，孟山都公司突然开始向当地农民连本带息的收取专利费，令成千上万的农民顿时陷入困境，也摧毁了一个国家养活自己的能力——以畜牧业闻名的阿根廷不得不从乌拉圭进口牛奶。

种子问题，之所以与现在的"芯片"问题类似，在于这不是人才和多大的财富能追上的，因为这些技术不仅需要时间的沉淀和迭代，如果利益不够，很难驱动市场的人去做。一粒需要经过数个春夏秋冬时间筛选的种子，和一粒马上就能拿来用的种子，前者只有意义，而后者却有利益。即便我们暂时顺利绕过这个深渊，最终也会被迫与深渊相互凝视。

不过有个值得告诉大家的好消息是，最近，国家非常重视这一块，有关部门已将"解决好种子和耕地问题"列为中国经济八大重点任务之一，持续加大支持力度，从根本上来解决我国对外国种子的依赖程度。

随着温饱问题的解决，我们在努力提高产量的同时，如何让农作物有更好的口感及风味也成为现代种子科技企业追求的目标之一。

➤ 耕耘农业，情系"三农"

"乡村振兴"是国家重大战略。当前，我国农业正由传统农业向现代农业转型，机遇与挑战并存。随着农业生产结构和模式的改变，以 20 世纪 80 年代的承包责任制为基础的小农经济向现代化大农场经济转型的呼声也越来越高。

农业只有走规模化路线才能盈利，乡村要振兴，就要聚人气，引人才，扩产业。前段时间作为民主党派成员，我给上面提了两个建议：

第一个建议：鼓励小微企业和配套企业到乡镇布局，解决农民就业问题，也能为企业降低租金等生产成本。

第二个建议：农业宅基地对城市开放，允许资本进入。虽然资本是头猛兽，但如果把它关进笼子，它不但没有伤害，还会造福老百姓。

毕竟单靠农村人无法振兴乡村，城里的房地产掏空了无数农村家里的钱包，再让他们回去振兴乡村也不现实。倒是城里的富人有着"田园诗意"的精神上的需求，富人下乡，可以解放思想，也会为农村带去资金和人脉。

人们都住在农村，上班开车方圆几十里都不成问题。

可以预想到，未来我们的乡村，不仅仅是农民们的退路，通过工业的反哺，种田种地不再是一件苦役，还将成为我们美丽的精神家园。

亚马逊机械：从无到有，从虚到实的企业哲学

【导读】

做营销的大概都听过这样的一个故事：

一位优秀的商人杰克，有一天告诉他的儿子……

杰克：我已经看好了一个女孩子，我要你娶她。

儿子：我自己要娶的新娘，我自己会决定。

杰克：但我说的这女孩，可是比尔·盖茨的女儿喔！

儿子：哇！那这样的话……

在一个聚会中，杰克走向比尔·盖茨……

杰克：我来帮你女儿介绍个好丈夫。

比尔：我女儿还没想嫁人呢！

杰克：但我说的这年轻人，可是世界银行的副总裁喔！

比尔：哇！那这样的话……

接着，杰克去见世界银行的总裁。

杰克：我想介绍一位年轻人来当贵行的副总裁。

总裁：我们已经有很多副总裁，够多了！

杰克：但我说的这年轻人，可是比尔·盖茨的女婿喔！

总裁：哇！那这样的话……

最后，杰克的儿子娶了比尔·盖茨的女儿，又当上了世界银行的副总裁……虽然这个故事是编撰的，但做生意就是这样，当所有的假想前提都有可能实现的时候，那么按照墨菲定律，它就一定会实现。就如本文的主人公雷衍发先生，运用这种思维将企业从 0 变为 1，并成为家乡家喻户晓的企业家，他的故事有些长，但足够精彩。

【创业自述】

> 很多时候问题和答案并不在一个维度，要跳出事件本身来看待问题

夜色渐浓，随着璀璨华灯一盏一盏地熄灭，喧闹了一天的城市慢慢地沙平水息。"来了！"一辆满载货物的大挂车轰轰烈烈驶进了物流点，我与线人早已蹲守多时，相互对视了一眼，连忙跟了上去……

这不是在拍警匪片，而是我的工作：作为厂方代表，我必须要查出河北和山东两地经销商相互窜货的证据。

这种经销商为了各自的利益越区销售、低价倾销的现象，如果不加以遏制，价格会越卖越低，甚至低于厂价，出现亏损状态，如果厂家不给予经销商丰厚的返利政策，就会导致整个市场难以运转，甚至崩溃，最后引起两败俱伤。

如何管理好他们，将一团乱麻厘顺，是个很大的难题：在此之前双方早已因为这个问题，互相指责，各不承认，已闹去最高领导的办公室好几次，合同规约形同虚设，谈判与劝解也无济于事。

时年 26 岁的我被派往这个区域做负责人。我没有事事都需要向老板请示、汇报的习惯，只是根据他想要的结果往前倒推，去执行该执行的任务。

于是为查清经销商相互窜货的问题，在他们各自的阵营里自掏腰包发展了"卧底"，安插人去物流站做临时工，深更半夜去物流站蹲守；抓住双方的小辫子后，再把他们找来谈，有理有据，各打二十大板……一段时间后，这个区域终于开始风平浪静。

这些经历让我很早就明白了一个道理：问题和答案可能并非在同一个维度，解决一个问题最佳的方式，就是跳出事件本身来看待问题。

若干年后我创业设厂，也以这种方式开源节流，受益匪浅。比如，你设了两个面积共约 2 万平方米的厂，按照市面上的价格 10 元/平方米来算，接电就需要花费 20 万元，换个维度来思考：能不能找两个电工，直接按照电线的多少

米的长度来结算？事实证明，这是完全可行的。事后我们核算了一下成本，大概只有 1.5 元/平方米。

➢ 不擅长客情公关的销售，通过对技巧层面的提升，也一样可以做出好业绩

我大学学的是经济管理，而其实我并不擅长人们印象中的"市场营销"，就是请吃饭送礼拉关系的那种，即便送礼，我敢保证送的每一份礼物都是真诚实意的谢意，除此之外，不代表任何其他意思。

偏偏大学毕业后我从事的一直是销售，并在建材行业摸爬滚打多年。老板的要求很高，比如今年你的业绩做到了 5000 万元，那么明年，你就需要做到 8000 万元，并实行末位淘汰机制，费用也管控得很严格。此时华东地区的一把手带领的团队虽然出货体量大，但业绩很一般。这种情况下，老板将我派去山东，负责光电事业部。

到了山东，我在 3 个月之内，快速地组建了团队，将团队建设、组织流程、相关制度全部过了一遍，还发展了 10 多位经销商，这样的效率与结果得到了上面的认可与表扬，甚至一度成为公司的示范标兵。

5 个月后，为了更好地节省成本、共享资源以及开发市场，所有的事业部全部融合，大家要重新竞聘述职，意味着很多人要被淘汰，在人心惶惶的氛围中，全国仅有两人跳过竞聘流程，直接晋升一把手，我便是其中之一。那年我 26 岁，还未成家。热血沸腾、意气风发，正是"眼中有光，心中有梦"的时候，觉得没有什么问题是不能解决的，没有什么压力是不可承受的。

做业务就一定要巧舌如簧，会来事吗？不一定。不会搞客情关系，可以努力从技术层面弥补不足，对他的目的做一个更精细的引导和管理，有针对性地打掉他的各种顾虑，因为——

同样的一个目的，每个人的关注点并不相同。比如经销商的目的都是赚钱，但他们有的比较关注公司品牌，有的比较关注公司政策，有的关注出厂价格，千篇一律的话术是偷懒的做法，转化率不高的原因大多出现在这里。

引申到企业管理：同样是员工，一线员工和核心员工的诉求完全不同。一线员工求安稳，求薪水按时发放以及节假日的休息时间；核心员工关注的是自己的职业规划、公司的未来发展、期权等，作为一名合格的管理者，与一线员工和核心员工谈话的内容是完全不同的。

> ## ➢ 创业，不能想当然，做"我认为，我觉得，我喜欢"的事

我对财务和数字比较敏感，从懂事起大概在上初中时吧，就没有缺过钱。倒不是家境富裕，而是开始知道怎么计划用钱，每到临近月末那几天，班上很多同学基本上都会把家里给的钱用光了，有的甚至放月假回家的路费都没有了，这时候我依然"家有余粮心不慌"，还能借钱给同学江湖救急呢！

尔后也一直将生活和学习都规划得很好，上大学时，通过各种方式勤工俭学，不仅自己解决了生活费和学费问题，甚至连毕业后到参加工作之间的过渡的费用都准备好了，即便这样的性格，依然跌了跟头。

因为我创业了。我创业的原因是我厌倦了给人打工，而且天南地北都跑遍了，觉得自己见多识广，也是时候去做一点自己喜欢的事情了。

与其他男同胞不同，我喜欢逛街，看看五花八门的招牌，研究研究商业街上琳琅满目的货品，这其中我尤其喜欢服装，我当然不是要做什么时装设计大师，而是想开一个服装厂，因为大街上搞吃的和卖衣服的店铺是最多的。

正好当时我们老家一家工厂倒闭关门了，有很多工人歇在家里没有事做，我便迅速从广东买了20多台二手缝纫机回到老家郴州嘉禾，拉起人马开始了我服装厂老板的生涯。不过"此工人"非"彼工人"，我还得送他们去广东专业的服装厂培训。

过了很长一段时间，才勉强接到了一个业务：帮香港一家品牌做代工。正式接单了才发现，做服装代工厂利润微薄得超乎想象，服装是具有季节性的，差一两天都是不同的价格，而且交付时审检很严格，对于物流等配套依赖性极强，加之工人有时候用完一坨线，弄断一根针在本地都没法买——这里并不具备完整的产业链。

我的服装厂，像一座孤岛，举步维艰，被潮水吞没了也不会有人留意到的程度。

直到我再次送一批工人去广东佛山培训时，一位服装厂的老总坦言相劝，做生意尽量要找配套市场。其实那时候我心里已经跟明镜似的，就等有人点破。

我非常痛苦地直面这一次创业即将面临的结局，因为这种种困难并不是我努力就能改变的。半年后，我关停了服装厂。

➤ 商道：兵无常势，水无常形，欲成非常之事，必用非常之功

我的家乡嘉禾，被称为湘南的"锻造之乡"，熊熊炭火，炭火里的煤烟，伴随着叮叮当当的锤击声，从明朝万历年间起，持续了 600 多年。这里有着农忙种田，农闲便打铁的传统，活跃着很多拥有精湛锻造技艺的能工巧匠。

我似乎知道自己真正的方向了。关停了服装厂后，我又来到了广州汽配厂，去了全国最大的工程机械液压城，在附近租了个房子做市场调研，专跑有关锻造件和铸造件的门店。

如何才能知道底价，并据此判断这个市场到底值不值得做呢？直接问人家肯定不会告诉你。机会来了，一次在一家店铺门口捡到一个液压件，正要还给老板时，我灵机一动，拿着这个液压件对老板说，我就是专门生产这种液压件的厂家，由于厂子才刚刚起步，为了打开市场，可以在他进货价上优惠 5 个点给他。老板一听果然感兴趣，他拿起法兰一看，十分惊讶："怎么跟我们的一模一样！"我说，本来这个东西有个统一的规格，按照图纸生产出来，一模一样也不奇怪。质量、规格、外观都没问题，老板爽快地打开电脑拉出了进货单，告诉我他是多少钱进的货。

有了底后，我将整个工程机械液压城的门店都签了下来，为自己争取了足够的时间后，经过四处打听得知浙江那边有很多加工厂加工这种法兰，于是我便又去了浙江，一家一家地寻找合适的加工厂。

几个月后，我的产品终于如期交货——这一次创业，终于挣到钱了。

> ➤ 轻，是一种自由；重，是一份责任

随着跟这些门市老板们越来越熟悉，定做的品类也越来越多，便经常会遇到工厂交货不及时、产品质量不好把控的情况。

此时经常合作的一个厂家，将业务重心调整至别的方向，导致经常不能按时交货，我三番五次去催货，与他们的技术员也慢慢地变得很熟悉，有一天他建议道："你不如自己去开个厂，我可以跟着你干。"

一语惊醒梦中人，我动了开厂的念头，便回郴州租厂房、买设备，邀请了这位技术员前往公司一起打拼，并且在本地招收了一些技术本就不错的工人，为将这些"散兵游勇"收编为"正规军"，又一一将他们送去浙江的工厂培训。

工业制造看起来简单，但如果需要比别人"好那么一点点"，就需要极大的技术沉淀。其实每家工厂都想把产品做好，能够在市场占有一席之地，当大家都保持着这样的念头时，也就意味着高水平的竞争者很多，而且很难区分。

一旦大家的水平都接近上限，决定成败的就很有可能是一些细节。正因为这些细微的差别，达到了对手再努力也无法抵达的阈值，便有可能成为你的护城河。通过累积效应，产品的体验感便有天壤之别，比如米其林轮胎与一般轮胎，比如进口电动牙刷和一般电动牙刷。

所谓的高端制造，并不是制造飞机大炮和制造锄头、菜刀之间的差别，而是一把细节到位，寿命更长的锄头和菜刀与一把一般锄头和菜刀之间的差别。

于是，为了这个"优等生"的梦想，我将公司越做越重了。

> ➤ 创业就是一场厘清自己与家人、员工、客户、世界的关系的修行

转眼间已经过去数十年，数十年如一日，我们始终在做同一件事情：从单一的卖法兰，到现在公司已根据客户的需求，在锻造和铸造领域开发了近千种品类，服务了数百位客户。

这些年，在负重前行中对这个行业充满敬畏，从不敢有丝毫怠慢与松懈。个中滋味难以一一言尽，一点感悟与体会，仅供参考：

在公司不大的时候，作为创业者，即便再忙，每天也应该留下 30%的时间来思考；公司变得很大的时候，作为领头羊，每天至少要留下 70%的时间来思考，老板就是企业的大脑，大脑一旦停止思考，企业就将消亡。

人与人之间的关系不是物理和数学的，1+1 必须要等于 2，所以不能定那么死，应留出一定弹性和温度；但凡是有关产品质量的，必须划定红线，谁也不能碰触这条红线。

目标感一定要强烈，要想尽一切办法达到目标，非常之时哪怕用非常手段，事后再弥补。做人过刚易折，过软则缺乏风骨，都成不了事，掌握好平衡就行。

内卷及激烈的竞争不是坏事，代表行业还有机会。欧美国家经济增长很慢，是由于大多行业要么被垄断，要么已经完全饱和，草根创业的机会极少。因为更换供应商意味着要重新投入大量时间和精力来对新的供应商进行一个非常长时间的评估和考察，这里面隐含着一个非常大的转换成本。所以，一旦他们确定一家供应商，不会出现太大问题，几十年都不会更换。从这个角度来说，我们国家发展到现在，依然适合创业，依然存在机会。

创业就是一场修行，会让人变得谦逊、务实、谨慎，因为你要先去适应世界，才能拥有世界，先被世界锻造，然后才能变成一把有用的工具，以己之力去改变世界。

踏上创业这一路修行，只有通过"吾日三省吾身"，才能看明白世界的底层逻辑，摆脱小我世界，进入大千世界。

连续创业者：不断打碎、重建自己，才可改写命运

【导读】

从苦苦求着客户购买，到客户主动找上门；

从名不见经传的小企业到细分行业的领导者；

从艰难招商到经销商主动找上门来做代理；

从低端低价的小客户到世界级的大公司、大客户；

创业这一场遥遥无期的马拉松，所需的时间到底有多长？

创业圈里有句话：三年入行，五年懂行，十年称王。

优钻申德义先生于2011年年初放弃北京的茶馆生意，回到浏阳建厂创办湖南优力特重工，迄今为止，已有十三年。

他回顾往事，不胜感慨，认为一切都是最好的安排。年少轻狂时，面对突如其来的成功，可能很难把控；而人到中年，经历岁月风雨的洗礼，变得更为稳重沉着；如果一个人曾在岌岌可危的那一刻咬牙坚持过；那么在风头正盛时依然会夕惕若厉，居安思危。

这是制造业的魅力，它不能短时间就做得风生水起，让人大富大贵，但会以一种缓慢的方式，让我们的生命变得更加厚重和有意义。

➢ 少年志向宜高远，踮踮脚就有可能实现

年少时，我未曾想会与"中国制造"结缘。2001 年 7 月 13 日，中国第三次申奥终于成功，北京赢得了 2008 年奥运会的举办权，消息传来，举国欢庆。此时民间、官方将中华武术纳入奥运会的呼声都很高，在我的大学武术老师吕晓标先生的影响下，我保持着"帮助中国武术进奥运，为国争光"的想法，在英语专业本科毕业后，以综合考试第一名的成绩考入上海体育学院武术学院研究生，从此在训练场上挥汗如雨，并开始了中国武术与翻译学的系统研究。

鹤舞凌霄迷踪影，舞枪弄棒如蛟龙，欲诉少年凌志云，才有遐想便不同。

我所在的那个年代，考大学都是"千军万马挤独木桥"挤过来的，拥有流利的口语+精湛的武艺更是凤毛麟角。然而毕业后，踌躇满志的我被一瓢冷水兜头浇了个透心凉——我写给北京奥组委的信和简历被婉拒了：他们不招应届生。

无奈我只得先去找工作。就这样，先后进入湖南长沙本地远大空调和三一重工两家企业做国际贸易，开启了我与制造业的初缘。经过一系列职场淬炼，我的职业素养得到了极大的提升，也见识到了有可能做大做强的实体企业到底是什么样子的：三一所有的产品都力求与国际对标，甚至不惜重金返聘国外的专家、教授前来指点，在三一，留给我印象最深刻的一句话是"品质改变世界"。

不过，有一句话叫"念念不忘，必有回响"，一次偶然的机会，我在经过公司的电视前时，发现里面正在播报北京奥运组委会面向全社会招募工作人员的消息，顿时激动万分地记下了电话和地址，又马上将自己的简历寄了出去。本来并不抱太大希望，在我被公司派往蒙古乌兰巴托开拓市场时，接到了奥运组委会的录用函，通知我前往北京报到。

在奥组委，我被分配在国际联络部工作，经常负责接待国际奥委会主席罗格夫妇、国际奥委会委员、国际残奥委会主席等贵宾。每次重大活动前都要提前一两个月与相关单位对接，记得有一次接待罗格夫人等贵宾，我们与老舍茶馆经过不断讨论和商量，决定用不同颜色的茶叶做成奥运会标识 5 枚不同颜色的圆环，并精心编排了极具中国文化特色和美感的五环茶艺表演。那一次表演，给罗格夫人留下了深刻印象，以至于第二天开会时，罗格还在会上盛赞中国文

化的博大精深。

服务是一个过程，没有国与国之间的界限，通过过程对方可以感知你是否用心；制造业则是无数用心的过程协同的结果，在同样的社会必要劳动时间里，用心和没有用心产生的价值是天壤之别的。

奥运会结束后，北京奥组委也因完成了应有的使命而解散了，但依然给我留下了很多美好的回忆，也学到了很多高端商务活动中为人处世的礼仪和习惯，增长了见识，开阔了视野。

> ➤ **认定一件事后，如果真的全力以赴了，肯定会有个较好的结果**

2009 年，在我的师兄华雪先生的支持下，我开始了人生中的第一次创业，将太极养生与旅游结合起来，做国际高端旅游。这一年做了很多准备工作，但此时全球范围内爆发了甲型 H1N1 流感，且国内多地遭受波及，并出现死亡病例。导致迟迟未能接单。师兄经历过大风大浪，心态也比较好，说这不算什么。但自尊心很强的我，看不到希望内心很煎熬，最终放弃。

2010 年，我们继续合作在北京中关村盘下一家小茶馆。小茶馆在一栋写字楼的大堂，平常消费人群也就是在附近写字楼的公司的工作人员，但一到周末或者放假就几乎没有人来了，我们接手时，茶馆正处于亏损状态。为了经营好茶馆，我去清华大学创业者训练营旁听，这是清华针对青年创业者举办的一个公益课程，现学现用，根据老师的讲解对茶馆重新做了定位——过去的茶馆乌烟瘴气的，类似于一个棋牌室的存在；将重新粉刷、装修后的茶室定位为高端商务养生茶。

这时候的压力非常大，因为前一个项目做得并不理想的缘故，我铆足了劲一定要把茶馆弄起来。想了很多办法，搞新品试喝杯；只要茶室不忙，一有空我就带着茶叶上门推销、邀请办卡；去地下车库往车上插名片；跟出租车司机谈合作；晚上、周末没人的时候，跑去北京各大公园，结交太极拳的拳友，并邀请他们前来品茶；甚至为了节省成本，自己做服务员，心里还有些许落差：我原先从事的是一项何等荣誉的事业，现在却成了锱铢必较的小生意人。

但这就是真实的世界，它将你变得更为勤奋、谦虚、自立、勇敢、坚韧、宽容。在最低谷的时候，你不经意间被赋予了这么多美好的品质，这是一笔多么宝贵的财富啊！2010年年底，茶馆每个月居然有好几万块钱的盈利，这可以算作我创业的第一桶金吧！

➤ 前半生做加法，是为了增加见识；后半生做减法，是为了做更好的自己

经营茶馆期间，我还与几位朋友做外贸生意，这时候，我们的外贸生意也起来了，事情越来越多，几位合作伙伴一直催促我回去。

纵然有着万般不舍，2011年，我还是回到了湖南长沙。因外贸客户也越来越精明，他们也不怎么愿意同中间商打交道，喜欢直接找源头厂家交易，我们不得不上了设备，在长沙附近的浏阳高新区设了工厂。

管理工厂8年来，让我更为深刻地理解了行业，也更为清楚地认识了自己，虽然也小有成果，但很多东西并不是想象中的那么简单，费时费力可能并不会百分之百如愿。我们生产的产品努力与德国对标，但实际困难重重，用一句很简单的话来说就是，当时"抄作业都抄不会"，因为做工厂做产品，是一个极其复杂的系统过程，不仅受到客户的制约，还涉及设备精度、原材料品质、工人素质、管理水平、产业链配套等影响，而一个人的精力是有限的，眉毛胡子一把抓，最终可能导致什么也做不好。

知人者智，自知者明。年轻时，总觉得有用不完的劲，错觉自己无所不能。古人云，四十不惑，到了这个年龄，突然想明白了很多事情。也意识到我们已经陷入一个怪圈，于是便在2019年做了断舍离，将工厂完全交给合作伙伴的团队来管理——他们也是从三一出来的，见识过什么是好产品，我完全相信他们也知道怎么做出好产品。我必须腾出手来专攻自己所擅长的这一块——国际贸易，只有去往更远更广阔的地方，才不会陷入极度激烈的内卷，才能逃离价格战的泥潭，才能有较为丰厚的利润支撑、优化产品。

> ➤ **"让自己成为你想看到的改变。"——圣雄甘地**

做外贸，舟车劳顿之苦是极为平常的"苦"，还有各种意想不到的，甚至无功而返的"苦"。

记得 2012 年经过长达 20 多个小时的飞机抵达巴西，被海关一口咬定签证有问题。联系了本地的客户，帮忙找了一个律师，那边的律师费需要几百美元，并且不承诺解决问题。于是便被关进小黑屋里，等待第二天天亮遣返航班。小黑屋里挤着一堆待遣返的人，我独自在走廊里度过了漫长的一夜。远在异国他乡，此时此刻，内心是无助而煎熬的；第二天，又乘坐长达 20 多个小时的飞机被遣送回国，一番折腾，身心俱疲，但依然怀抱希望——作为创业者，你永远只能相信明天更美好。

那时候，我们去世界各地参展，由于国外人工普遍较贵，为了尽量节省开支，连参展的桁架和喷绘基本上都是用的国内的，产品在海上漂流了几个月，免不了磕磕碰碰，出现掉漆问题，就自己去找当地的五金店，买来油漆又重新刷一遍。住的地方一般是最简单便宜的青年旅社，有的就在朋友单位的办事处公寓打地铺借宿，通常一住就是一两个月。

就这样，以这种从不放弃的死磕精神，从 2011 年到 2014 年我们把巴西等南美市场彻底打开，并且逐渐辐射到马来西亚、印度尼西亚、新加坡，此时，我们的业务从完全依赖国内市场，到国外市场占比逐渐超过 30%。

2015 年，受国内房地产市场持续低迷的影响，基建行业迎来"危机"年，我们的业务也呈现断崖式下跌，销量上不去，很多款项收不回，雪上加霜的是我们历时两年研发的一个新项目也没有成功，亏损了好几百万元。

> ➤ **要么在国内苦苦内卷，要么将产品做到世界顶尖**

要在全球市场竞争特别是东南亚市场，马来西亚市场是一个非攻破不可的堡垒。因其地质条件特殊性、复杂性，很多地层都是坚硬无比的花岗岩和石灰岩，成为圈内出了名难啃的骨头。因此，这里汇聚了基建行业众多响当当的名牌设备和机器，属于世界范围内的高端市场。

也有中国的企业试图将钻杆钻具卖到这个国家，但始终如同坚固的堡垒一般攻而不破。我们之所以如此有信心，是因为我国的广州、珠海、深圳的地质情况与马来西亚非常相似，而我们的产品在这几个地区已经成功试用了 2 年多。为了杀入马来西亚市场，我们前期只收取一半费用，用了一个多月后，觉得不错，客户再付剩下的款项，不满意的话全款退还。国外的客户大多比较有契约精神，就这样我们很快打开了马来西亚市场。

2018 年，在上海一个国际展会上，一家德国同行公司前来我们展位参观、拍照。这家拥有顶尖技术、有着"隐形冠军"美誉的企业属于行业的泰山北斗级别，过去都是我们前去人家展位前观摩，他们的资料都讳莫如深，犹如江湖秘籍般一本难求。我热情地接待了他们，并对作为前辈的他们表现出了虚心向学的态度，顺便也表示了对他们作为全球市场的老大的仰慕。他们其中一位主管模样的人说："过去是，现在不是了。"他们对我们展示的产品表示了认可，并提出能否去车间参观，气氛也变得惺惺相惜起来。在工厂，他们对于我们的技术和产品竖起了大拇指，交口称赞。因为这时我们对于钻杆技术的理解已经吃得很透，且成为国内钻杆技术的领导者。此时，我们的产品已经彻底脱离了无底线无原则的价格战，公司的大部分业务放在了国外市场。很意外，墙外开花墙内香，我们的名气很快在国际市场上传开，国内很多重点工程项目找到我们，想要使用我们的钻杆。

当前我们北京欧钻工厂为国内几家超大型桩机公司做钻杆的配套，成为从陆地到跨江跨海地形复杂的项目、国内各重大项目参与度最高的一家企业。

由此可以清晰地预见，我们国家的制造业与国外制造业的差距确实在逐渐缩小，也非常可能有超越的那一天。而这一切，都是一个组织高度协同的结果，也是我们中国人吃苦耐劳的结晶。中国的厂家与国外的厂家不同，订单一旦增多，国内厂家加班加点也要想办法满足客户，而国外的厂家交货就会延期，因为他们的工人到点就必须要下班。喘息之际，给了我们机会，就像龟兔赛跑，再慢，我们也有抵达目的地的一天。

> ➤ 出走半生，归来仍是少年，只要不被岁月的尘埃蒙住了心，依然拥有无限可能

利他，是一种由衷的感谢。

感谢客户多年的支持，我们将回报以更为稳定可靠的产品和更为安全高效的方案；

感谢员工辛勤的工作，公司因有你们而自豪，也期待你们因公司而获得物质和精神上的双重幸福；

感谢合作伙伴的理解，小的合作放下态度，彼此尊重；大的合作放下性格，彼此成全。

某行业大佬说：起初，我们是为了能够生活得好一点；然后，我们是为形象好一点；后来，就是为了兄弟们的日子好过一点；再后来，就是为了国家和对社会的责任——利他，是一种身心愉悦的、让世界变得越来越美好的规律。

所有的企业走到一定高度，都不可避免地变成了一种家国情怀；而今我依然走在圆梦的路上，亲身体验到了什么叫作产品的生命力，这是一种挺起脊梁骨的硬度，与扬起头伸直腰的骄傲。

一如最初一心想要为国争光的那时。

出走半生，归来仍是少年，初心难改，永远在追梦途中，永远不会疲倦，真好。

湖南哲昊：世间皆幻，真相就是永不熄灭的梦想

【导读】

2023 年是一个特殊的年度，很多动荡与抉择已成定局，或许结果并不尽如人意，但我们每一个人都需要去真实地面对。

到底是黎明前最后的黑暗，还是萧瑟长冬的开始？这是一个"薛定谔的猫"式的问题。

"人生永远追逐着幻光，但谁把幻光看做幻光，谁便沉入了无底的苦海。"

【创业自述】

➤ 我们大部分人最终都会活成自己想象中的样子

年过而立，回望来路，得到一个很深的感受：

我们大部分人最终都会活成自己想象中的样子。

当你有所遐想，便会对当前的状况产生强烈的不舒适感，这种不舒适感让你不做点什么就会觉得非常痛苦，这种痛苦要么在潜意识中将你整个人生否定，从此一蹶不振；要么不停地喧哗和骚动，直到你抵达自己的目标。

2007 年中专毕业后，我前往江苏昆山一家电子厂实习。这是一家台资企业，福利待遇及人文关怀做得都还算好。可我工作几年，从普工升到线长，再到领

班，就遇到了职业瓶颈，不管再怎么努力，也像个似是而非的主管，但始终不会给你一个明确的名分——学历低带来的职场天花板也很低。

我的顶头上司——新来的主管是一张白纸似的应届大学生，既无生产经验也无管理经验，很多东西他还要向我请教，不同职位给予的待遇也是不一样的：车间领班和工人住四人宿舍，吃大食堂；主管住单人间，在干部专用餐厅吃饭。

在中专学校时，成绩虽是上等，可仅是中专学历一纸，再优秀不过现实中这样的落差强烈地刺激着我要继续读书的愿望，于是报了自考。

自考需要自己做规划、划考试范围、完全靠自觉自愿地看书自学，十几门课程都必须60分以上才能拿到文凭。公司在这上面还是给予支持的，考试通过后可以报销部分费用；考试那几天，还安排大巴车一起拉厂里的员工去考场。

与我同住的其余三位室友都是喜欢看电影、玩游戏的人，虽然我在看书的时候，他们看电影、玩游戏会戴上耳机，但有时候我也会经不住诱惑，凑上前去看。尽管事后会非常懊悔、难过，这等于时间双倍流逝，还不如他们那么尽兴和开心。于是每次心猿意马时，我只要想想后果，便一次次将自己的心思拉回书本上来。

自学考试起初在厂里火爆了一阵子，最多的时候有5个大巴满满当当运送员工去考场，后来逐渐减少，到了最后一年，人数就连一辆大巴都坐不满了，最终能拿到文凭的人也寥寥无几。

所幸，我坚持到了最后。

有了第一次自考的经验，第二次参加专升本的自学考试时就比较容易了，看书，做题，总结知识点……轻车熟路，顺利拿到了人力资源的本科文凭，拿到了学士学位证书。

与此同时，在台资企业开展QCC（质量小组）活动、协助搭建企业精益小屋、进行TPM（全员生产维修）管理，做工作报告，除了文凭上的提升，实践能力也得到了很大的提升。工资与岗位也都得到了相应的调整。

在该厂待了7年后，决定回老家湖南长沙发展，经过应聘进入蓝×科技，被分配至企划部工作。工作确定下来后不久，此时手里有了一定积蓄，家里再帮助一点，和老婆的钱凑一凑，便在工作地点附近买了个房子。

未料，上班第一天就被来个下马威：因第二天有一场活动，我不得不一直忙到凌晨1点才回家。这还没什么，更让我不适应的是，过去厂里是双休，加班会有加班工资。但在这里，是单休，加班纯属义务劳动。

不过此时车也买了，房也买了，只能硬着头皮撑下去。在这里，我接触的人多，涉及的范围广，做的事也复杂：要写文案，做活动策划、对接政府各种政策、进行各种接待、组织大型会议、组织工人技能比赛，并设置游戏规则、会拍视频、会剪辑、会 PS，必要时，还要上台做活动主持，整个部门共 5 个人，经常忙得团团转，拖着物料从一个厂区跑去另一个厂区。

我能在这个岗位上待下去，与在先前的工厂打下的基础紧密攸关，有时候想想，人生真的没有一步路是白走的。

➢ 创业：不心存侥幸，只有真正创造社会价值的企业，才有一席之地，抵抗住风雨

3 年后，被一位办人力资源公司的朋友挖了出来，一起参与创业，公司基于为劳动密集型工厂输送人才，可以更好地为其节省成本这个商业逻辑成立，陪着他将公司从 8 个人发展至 50 人。

工厂人事部 ➡ 面试者 ⟶ 淘汰
　　　　　　　　　　　⟶ 进厂 ➡ 订单减少 ➡ 人工闲置
　　　　　　　　　　　⟶ 离职

如何将人员与业务及设备精准匹配，是当下许多工厂的一大难题。此外，如上图所示，工厂直招，面试者会流失很大一部分；即便入职的工人，也会因为这样那样的原因，在短期内走掉；且很多订单是有季节性的，在订单不饱和时，造成的工人闲置会给工厂带来很大的浪费。

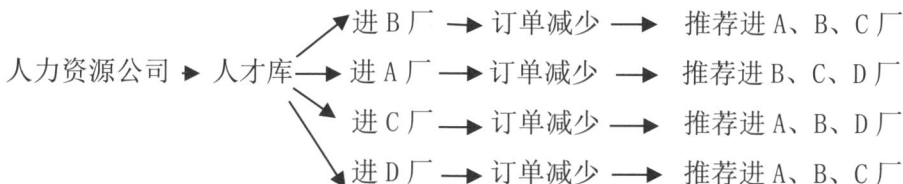

人力资源公司 ➡ 人才库 ⟶ 进 B 厂 ➡ 订单减少 ⟶ 推荐进 A、B、C 厂
　　　　　　　　　　　⟶ 进 A 厂 ➡ 订单减少 ⟶ 推荐进 B、C、D 厂
　　　　　　　　　　　⟶ 进 C 厂 ➡ 订单减少 ⟶ 推荐进 A、B、D 厂
　　　　　　　　　　　⟶ 进 D 厂 ➡ 订单减少 ⟶ 推荐进 A、B、C 厂

如上图所示，一家人力资源公司，通过比工厂招聘多得多的渠道招聘，几乎可以将所有的面试者纳入人才库，并根据他们的需求精准匹配工厂，比如希望离家近的，就给他找离家近的工厂；注重企业气氛的，就给他找年轻人比较多的工厂；等等。通常每个工厂的旺季与淡季都不尽相同，那么利用这个时间

差，给他们做劳务派遣，灵活用工，便不会造成工厂人员闲置，找工作的人也常年有事可做，属于双赢。

因与合作伙伴理念不同及其他某些原因，2019年，我于泉塘安置小区租了一个门面，注册了哲昊人力资源公司单干。

对于一家刚成立不久的人力资源公司来说，基本上都是做二手单，也就是帮其他劳务派遣公司招人，自己并不直接对接工厂，因为没有能力消化订单，摆在眼前的机会也不是机会。

公司开起来了，为了更长远的发展，通过考试，我拿到了人力资源管理师证书，并为公司办了人力资源服务许可证和劳务派遣许可证，以为企业节省人工成本为基础，拓展了相关技术型人才的培训和输出、代发工资等业务，经过发展，极大地增强了人才输送能力，开始与工厂直接对接。

> ➤ **人力资源公司的视角："人生永远追逐着幻光，但谁把幻光看做幻光，谁便沉入了无底的苦海。"**

疫情期间，企业需求其实还算是比较平稳和正常的；疫情放开后，反而是最困难的。冰冻三尺，非一日之寒。去年年底，外贸公司接今年春季订单，订单量下滑至五六成，传统订单已腰斩，而部分市政府组织企业去国外"抢订单"，收效甚微，可以肯定的是，目前中国整体经济将迎来非常严峻的挑战。

记得2022年年底，病毒已是强弩之末，最后消失得无影无踪，加之封控的放开，令整个中国从上到下，从企业到老百姓，无一不保持乐观的心态，充满期待地前往新的一年。

然而2023年开局，我深深感到了一丝萧瑟的寒意，对于行业的冷暖与悲喜，最先知道的大概就是人力资源公司了：往年这个时候，应该是忙得热火朝天，脚不沾地的那种，现在接到客户的用工需求却寥寥无几。

初始，还以为只是个别现象，跟其他做人力资源的同行一打听，才知沿海、北上广深很多厂也不要人了，且全国的劳动密集型企业都在裁员，由于贸易战，导致出口出不去，进口又进不来，昔日驳船交错繁忙的港口几近瘫痪。

全球的经济已犬牙交错，深入血肉。老百姓渺若尘埃被裹挟其中不知所措。

当前我们的社会，贫苦老百姓依然很多，很多比某些"专家"想象中的要多得多。有人进入工厂甚至需要预支 200 块到 500 块钱来维持生活。

今年的经济到底是黎明前最后的黑暗，还是萧条伊始的漫长冬天？国内外大环境严峻的形势，如同蓄积已久的乌云，开始向每一个人兜头淋下，人人都感到这难以言说的阵痛，比地球大陆运动板块与板块之间相互撞击后的地震来得都要剧烈，你能感受到那种地动山摇，眼前看到的却是人们隐忍着的心照不宣风平浪静。

我相信，阴云终究会消散，我们必将迎来更美好的明天。

脱离价格战的泥潭，杀回大工业领域，重新定义行业

【导读】

　　创业是一场孤独的修行，世界是修炼之房，尘事是修炼之源，天空是修炼之境，大地是修炼之怀。

◤【创业自述】 ◀◀◀

> 创业，其实就是自己一个人的事，所有的突破也都是从创始人本身开始

　　每个创业者都会遇见很煎熬的时候，分时间的长短而已，而煎熬又会进一步放大你的孤独和迷茫。但创业如同吃饭，睡觉，都无法假手他人，也就意味着，每一个创业者对待创业这件事必须去掉侥幸和投机心理，有一个清晰而明确的认知。

　　我学的是国际贸易，毕业后顺利进入了商务局工作。3 年后，在旁人难以理解的目光中，我辞去了按部就班的公务员职务，前往珠三角闯荡。先后进入服装、仿古家具行业做外贸操作，此时正是 21 世纪初期，经济在入世的加持下，进入了高速发展阶段，我的工资是过去的 10 倍以上。

　　这里外贸发达，但依然处于低利润、低技术的"世界代工厂"状态，外资

的来料加工模式给我留下了深刻的印象。

后来去了长三角发展，在这里接触到了大量本土民营制造企业。浙江民营企业对于成本极致的控制令人瞠目结舌：岂止精细到角、分，他们是用厘来计算的。2004 年，我接触到了工业压力表这个行业，这类产品用途比较广，几乎遍及所有的工业和科研领域，品种繁多，型号各异。而这时我作为一家压力表的贸易企业，处于产业链末端，没有定价权，也没有任何其他优势。在这过程中，供应商的货还屡次出现问题，2006 年后，我下定决心自己开一家工厂来生产。

事实上 2006 到 2008 年，是我们比较迷茫的一个阶段，工厂的投入费用远远超乎我的想象，还面临着非常严酷的价格战——没有最低，只有更低。某些过分追逐利润的厂家用更低的成本生产出来的东西，又反噬着整个市场。

重资产这条路不好走的原因就是你难以回头，不过也正因如此，可以让你断绝其他念头，坚定地往前走。

➤ 一个人的研发团队：从公务员到自动化技术专家，制造业难以承受之重

2008 年，我们迎来了一个转机，有客户向我咨询天然气汽车的压力表，通过交流，我了解到，这是一个暂时很少有人涉足的赛道，因为它的市场并不是很大。而汽车领域要求更高，这意味着如果接下这个项目，我们需要升级甚至更换当前的设备；但接下这个项目，也就可以脱离价格战的泥沼，做出自己的口碑和品牌。

我一边看书学习，一边将所学的知识付诸实践。这也是制造业很有意思的一面，它绝不是先把所有的理论背好了后，再去工厂当专家，而是理论与实践相互佐证，相互扶持往前走的过程。每一步走正确了，就会创造一种新的思路，你会感觉到希望的曙光；就算失败了，你也学到了很多东西，知道哪些地方从此不能去。

那段时间我如痴如醉，学习——做实验——试着组装产品——失败——再来，如此循环，乐此不疲。那时候我们租了一栋三层楼的厂房，共 1000 多平

方米，不知不觉我的试验品及不良品竟然堆了满满一层楼，有 400 多平方米！

最终我们在这类产品上获得了成功！就此杀入一个新的细分赛道。

这期间，我还做对一个比较正确的事，那就是创立了自己的品牌，尤其是初期，无论面对多大的客户、多大的诱惑，我都坚持不做无牌也不做贴牌。

2010 年，我退出了传统工业领域市场。

之后公司每年都在平缓增长，到 2015 年时，公司在市场上已经比较有名气了。

➤ 中国制造业的老板，不是被逼出来的，就是省出来的

沪科进入天然气汽车这个领域时，当时全球天然气汽车领域的行业老大是一家欧洲公司，我们曾积极与之联系，但它坚决不用我们的产品，无论我们如何物美价廉。加之它后来出于战略考虑，收购了同在欧洲的一家我们的竞争对手，此后它就更加不会用我们的产品了。但多年后被它收购的公司停产了与我们竞争的产品，最终成为我们的客户。国外对于中国制造抱有很深的偏见，这样的偏见有很深的历史因素，也有政治因素，还有意识形态上的因素，所以很多中国的产品，就算品质优良，在国际市场上即使比人家便宜一半，也有可能拿不到市场。

直到 2018 年，我们从一家具有 60 年历史的德企手中抢占了它们几乎全部的市场份额，并在这几年内，将部分技术赶超它们，后来很多同行都在天然气汽车压力表领域销声匿迹了。

沪科制造的成本是德国企业的四分之一。

➤ 存改变世界之志，从解决小问题一点一点开始，自觉担任引领行业的使命

创业，企业的每个发展阶段都不同，每个阶段的任务也一定不会相同。文化层面的愿景和使命可以固定不改，但随着企业的逐渐壮大，你要不断调整、寻找企业具体运营的新目标和新使命。不然它就会停止成长。

这过程不会有人提示你，需要创业者以一种敏锐的直觉心领神会。天然气

汽车压力表领域市场并不大，随着沪科制造已经攻城拔寨占据全球大部分市场份额，整个企业很快就会遇见发展瓶颈。

而在大工业领域的价格战的泥潭中，很多同行现在在大工业领域所做的产品，还没有达到我们 2010 年的水平，大家活得都很煎熬。

对于制造业而言，要生存下来除了创新，只有降低成本；但长久的"吃不饱饿不死"的状态，让厂家没有太多精力考虑创新，都在往降低成本这条路上死磕。其实最有效降低成本的方式又往往依赖着创新——就是生产线自动化、信息化、智能化，很多德国企业也没有实现。

我决定从己身占据绝对优势的天然气汽车领域重新杀回大工业领域——创建一条全新的大工业领域的全自动化生产线。

从源头开始设计，工艺要领先同行。以此为标准，在 2018 年准备初期也约谈了很多做这方面的科技服务公司，但由于他们对我们这个领域不熟悉，对工艺的理解比较浅，除了组装，还有很多焊接、调试、校准等环节都无法实现。制造业的自动化改造，它并不会"所见即所得"，而是自有另外一套逻辑体系。

2020 年，我们成立了自动化生产线设计部门，2021 年，我们开始自己编写 ERP 和 MESS 系统。

➤ 期待"中国制造"变为"中国创造"

有个小故事：路中间有块大石头，聪明人走过来，发现了那块大石头，于是绕过去了；不怎么聪明的人，发现了那块大石头，试着去搬开，结果发现搬不动，只好也绕过去了。这时候有个人过来，也发现这块大石头，就去搬，却发现搬不动，于是又去找撬棍，发现撬不动，又找来两个人……一直到把这块石头弄走为止——这个人叫作完美主义者。

我是一个爱较真的人，也是一个完美主义者，对不满意的东西，只要在自己力所能及的范围内，就会想着自己去弄，如果不在自己力所能及的范围内，就会想办法做到"力所能及"。

现在第一代自动化生产线大部分设计已经完成，第二代经过多次论证，已经可以直接应用。这些设备将在生产技术、调校、压力检测等方面处于全球领先。

3 年时间，我们每年的实际投入在 400 万元以上。

我们将会用这个产品来引流，从而做更多的衍生产品，并在计量领域做到全球领先，从而做成一个平台。破局，是为了更好地融合。产线完成后，预计营业额每年会翻一到两番，尽早达成小目标。

更远一点，我们甚至可以一起畅想一下，当中国制造变成中国创造：我们不但可以生产出物美价廉的产品，也可以生产出这个产品的机器，不存在"卡脖子"的问题；不再是世界低端的、毫无技术含量的"代加工厂"，而是往"高、精、专、特"方向纵深；我们在国际市场上开始拥有话语权，并且获得应有的地位，不再被俯视……

当前，问题还是很多的，但这正是我们需要努力去解决的。

世界当然是不完美的，而这也是我们存在的价值。

85 后技术男将红海市场做到规模上亿

【导读】

　　企业从千万营收做到上亿营收，无论从管理到创始人的格局都是一个极大的挑战。健成科技创始人李志坚先生蓝领出身，在职场上经过一系列磨炼后，进入传统搅拌站配件行业创业，在进入该行业之前，还以为自己发现了一个"新的细分领域"，进入之后才知道这里也早已成为红海，甚至还有年产值上千万的巨头。他是如何将企业从零做到千万，最后突破行业的窠臼，跻身亿元营收的？本文且看。

【创业自述】

➤ 一个人真正的成长是从接受现实开始，然后不断地自我进化

　　我出生于湖南衡山的农村家庭，那里的人们都很朴实。北京两字，在大家心目中遥远而神圣。也因此高考后，即便我的成绩足够上一本，但在家里人的建议和支持下，跋山涉水去了北京一个宣传做得很好的"大学"。学校很偏僻，校舍也简陋，看起来就像一个培训班。没坚持几个月，我便想办法打道回府了，但此时已经错失一本大学的报到机会。不得已进入了常德职院，三一重工在这所学校设有委培班，就此与这家全球领先的装备制造企业结缘。

此次的阴差阳错也给了我危机感，因此很是珍惜这来之不易的学习机会，在学校里成绩一直很好，基本上都是年级第一。

这所学校培养的是工人，虽然成绩再好，大学毕业后依然被分配到三一的车间做蓝领，每天做的是没有任何技术含量的工作——拧螺丝，后被安排到稍微有一点技术含量的岗位上：操控数控机床。好在我适应能力比较强，即便拧螺丝、开机床也干得很认真，每天打扫卫生，把车床擦拭得一尘不染，带我的师父很喜欢我，也愿意倾囊相授。

一次偶然的机会，我看到公司的宣传栏上贴有竞聘商务部部长助理和商务工程师的公告，热血一涌就去办公室报了名。后来参加竞选时，我才感觉自己可能犯了个错误——灯火辉煌的会议厅里，满堂都是衣冠楚楚，气质不凡的白领，我就像一个外来物种灰尘仆仆地闯进，显得相当格格不入。

于是便问负责人能否撤销报名，负责人为难地说："所有的材料已经全部提交上去了，现在已经不可能撤回了。"

就这样我硬着头皮登上了竞选演讲台，虽然最终没有竞选上，但评委一致认为我为人诚实，勤快，又有上进心，还是党员，于是给我安排了另外一个岗位：物流专员。

从车间到办公室，对我而言，这简直是一个阶层上的跨越。这给了我极大的鼓舞，工作上愿意像老黄牛一样任劳任怨，并且不计较任何得失。

在三一工作了10年，从蓝领到商务部部长，跟着公司一起成长，一路打拼，休假的次数屈指可数，付出了很多，也学到很多。

有幸曾为三一人，在那里我见识过亿万企业是什么样子的，因此知道该往哪里发展，现在自己创办的公司也多少带点儿三一的影子。

> 创业误入红海也没有关系，同样的生意，永远有人赚钱，也有人亏钱，只要行业存在痛点，你就永远有机会

法国数学家巴舍利耶、美国金融学家法玛分别提及一个叫作"有效市场"的概念，在这个假设的前提下，信息成本为零，也就是说所有人，不分年龄、性别、职业、智力状况等差别都有相同获取和理解信息的能力，都能作出同样

的理性决策。

这样的市场是一个完美市场，价格反映一切，也就是说，抹去了所有信息源头和信息最终表现之间千丝万缕的联系，包括健康状况、智力结构、情绪状况、文化习俗、政治体制、气候、地磁、太阳、环境污染、宇宙环境等。

事实上，这样的市场是不存在的。这意味着，即便我们的创业进入了一个红海，依然有机会。

2017年，我决定从三一辞职，出来卖搅拌站零配件。做出这个决定之前其实我还是做了一些调研的：其一，三一这边有些资源，另外有好几个朋友在做搅拌站的售后，他们都很支持我；其二，我自己一直在做这一行，轻车熟路，比较得心应手。

可是等我真正进入才发现，这一行已经有了几百个中间商，甚至还有年产值上千万元的龙头。创业需要团队，初期开不了工资，于是找人做技术合伙，给提成、赠送股份。但来来去去经历了三四拨人，最终都不了了之。

那时候才刚刚起步，势单力薄，兵微将寡，注册地址是我家的书房，公司配备的还是二手电脑，为了节省三五十元成本的跟卖电脑的口干舌燥磨破嘴皮。很清楚地记得有次税务部门来公司指导安装税控机，结果电脑一下子"瘫痪"了——根本带不动。他们很惊讶地说道："第一次看到税控机用二手电脑！"

➤ 在跌倒中坚持，在坚持中解决问题，在问题中一步步完善

刚刚成立时，虽然加上自己不超过10个人，但我还是坚持每天组织大家开会，总结前一天的经验，分析客户的需求，实行PDCA循环工作法。

次数多了，合作伙伴就略有微词：一个公司就这么点人，而且大家都很熟，不是朋友就是家人，有必要天天开会吗？他不知道，公司虽小，但它却是我将要毕生打拼的事业，所以我还是得尽量规范，像企业组织单位似的。

我始终相信"机会青睐有准备的人"这句话。但接到的第一个单子差点让我们喘不过气来。这个业务来自大学同学的介绍，一共7万元的货款，客户先打了4万元的定金过来，等我们将货发过去后，那边却迟迟不肯付尾款。经过详细沟通，真相令我大吃一惊：我那位同学欠了这位客户的钱，所以这位客户

就扣留了我的货款来抵消我同学的欠款！

无论如何交涉都没有用，几万元对于一个大公司而言，可能只是九牛一毛，但对于一个才刚刚起步的小公司来说，那就是生命钱。一开始就遭遇当头一棒，打得我头晕目眩，差点萌生退意。

察觉到线下可能走不通，那就走线上。我去淘宝查询了一下，发现居然还没有同行入驻。电商购物习惯已经养成，大家都习惯购物之前先在网上搜一搜，恰巧没有同行入驻，这很有可能是我们发现的一个红海中的蓝海。

我的合作伙伴是一位技术精湛的 50 多岁的行业前辈，对于线上他并不看好，一直很反对。我尊重他，但还是毅然决然要做，谁反对都没有用。正好那时候我有一个同学是做农产品电商的，为了弄明白怎么开始，我几次邀请他吃饭，他最后还是出来吃了个夜宵。他告诉我应该如何组成一个淘宝团队，要招聘哪些人，去哪里才能招到。

在他的帮助下，我们的线上体系也一点点搭建完备，我跟淘宝电商团队说，不要有太大压力，不管你们做得如何，每个月 4000 元的保底薪水一分钱也不会少。刚开始，每个月只有 2 万元左右的营业额。虽然不多，但我看到了希望，这条路是通的。

2017 年，线下连同线上我们只做了 200 万元的业务。

2018 年，听到一个信息，柬埔寨西港那边在搞大开发，很有市场。我当机立断找来两位精通英语的女孩，带着她们飞往柬埔寨。在金边下了飞机，才感到茫然——这边没有接洽的人，也没有任何熟人，业务该从何谈起？不得已叫了一辆三轮车把我们带到一家中餐馆，在中餐馆一位女孩的提示下，我们按照地图一个搅拌站一个搅拌站跑，等到把从国内带来的小礼物送完，才发现一个问题：这里搅拌站机器的尺寸规格与我们不同。

我不甘就此打道回府，突然想到了三一和中联，他们在这边肯定有代理商，我们何不找他们的代理商聊聊？异国他乡，见到故人倍感亲切，他们很热情地接待了我们，还周全地给我们安排好食宿。

回国后，那位也反对我去柬埔寨的合作伙伴离开了。

> ➤ 创业者要学会在冬天做春天的事，在春天做夏天的事，在夏天做秋天的事，在秋天做冬天的事

公司刚刚起步之际，管理仓库的女孩离职事给我上了深刻的一课——剩下的人对仓库的摆放都不熟悉，对发货造成了很大的困难。那么以后面临同样的难题，该如何解决？不管合伙人如何反对，我决定斥资几十万元买个财务系统，将公司的整个业务运营流程厘顺，制定出标准，并拆分成各种节点，根据节点配备相关人员。

这期间，我们全员出动搬了一次仓库，设置区域、整理货架、查询编号，花了 3 天时间全部完成，而某大型企业同样面积的仓库搬一次则需要花费一个月时间。

2019 年，趁公司发展势头正好，我成立了自主品牌快马工服，对标知名汽车养护平台"途虎养车"。快马工服的展厅整洁、明亮、大气，颠覆了大家脑海中灰暗、凌乱、逼仄、如果没有需求平常看都不会看一眼的机械配件店形象。

我们用了很长一段时间，从沉淀品牌、提升文化理念，设计、完善 VI 视觉，开发小程序，全方位进行核心体系的搭建。

我假设所有的中间商并不是最忠诚的，因为这是很正常的人性。从中间商之间发展做得较为优秀的成为代理商，给予品牌、系统配套等多种支持，让他们之间也有一个竞争，从而让优秀的代理商在公司的加持下更优秀。

建成的代理商就这样蓬勃发展起来。

> ➤ 从千万到亿的思维进阶：努力让公司值钱，而不是只为了挣差价

为什么说一家公司发展到两三千万元就是一个坎？很多公司包括我们的同行公司、客户名单等核心资源都紧紧在拽自己手里，生怕被员工带走，然后变成自己的竞争对手。而事实上，这样的事情也确实屡次发生。

当一个问题成为常态，它其实是一种现象，不是个别人的问题。我思考过

这种现象为何发生：业务员要管谈单，如果又要管发货、售后还有各种杂七杂八的事情，那他确实不需要公司，完全可以自己出来单干。

对公司而言，即便建立在业务员对公司很忠诚的基础上，把客户分下去其实也是有风险的。如果由业务员去谈单，有一部分老客户可能不买账，会流失一部分客户。2020年，我还是决定将自己手里的客户资源分下去，并且同时只要求他们在原来的基础上上交一半营业额就可以了。

要想留住人，公司可以为他提供些什么？通过沉淀打造品牌的优势；让他专注于某一领域，将自己的价值发挥到极致；另外公司运营多年，各种数据系统配套齐全，每个月进行数据分析，根据利润和走量来定价，更为科学合理，更容易转化客户。

当他得到的支持，比自己单干更轻松、收获更多的时候，我相信，是不会有人想着要脱离公司的。

员工在全力以赴，代理商信心十足，柬埔寨那边也给我们带来了业务，我们还开发了印度尼西亚等一系列东南亚国家，开通了阿里巴巴国际站。

一套组合拳打下来，令人出乎意料，我们在2021年的营业额达到了1.2亿元。

> **➤ 开辟多种利润渠道，增强公司的实力，以平稳度过类似于新冠疫情等各种不可抗力带来的风险期**

当疫情全球肆虐，阴云不散，很多工地都停工了，这直接导致了我们这个行业业务的萎缩，很多同行都支撑不住地倒下了，即便过去做到一两千万元的企业，他们的营业额也萎缩到了1000万元左右。

但健成科技没有。

《爱丽丝奇遇记》中，红桃皇后对爱丽丝说："以你现在的速度只能逗留原地，如果你要抵达另一个地方，就必须双倍于现在的速度奔跑！"

我们求稳的决策就是不断奔跑，绝对不是静止不动：这个特殊的时期，如果我们失去了一笔50万元的单子，那么我们就要想办法找50个1万元的单子补上。另外，我们必须同时开辟多种利润来源渠道。

　　这几年，健成利用已有的专业和技术优势，开发了自主品牌全系列减速机，并高薪聘请了业内顶尖的技术人才，提供搅拌站拆旧装新服务等项目的解决方案，产品的利润可以降低到极致，几乎成为公司的一个引流产品。也因此业内有这样一句传闻："一个单子，只要被健成科技的业务员盯上，就是寸草不生。"

　　一名合格的创业者，做事要落地，但认知一定要高。头脑要始终保持清醒，永远要知道自己到底几斤几两才不会膨胀。别人爬楼梯，你乘电梯，你比人家快，并不是你天赋异禀，而是借助了工具。我们要做的，就是不断去琢磨，研究并利用好工具，用利他思维切实为客户解决问题，才能逐渐脱离"赚差价"的桎梏，往更高远的方向攀登。

精神也遵循能量守恒定律，财富只是精神能量的具象

【导读】

精神也遵循能量守恒定律——所有的索取都属于低能量状态，所有的给予都是高能量状态，而一个人能量的总和，决定了他的这一生事业的大小，财富的多少。

【创业自述】

➤ 心性不稳会给自己带来灾难：成则直达巅峰，败则直接清零

最为跌宕起伏的人生也不过是一条波浪线，但回顾我一路走来的路程，却呈现心电图般陡峭的线条：

1997 年，向亲戚朋友借了一笔钱买了一台二手中巴车，我开始跑县际班车，每天宵衣旰食忙得热火朝天，2 年后还了借款，还盈余了好几万元。但一场交通事故，使所有积蓄化为乌有，所幸，人没有事。这一年我 16 岁。

2000 年，和三位朋友一起在岳阳平江长寿林场、盘石洲、伍市大源林场做木材加工生意。三人辛辛苦苦经营了一年，年底一算账，在每人不拿工资的情况下，只分得 3000 多元的利润，合作的两位朋友当时就不想干了。但此时与林场还签订有 3000 多立方米的木材加工合同，总得有个人站出来顶着，于是

我硬着头皮独自接下了这个不怎么赚钱的摊子继续坚持。谁知 2001 年年初，木材开始上涨，短短 2 个月原木涨了 200 多元/立方米，而后价格疯了似的持续上涨，还有每立方米 300—500 元的加工费，利润相当可观。当时全国杉木的两大产地直接给我们供货，很快我们加工的木材远销全国。

就这样，我赚到人生第一桶金——第一个 100 万。这一年，我 19 岁。

须知少时凌云志，曾许人间第一流。赚钱太容易，那时候也太年轻，总想干一番更大的事业。2005 年经朋友介绍，放弃了木材生意，在深圳开了个制衣厂，由于手上也有一些钱，便招进了 200 多名员工，给一些品牌运动服做代加工。从布料、设计、制版、缝制到包装一条龙代包，大部分都是自己垫钱进去，品牌方拿去市场出售，生意好当然没问题；他们生意不好的时候，我们就挤压了几万件库存在仓库里，资金链就此断裂，将我过去做木材生意的钱亏得一干二净。

最后只好开着一台几十万元的日产车，带着 2 万多件库存衣服回了老家。

衣服留着也浪费，就到处免费送给人家穿，于是我们当地镇上就出现一种奇景：开始一个村一个村地送，一个村一个村地穿上了我们的衣服，后来整个镇都穿上了我们的衣服。

乡亲们兴高采烈地穿着我们的衣服下地干活，走亲戚，赶大集，交口称赞。

不知什么原因，当时整个宁远的木材处于滞销状态，有一次开车经过一座山，正遇见村里人招标。看见我，他们连连招手说："王总来啦？这个山的木材五十几万元，只有王总您能买下来，就卖给您吧！"其实这个时候我困难得连加油的钱都快没有了。但在他们印象中我就是一个远近闻名的有钱人，声誉也比较好，遇见困难也能想出办法解决，甚至还破例没收押金，就这么竞下来了。

2008 年，由于全国大搞基建装修，房地产开发兴起，国家释放了 4 万亿刺激经济体量，木材又开始疯狂地涨价，于是过去的朋友陆陆续续赶来合作，很快又有了现金流。

心大，但运气一直不错，我相信亏损的地方，迟早会弥补回来的，这就是能量守恒定律——一个人身上的能量。

> ➤ 过去的生活经验给了我一些启示，真正的财富并非腰缠万贯，而是人心归向

我十来岁走上社会，经历风风雨雨，一路摸爬滚打，没有任何人带过，也吃了一些苦头，修炼了脾气和性子，比较爱冒险，喜欢搞"大事"，不喜欢搞"小事"。成熟一些后，明白在自己可承受范围之内行事，才能做到真正坚守好底线。

在岳阳平江长寿林场、大源林场做木材生意期间，需要修路运送树木，干脆与朋友合伙买了一台挖机，就此与机械工程结下最初的渊源。

2010 年，注册亚工集团，在老家及省城长沙也添置了一些房产，逐渐稳步发展。

2013 年经济开始下行，2014 年、2015 年，急于扩张、贪大求全都是企业发展的大忌。很多过去凭借运气赚钱的企业，又凭着本事亏了回去。很多企业纷纷倒闭，亚工也遭受了一些冲击，只能靠着仰仗多年的口碑勉力支撑。

雪上加霜的是，这期间我们研发了一个新品，即高频振动锤，当时市场售价是 30 万元一台，虽然也有很多做工程的老总愿意买，但这个用了一个多月就会报废。就这样，这个振动锤研发出来后，没有对外销售过一台，就此亏损 1000 多万元。

重新再来。那时候在我的老家永州远宁县，购买一台二手的破碎锤需要 20 多万元，由于破碎锤有 1 吨多重，还需要养一条狗看守，这时候亚工通过组装的方式，生产出了自己的破碎锤，很快在整个湖南省做到了替代。

2017 年，我们研发出了基建行业的一个不起眼的小众产品——打桩机，带动了当地 500 人就业，市场占有率很快突破 98%。那时候一门心思想将它做成沙县小吃类似的地区特色产业。带出来的 500 人中，当前已有几十位身价千万，其余 90% 以上赚个几百万养家糊口没问题。

不要害怕身边的人都富起来，别人的日子过得红火。必须承认，我们都很普通平凡，一个普通平凡的人要成点事，就得有人，有团队。性情相近，志同道合是小吸引。还有一种大吸引力，也就是，不管哪种性格的人都喜欢接近你，

不管他爱好什么，都喜欢亲近你，那么你就必须仗义疏财，有个好的、开放的心态。

世界哪有那么多人情冷暖世态炎凉，有的只是你处于什么样的能量场而已。

所有的索取都是低能量状态：抱怨、沮丧、愤怒，悲伤，不舍，难过、自私、懒惰……这就是你努力去挣钱，钱却远远绕开你的根本原因。

所有的给予都是高能量状态：感恩、宽容、原谅、理解、体贴、勤劳、学习坚持……高能量状态就是你只认真做好自己的事，不用考虑钱的问题，造物主会替你考虑。

即便暂时性地亏损也没有关系，只要你一直处于高能量状态，后续总会以各种方式巧妙地补偿给你。因为精神能量也遵循能量守恒定律，只不过反应比物质能量守恒定律更灵敏。

> ➤ 积极拥抱自媒体时代，学会利用工具，过去的人因为学会了利用工具，让生产力极大发展，区别了猴子

当疫情严重时，但这不是客户难找、业务难以拓展的根本原因。根本原因要么是你搞错了方向，要么就是你用错了方式。那时大街上基本上都没有人，人都在手机里。

根据前瞻产业研究院数据分析，2021年6月，在用户的流量价值方面，抖音和快手分别以541.8亿元和244.5亿元位列短视频行业第一梯队，其中抖音日活跃用户高达 3.35 亿人。

关于短视频平台，有的创业者视其为让人上瘾的毒药，有的创业者视其为救命稻草，有的创业者不屑一顾。然而不管你承认不承认，学会利用自媒体平台，是每家企业都要做的功课。

有的人图个新鲜，你免费教他，他学习几天又放弃了；有的人觉得很神秘很高大上，锲而不舍甚至花钱去参加各种眼花缭乱的培训。其实很多东西就是一些基本操作，至于创意，谁也无法教你，因为创意这个东西它无法批量生产，不然就不叫作创意了，得自己摸索。

关于抖音，其实注册、发布并不需要多少时间，也不需要房租水电。好比

你在网上有了一个店，每个视频就是一个展示的橱窗，100 的播放量就意味着有 100 个人来你店里看过，1000 的流量就等于有 1000 人来你店里看过，唯一一个基本条件就是需要坚持。这笔账怎么算都是很划算的。

当前的亚工，相当于三一起飞的前期，其实并不缺业务，线下的业务已足够我们去消化，但我们要学会利用新工具，并且带动更多同行一起往更广阔的方向走，鸟枪换炮，何乐不为呢？我们的抖音号现在已有 6 万多的粉丝，还在不断增长。

许多外地的工程人、基建人纷纷前来拜访，住宿和吃饭问题我都会为他们安排妥当。也有人建议我做一个基建行业的 APP，把这些人锁住，但这违背了我与人共享，一起成长的初衷，想的都是小利益，搞不成大事情。也有同行来考察、探访，我也照例欢迎他们从我抖音号上引流。

最后，历练比聪明重要，要成大事必须突破小我。因为聪明人总是比他人先快一步赚到钱，吃的亏也少，很容易做成小格局的事，也很少因痛而反思；只有经过历练的人，在不断吃亏、不断折翼中深刻反思，在观照自己内心的同时，也学会了关爱他人，凡事让人三分，留有余地。我们在进行选择时，可以试着先问问自己的状态，然后用高能量状态来处理一系列复杂的情况，这样你的决断基本上就是正确的。

一家机械公司的野蛮生长：不挑客户反而成全自己

【导读】

卑微的小草抬起头来，是更为高远的天空。没有大企业工作的背景，没有多少资金，一位在很多中小机械制造工厂底层摸爬滚打的学徒，从0到1创办一家机械公司到底有多难？从年少轻狂到中年沉稳，经历了被社会毒打也被社会教育的全过程，认知终于与执行力完美合二为一，路更宽，帆更稳，船更快。长沙华明机械有限公司成立12年来，在经济下行和疫情的双重压力之下，公司营收都能够一直保持逐年递增，这其中到底蕴含着怎样的经营理念和智慧？或许创始人曹维先生的故事能够给我们带来一些启示。

【创业自述】

➤ 得一"贤妻"，男人的事业就成功了一半

天色突然暗了下来，隐约的雷鸣由远及近。摩托车在路上疾驰，妻子坐在后边紧紧环着我的腰。很快豆大的雨点由疏转密，不一会儿便成决堤之势从天空倾泻而下，我们在路上无处可避只能继续前行，转眼两人全身都湿透了。迎着暴风雨我大声喊着："亲爱的，这种风吹雨淋的日子已经快到头了，为了不让你再挨雨淋！我们买个四轮小车！"妻子说："没关系，我不在意吃苦，只要和

你在一起，我就很开心！"我仰天大笑，这辈子有你是我的福气，是我的骄傲，我知足了——这一年公司刚起步不久，资金紧缺，举步维艰。

和妻子相识于我最落寞的 2007 年，我因四处借钱无果，刚刚从一传销窝点回来。彼时我在一家工厂上班做学徒，月薪仅有 200 元，且因我性格豪爽，平常孝敬师傅，四处结交好友，工资根本就不够"挥霍"，还欠了一屁股债，几乎成为父母眼中的"败家子"。

妻子这时的月薪 2000 多元，除了购买自己日常必需品，几乎全部补贴了我。

2011 年结婚时，我们还没有自己的房子，住在出租屋，她也没有二话，高高兴兴地嫁给了我。婚后收的礼金，我拿去搞投资、创业，她一概无条件地支持。

创业初期，业务还未完全起来，资金紧张，她便用自己微薄的工资杯水车薪地补贴着厂里柴米油盐的生活费。

我们是彼此的初恋。创业 6 年后我们有了自己的宝马车，我努力地不辜负这个"坐在摩托车后边笑"的女孩，也努力不让她在"宝马"里哭。

结婚多年，我们始终相敬如宾，没有过多地在感情上折腾，而得以有更多时间和精力投入事业，她在公司里面帮我分担了许多，我想这也可能是我的创业得以有所起色的原因之一吧。

> ## ➢ 家庭的中途变故让我思考赚钱的意义，而变得轻财钱，重情义

1988 年，我出生于岳阳农村，父母都是农民，他们挣钱的方式就是多种地。家里一共种了 20 亩地，这个年代还没有任何机械辅助，全凭手工操作。除了稻谷，家里还会种上一些苎麻、棉花、水稻等经济作物，以换钱补贴家用。

我从小就做家务做农活。苎麻收割回来需要用专门的器具（类似于很钝的刀刃）刮去筋皮表面的麻骨、麻壳和其他杂质，只留下柔软又整齐的苎麻纤维卖钱。那时我的主要的工作就是刮麻，在苎麻的汁液浸泡之下十指全黑，几乎要过个把月才能消退；暑期，棉桃开始裂口吐絮，炸开的外壳尖如利刺，稍不留神就会扎手，捡棉花需要在棉花地里来回穿梭，手脚要快，即便如此也免不了被棉壳划破手指。而且需要不断弯腰，经常一天下来腰酸背痛，双手伤痕斑

斑，走路都有点打飘。

收获那瞬间的喜悦总会冲淡那难熬的辛劳：捡回来的棉花母亲会按照重量给我计算工资。赚来的钱大头依然存在母亲那里，一些小零头，就自己花。买一点麻糖、冰棍等小零食吃。

在我去郴州上中专之前，家庭发生了变故，父母离婚了。此时家里有父母多年省吃俭用存下来的 10 万元存款，我和弟弟一人分了 4 万元，母亲分了 2 万元，都由母亲保管，父亲不要。

父母离婚后一家人各奔东西。

这些年来，我一直在思考什么叫作幸福。幸福就是赚很多钱吗？在 20 世纪初，一个能够存下 10 万块钱的农村家庭，已经算作比较不错的家庭了，可是钱并没有给我们带来幸福。

> **欲赚钱，先做成事；欲成事，先突破认知，再跃迁阶层（要想有所成，吃苦学做人）**

底层的挣扎：既看不到未来，又无法突破自己。停，感觉身无立足之地；行，感觉寸步难行——这种感觉横穿了我工作后很长一段时间。

2006 年下半年，中专毕业后，通过校招，我与一批同学来到广东中山一家工厂做学徒。初来乍到，主管说给我们三个月的适应时间，实习三个月后再上岗。我当即拒绝，表示三天就可以。

于是被安排去工厂现场学习仪表车床操作，第一天我就看了个八九不离十，第二天，我已经看会了；第三天我尝试操作了半天，基本上没有问题。于是要求独立操作机床开始计件，一个半月后我被评为优秀员工。

这样的工作简单重复，枯燥，毫无技术含量。一段时间下来，我跟厂里的师傅们和老员工关系都处得很好，就此有了一个惊人的发现：在这里工作了很长时间的老员工工资最高也才一两千元。

这样的前景离买房买车讨老婆的差距太大。于是我便二话不说就要离职。这种想到马上就要走，走了马上就要干的性格，后面差点要了我半条命。

由于走得太急，厂里没有批准。过去"三天就看会了如何操作一台机床"

的成功经历鼓励了我，我觉得现在自己技术已经够硬，不用计较眼前的这点钱，便连工资都没要，下家也没找好，就直接裸辞奔向广东人才市场。几天找工作的经历，又将我打入冰窖：不管你有何工作经历，天资如何聪颖，如何勤奋负责，初进任何工厂依然还是要从学徒做起。

我不愿意再做学徒了。便跟着一位在饭店工作的表姐做服务生，作为过渡。几个月后终于赚到了回家的路费。

回来后，经叔叔推荐，还是去了一家小工厂老老实实做学徒，打杂、跑腿，搞卫生，每个月仅有200元的生活补贴，还叫了一位在饭店里认识的兄弟过来一起做学徒。为了学技术，我舍得花钱，就算欠债也会买一些好烟给师傅抽，和师傅们的关系也处得很好。

有时候常常想，如果不出意外，我会不会一直待在这里孤独终老？答案是否定的。意外只是加快了我们某些选择的进程，并未改变我们的方向。

端午节前一天，跟工厂卸货时由于我没有经验，左手食指不小心被砸成了粉碎性骨折。也没敢告诉家里人，老板送我去医院挂号住院，派了我叫过去的那位兄弟在医院照顾了我半个月。

老板分两次一共给了我200元的生活费和两个人15天的伙食费。为了省钱，买一盒快餐两人还相互谦让着分着吃，这让我第一次感受到了什么是兄弟情谊。

伤筋动骨100天。手指包扎好后，干不得重活，我也不想在厂里无所事事变成一个好像"吃闲饭"的人，又去了长沙本地一家比较大的酒店做服务生。

这家酒店比较高档豪华，平常进出的人大多非富即贵。在这里让我打开了另一扇大门，感受到了有钱人的生活方式。我做事勤快，嘴巴也很甜，一些客户也都很喜欢我，他们有时候会把我叫过去一起聊天，让我也见识到了有钱人的谈吐和格局。

置身于璀璨灯光下，迷离于觥筹交错中，年少时的轻狂与迷茫相互交织。我与他们同坐一桌，看起来并没有什么不同，然而一种无形的东西又将我们隔离得如此之远。让我有种马上要改变现状的冲动。

不出意料，我又辞职了。酒店辞职需要走流程，但我等不及，可是又不想放弃那1000元的工资。于是便用了最不应该用的方法：在酒店大堂里大闹离职，保安拉都拉不动，最后来了一群人，他们七手八脚地将我拖到保安室，用皮带狠狠地抽了一顿。

因在挣扎过程中，我的指甲划了保安经理的手臂，他向我索赔 10 万元，并向我要父母的联系方式，我死活不肯说电话。僵持了一段时间，我给叔叔打了电话。叔叔接到电话很快便赶过来了，此时的我已遍体鳞伤，衣衫褴褛。经过协商，赔了 1000 元给那位保安经理买烟抽，酒店的老板可能看我这副惨状，动了恻隐之心，主动提出给我 1000 元看医生。两下正好扯平，不过工资依然没有结。

从酒店出来，叔叔问我要不要先去他家住一段时间，我实在不想太麻烦他，感觉很丢脸，便向他借了 500 元，身心俱疲地找了一家招待所住下来打针吃药养伤，思考着人生方向。

伤好了后，手也能干重活了，我下定决心先学习一技之长，再图发展，于是又回到了前面叔叔给我推荐的那家小工厂学技术。

➤ 堂叔给我的影响：正确地帮助别人，提供方向、条件与机会

上学时，我的成绩一直徘徊在中间。

虽然初三临门冲刺，让我考上了县里不错的高中，但受我这位叔叔的影响，我选择了三年制中专学机械制造专业。

叔叔是国企里的高级工程师，后辞职出来创业，从事机械制造行业。几年打拼下来，身价已过千万。平常回来探亲，西装革履，风度翩翩，是整个家族的榜样，也是我崇拜的偶像。

去学校报到的那一天，叔叔不远千里，亲自开车将我送至郴州。

可能专业比较符合我的性格，也可能初中的基础还不错，进入中专后我的成绩在班上一直名列前茅。此外还加入了学生会，与同学的关系都也处得很好。

寒暑假就去叔叔的公司基地做见习生或者学徒，帮师傅干一些拧螺丝、烧焊、背氧气瓶等杂活。没有谈要多少工资，感觉也不太合适。但叔叔给的恰好够我的学费和生活费。

如果特别尊敬或者喜欢一个人，我习惯用实际行动去表示。一次叔叔自己忘记了自己的生日，我背着他悄悄地给他买了个蛋糕。

在一次试骑客户的电瓶车时将其撞坏了，被叔叔罚了 2000 块钱，却让当时

的我很想不通，觉得叔叔有点不近人情，多年后我才逐渐理解并深深感激他。

叔叔给我的帮助，从来都不是金钱上的接济，但他总会在关键时刻或者正确的时间伸出援手。

2007年，我被同学喊去江苏，说在那边搞机床一个月至少能挣三四千块钱。到了江苏，每个人都对我很友善。早上帮打洗脸水，晚上帮打洗脚水，将我照顾得无微不至，加之去听课，受到氛围的感染，我便想交钱成为"会员"。于是打电话向叔借钱，叔叔感觉不对劲一口回绝并告诉我爸妈，我可能被骗了。我爸妈给所有亲戚朋友打了电话，堵住了我借钱的路。

后来我创业买设备差3万元，又试着向叔叔借钱，当他问清楚原因二话没说，就将钱打到了账上。

叔叔给我的帮助是润物细无声的，他的一些为人处世的行为也在潜意识中影响着我。

以至于后来公司情况好转了，我弟向我借钱，我一定先会问清楚他借钱的用途和归还日期。这不是钱的事情，我觉得直接给他钱，可能会剥夺他挣钱的能力。遇见困难时帮一下，关键时候拉一把，才是爱家人的正确方式。

我是这样对待家人的，也是这样对待帮助过我的员工、朋友、同学的。

2018年，随着公司发展稳步向好。经过沟通，我成立了一个新公司，将过去所有帮助过我的人吸收成为股东，有着母公司的孵化，新公司每年有500万元左右的纯利润，年年都能分红。

我们从来不因为自己做大了就凌驾于供应商之上，而是努力地培养供应商，帮助他们进步，用自己的经验帮助他们从个体户到一般纳税人，携手将整个行业带得更规范更红火。

只因过去为了业务绞尽脑汁、想尽一切办法、接受过许多人帮助的经历从来不曾忘记。

> ➤ **我的创业出于偶然，仔细想想也是偶然中的必然，因为性格使然**

从学校出来后，我就一直在工厂学徒和饭店服务生之间摸爬滚打，前者是我坚持想要从中找到的突破口,后者成为我过渡时期的救命稻草。

后来经一位朋友介绍前往汽车东站这边工作,这里汇集了很多做钢材生意、机械零部件加工的门店和公司。

我所要去的是一个只有 60 平方米的门店。老板汪总骑着摩托过来接我。坐上汪总摩托的一刹那,我只当又找到了一个暂时的落脚处,却不承想,人生即将迎来改变。

我离开校园后工作时间最长、最能待得住的一个地方,就是这家 60 平方米的门店。汪总是一位经验丰富、技术高超也很厚道的老板,看我能吃苦,又勤快,肯加班,经过他不遗余力地调教和打磨,我从技术的半桶水变成了大师傅,这时候我也叫上了过去陪我一起在医院吃盒饭的兄弟,汪总也将他带成了大师傅。

从 2008 年到 2010 年,我在这里待了整整两年。

我创业后,不懂工艺技术分析,不会做报价,汪总还手把手教我。

2010 年,我到了一家规模大点的工厂一鸣机械公司做车床技术工,经常通宵,努力赚钱,学自己不会的东西。在行业内待得时间长了,认识的人也多了,加上我个性豪爽出手大方,就算自己过得紧张,遇见领导、朋友,好烟好酒地招待还是很舍得。

2010 年年底,一个认识的朋友单位的领导告诉我,他刚刚接了一个大单,加工难度不大,只需要一台 3 米长的车床就可以搞定。我一听感觉是个难得的机会,心里盘算了一下:买一台 3 米的二手车床需要 8 万元左右,根据单子的利润大概三四个月就能回本,这个事情肯定能做。于是就萌生了创业的念头。

可是当时的手头上并没有那么多钱,便找人合作。一切商谈好了后,2011 年年初,这位准合作伙伴临时改变了注意,不愿意冒风险决定不投钱了。我孤掌难鸣,绝境之下想到了叔叔。

叔叔借了 3 万元给我,岳母借了 2 万元给我,凑了 8 万元买了个二手设备,剩余 2 万元我整合了汽车东站的几个个体户一起租下了一个 200 平方米的厂房。

第一个单子就这样经历各种波折成功签下了。

后又经过一位客户公司的领导何总介绍认识了童总,他们公司是做出口轮胎清洗机的。一开始打样,小批完成得很好,便开始初步接触合作。不管多小的单子都接,骑着一个二手女士摩托车风里来雨里地去送货,随叫随到,对领导们也都特别尊重，建立起了信任关系后，慢慢地从小单转为大批量的订单。

每个月几乎都有大几万元甚至十多万元的订单，这个客户付款也很准时，对我很照顾。生意逐渐有起色后，随着业务增多，我就想增加设备，可是手头资金依然很有限。

2011 年年底，找同学投钱，分他给 30%的股份，钱还是不够，他又找了他一位台湾亲戚借了 20 万元，本金和利息由公司分期偿还，他的股份增至 40%；而那位跟我一起在医院分盒饭吃的兄弟，也成为了公司的骨干核心技术员工。

至此，厂里规模总算初具雏形。

➢ 认真努力永远是必杀技，真诚是超强助攻，做生意要学会自己提升"贵人运"

在工厂做学徒时，我就深深明白一个道理：这个世界并不欠我们的，所以任何人都不帮你，才是正常的。如果有人愿意帮你，说明你很幸运遇见了贵人。

接下来，为了尽量让工厂业务饱和，2012 年我去汽车东站，逐一拜访各个钢材店的老板。夏天送水果，冬天送茶叶；还跟周边的图文店建立了简单的合作关系：每个月给他 200 元钱，将一盒名片放他们店里，如果有客户过来购买钢材，顺便帮忙推荐一下。平常会时不时过去拜访一下，聊聊天，叙叙旧。

就这样，我手里逐渐积累起了一批客户。胃口好，吃得杂，不挑客户，做别人看不上的或者别人不想做的，竟然帮助我们一步一步完善了技术和设备。这也成为后边在整体经济下行，尤其是疫情期间，各大型机械公司减少产能，华明的业务依然逐年递增。

这就是"毛细血管"的力量。

认识的人多了，消息渠道也会更广。不久我探听到一位专门为船舶提供零部件的张总，有两个在汽车东站做生意的徒弟仅靠他的业务每年就能有几十万元的利润。后来我了解到张总对他徒弟的好只是枉然，他和两个徒弟的关系也逐渐由浓趋淡，业务合作还是依照多年的惯性在持续。

经过圈内朋友的介绍，我接触到了张总，慢慢地做了他的业务，从一开始的几十万元，逐渐合作上百万元的单子。

2013 年，我正式注册了长沙华明机械有限公司，单独搬至捞刀河一个 500 平方米的厂房里。

此后，我陆续接了几百万的风力发电项目零部件加工订单，包括工程机械、冶金、矿山机械设备零部件等。随着过去的一些小客户逐渐做大，公司业务逐渐增长，年营业额从 2013 年 300 多万元，2014 年 500 万元，2015 年 800 万元，2016 年 1000 万元，2017 年 1200 万元，2018 年 1500 万元，2019 年 1800 万元，2020 年 2400 万元，2021 年 3200 万元，上升至 2022 年 3700 万元成为 A 级纳税企业。

厂房也搬迁至物丰机电产业园，扩展至 6000 平方米的标准工业厂房。公司现在拥有 100 多人，80 多台生产设备，公司也由过去做单一的零部件，转换为做自动化成套设备、食品包装设备、新能源行业产线工程设备。

回望过去种种，从汽车东站 200 平方米的厂房到捞刀河的 500 平方米厂房，再到现在物丰产业园的 6000 平方米工业厂房，有种从自生自灭的散兵游勇被编为正规军之感。经开区给企业的好政策很多，在园区企业服务站的帮助下，通过房租、税金及利息补贴，高新技术企业的认定和补贴等都能一一落实；此外资源的内外整合、企业融资渠道的对接、企业负责人的培训及升级等全方位服务，将我们推上了一个新的发展高度。

有生意往来，是合作伙伴也是朋友；没有生意往来，依然是良师益友。感恩这一路上所有帮助过我的亲戚、朋友、同学及各公司各政府部门的领导，相伴一程，但留下的温暖与帮助却影响了我的一生！不敢怠慢，唯有努力奋斗，让温暖与鼓励不断传递和延续！当一棵小草抬起头来，看见的是更高远的天空！

一位创业 12 年的工程机械贸易行业资深人士眼中的大时代

【导读】

工程机械行业可以内卷到什么程度？同样的设备，别的厂销售价格比你拿货的价格还便宜。如果不卖就需要宣布关门破产，债主盈门，后半生都不得安宁；如果卖，每台设备就会亏个几万元，由于产品单一，亏了还没有别的产品来填补窟窿，拿到一点现金流，只去投资别的赚点钱，还不能做长期投资，短期投资又具有极大的风险，转眼便会负债几千万元，甚至还有负债几个亿的：这是大部分工程机械行业传统经销商的现状——工厂不会再给予任何优惠的政策和付款方式的支持，爆雷是迟早的事情。

▶【创业自述】◀◀◀

➢ 创业：即便再算无遗策，依然还有各种未知的风浪在等着你

"客户不肯再付款,而且两个工人都已经被扣押起来,每天只给一碗粥吃！"听到这个消息，我顿时手脚冰凉，这是我创办佳威遇见的第一个坎，也算是最大的一个坎。事情的起因，源于经熟人介绍，将一台夯土机租给了湘西一位承包工程的老总，租赁的时间、地点、价格、付款方式都已经谈好，且签了合同。第一个月付款正常，师傅施工作业正常，平安无事。到第二个月这位老总突然

说报价太高，拒绝付款，几次协商无果，还扣押了我们两位师傅。

合同？合同对君子才有效，对不遵守规则的人仅是一纸空文。

事后我才得知，这人本就是当地的地痞流氓，工程也是通过非法的途径接过来的。他们蛮不讲理，气焰嚣张，甚至扬言找谁都没用。一种无能为力的绝望感袭来，那段时间，每晚都无法入睡，心力交瘁，焦虑不堪。

最后还是通过各种途径，各种协商，求爷爷告奶奶般的四处打点，才将两个师傅解救出来，机器也顺利从当地拖了回来，经此一役，公司不仅没赚到钱，还亏了四五万元。

而创业前，我自认为是一个比较谨慎的人，各种风险、困难前期基本上都考虑到了，客户资源、产品资源、资金资源也都比较成熟，但还是发生了这种未曾预料的事情。

人的内心并非生而强大，只有经历很多事情的锤炼，才会变得强大。

➤ 小公司锻炼综合能力，大公司提升认知和格局

1976 年，我出生于湖南一户普通家庭，湖南人没有从商的概念，大多追求稳定，父母大多期盼子女毕业，进入体制内，朝九晚五吃"国家粮"；江浙一带的人们没有打工的概念，宁为鸡口，不为牛后，风餐露宿地摆地摊都比打工强，读书不读书的倒没有多大关系，他们敢闯敢拼，能吃苦，很小就走南闯北，见多识广。可以这样说，一个人最终是否会走上创业这条道路，与他的经历和生活的环境息息相关，湖南的创业因子来自于业务员。大多数湖南老板，都是业务员出身，江浙一带的创业因子，早在祖上三代便已深深植入骨子里。

我有幸亲历过时代史诗般的大变革，也曾是其中的受益者：懵懂年少时顺着打工潮南下广东目睹过经济正在腾飞时大街小巷满坑满谷都是人的盛况；后回湖南长沙，进入某大型工程机械 A 企业做业务员，亲眼见识到一个顶尖业务员在 2006 年、2007 年就可以拿到上千万元的神话。虽然这时候我的年薪收入与其他行业相比显得非常可观，但比起公司里的顶尖业务员，依然是小巫见大巫。

神话的发生，以 21 世纪初中国从百废待兴、十年动乱、一路摸索的沼泽中

挣扎出来，有了大目标和大方向；国家投入了 4 万亿元资金刺激经济，全国大搞建设，逐渐成为基建狂魔为背景。生活与工作，在一个普通人面前徐徐展开它的鸿幅巨制，令人咋舌，也令人充满奋斗的激情。

这时候的 A 企业，熬过了最艰难的阶段，刚刚完成上市，如同一艘拉满帆的大船，稳稳当当正满载希望驶向更广阔的海域。A 企业的业务员采取的是宽进严出的末位淘汰制。其实只要足够勤奋，基本上都能拿到不菲的薪水。每天都有来自全国各地的客户前来考察、洽谈，门庭若市，应接不暇。日均竟达到五六百人次，A 企业的红火也带动了周边饭店、酒店及风景区的红火，整个星沙竟都呈现出欣欣向荣的景象。

A 企业的老总——×总的格局和战略眼光也给我留下了深刻印象：当时市面上一个比较紧俏的产品叫××泵，生产地在湖北武汉，但全款打过去 8 个月后才出货。在资金并不那么充足且不能发出高薪的情况下，以其个人的人格魅力请来了业内的专业人才及高校教授，马上启动这个产品的生产线。

1990 年，A 企业开始买地，在不知道做什么的情况下，就把所有的厂都建好了。而后房地产市场迎来了最辉煌的时刻。

耳濡目染的种种，让我见识到了生命和事业可以辽阔与宏伟到何种程度，也知晓了如何从时间的纵深去思考问题，也明白了每个人的能力其实都差不多，跟运气、平台、人品、格局有很大的关系。

这让我不至于骄傲自大，也不至于妄自菲薄。

➢ 一家工程机械贸易公司如何在市场的浪潮中，找到自己的位置

彼时，在湖南，A 企业与 B 企业联袂而行，是长沙响当当的两张名片；江苏 C 企业，是特大型企业，风头正劲，它们的业务范围偶有重叠，但各有千秋，都各自有着生存的看家本领。随着业务深入开展，了解到有些客户需要取长补短的综合性服务，我便有了创业的念头，想成立一个工程机械行业的销售公司。

近十年的行业经验，让我既非常熟悉厂家，也非常熟悉客户，并长期积累了良好的信任关系，成立一家成套装备供应服务商是没有问题的。2010 年，做好了心理建设，我迈出实际行动的第一步——长沙佳威工程机械销售有限公司

就此诞生了。

> ➤ 选好定位

定位很重要，你是卖给个体还是企事业单位？

个体可以拿到现金流，但利润稀薄；企事业单位需要先行垫资，并积累一定程度的信任。

我们具备一定资金实力，可以不面对 C 端客户，而针对以大型企业、政府为主体做 B 端服务。

> ➤ 深度参与

如何与它们打交道？

现在央企、国企对质量、服务和品牌都有较高的要求，本着最合适的便是最好的原则，它们需要提前一年规划、立项，那么便需要积极与其接洽，并为之提出切实可行的建设性方案。因为国家财政现在是这样的流程：通过探讨、考察、财政审批，层层走流程下来，基本上需要一年时间。今年的采购，去年就要提计划，今年的计划，明年才会执行。在此之前，我们应积极主动地为它们提供各种业内资讯和专业服务。

> ➤ 学会借力

佳威初期注册地址在我自己家里，借了一位在中汽 4S 店做销售总监的朋友的关系，将办公地址设在他们店里，这是一个两全其美的事情：我们前期节省了一大笔费用，缓解了创业初期的压力，也为他们增添了流量。其实资金方面的投入仅是其中的一项，人最宝贵的就是生命，创业者最大的沉没成本就是时间和精力，千金散尽还复来，时间一去永不复返。

➤ 坚持，再坚持，还是坚持

创业本身是一条没有退路的事，遇见问题及时解决问题，遇见困难要克服困难，但绝不能说"不"。因为这座山没有爬过去，重新开始爬山，还是会遇见同样的问题。人生短暂，精力也有限，不会给太多机会让我们一次次重来，况且重复过去的错误是无意义的。

很多朋友觉得这个行业不好做，再换一个行业可能会好一些，其实每一行都有你不了解的难处和痛点。轻易换行业，不但在本行业所有的积累前功尽弃，后面还会为自己的认知重新买单，实在是得不偿失的事情，这就是为什么中国古语云"女怕嫁错郎，男怕入错行"，创业，选择什么行业，从一开始就要想好。

➤ 贸易公司的成长之路，就是与多方博弈的一个漫长过程
➤ 贸易公司与客户的博弈：努力提供附加值

先回答一个问题，为什么不直接找厂家，凭什么选择我？

首先，客户直接找到工厂无非就是想拿到一个较低的价格，但其实很难拿到真正的低价，因为他们并不具备对整个行业深刻的了解，且没有贸易商与厂家合作多年拥有的价格和政策的优势。同时，作为贸易公司，永远都可以找到与客户需求契合度最高的产品，并且随时可以调整、用最好的产品和最新的技术。其次，与工厂的销售不同的是，贸易公司将工作当作毕生的事业来追求，客户会获得更好、更专业的服务，有必要的话，还会垫资，保证客户采购如质如数顺利完成，让客户更省心，更有利于客情关系的稳定。

➤ 贸易公司与供应商的博弈：相爱相杀相互成就

一个工厂能做那么大，必定有其牢不可破的让利规则。小工厂可以眉毛胡子一把抓，但它永远做不大，不够专注也很难维持好品质。对贸易公司而言，在供应商那里的信誉不是一天建立的，而是日积月累积累起来的。

贸易公司与供应商相互制约：贸易公司拥有较为宽广的视野，一家供应商仅仅是其业务范围的一个点，市场上永远有比之做得更好、性价比更高的产品出现，促使供应商与之看齐；

贸易公司与供应商相辅相成：几乎每一年，我们都要往全国走一遍，拜访业内做得比较好的龙头企业，看看它们的新品，新专利，新发明，并为它们带去一线市场的信息，和成功的人一起交流，相互切磋，比单纯地报班更能"学以致用"。

➤ 贸易公司与员工的博弈：保证公司根本不动摇充分授权

公司曾经发生过这样一件事情：业务员小 C 借用公司的信息和资源，与直接采购 A 单位的领导关系搞得很好，就动了将实际使用单位 B 单位本来采购一线品牌产品的需求，替换成二线品牌，从中赚取更大差价的念头。

产品采购预算是 300 万元，替换成湖北的一个二线品牌后，成本价可以做到 150 万。佳威是不允许这样做的，那么他就需要重新找一家贸易公司过账、开发票，给予这家公司 15 万元的过账费用。由于前期需要垫款，为此他不惜抵押了自己的房子，东拼西凑凑了足够的垫资费用，后来过账公司发现利润差价巨大，临时加价，加到 30 万元，他无奈只好也同意。

前面这些都是小插曲，等他万事俱备后，设备运到 B 单位，B 单位以非指定采购品牌拒绝收货，只好原路退回，这才东窗事发。

作为老板最难包容的就是员工的野心，但没有野心的员工他的业绩往往也不好。如何权衡，这当中隐含了太多东西，不管怎样，贸易公司的创始人一定要掌握公司的核心业务，因为你首先要保证整个公司的运营，以此为前提，再充分授权业务员开展销售活动。

➤ 做企业，创始人的个人能力虽然重要，但它并非成败的决定性因素

把创业者的个人能力放在第一位显然是错误的，商业模式比个人能力更重要。模式不同，导致的结果千差万别。

因为成功，不仅考验着一个人的情商和智商，还有运气等综合因素的体现，这就是为什么我们中国人做事讲究天时地利人和。

当然，关于成功的定义，也是众说纷纭，人外有人，天外有天。但我们至少可以让自己能正常地吃得下，睡得香，企业能够正常地运转，并在未来有所发展。如前所述，那样的商业模式无异于饮鸩止渴，市场规则是残酷的，很多创始人因此深陷债务泥潭，完全丧失了斗志，得过且过地挨日子，不仅对自己的身心是一种摧残，也为家人带来了麻烦。因此也可以这么说，如果方向不对，即使创始人的个人能力很强，也会适得其反。

这就需要个人对行业、对市场有所敬畏，有所为有所不为。

佳威发展至今天，放弃过很多业务，也放弃过很多客户，但也有很大的收获：在道路施工、养护、运输建设、环卫、清障车、电动车、应急类车辆、船舶、公安产品、消防产品等领域均有涉足。其中道路施工、养护、运输建设三大领域在全球 183 个国家服务终端的大部分产品共 2000 个，合作品牌有中国重汽、中国中铁、中国交建、中国中冶、中国建筑、湖南路桥、湖南建工等，年营业额达亿元，国内计划在西安（已建）、新疆（筹备中）、西藏（筹备中）、南宁（已建）建立分公司，海外计划在乌兹别克斯坦（已建）、缅甸（筹备中）、坦桑尼亚（筹备中）、巴西（筹备中）建立销售办事处。

➢ 至于人员管理及团队打造，我秉持无为而治的原则

老子《道德经·第十七章》阐述了管理的四种境界："太上，不知有之；其次，亲而誉之；其次，畏之；其次，侮之。信不足焉，有不信焉。"

大致意思是，最好的管理者，人们并不知道他的存在；其次的管理者，人们亲近他爱戴他；再次的管理者，人们畏惧他，敢怒不敢言；最差的管理者，人们蔑视他，不信任他。

老板和员工其实是一样的，只是承担的风险不同。佳威给予员工的薪资待遇高于一般水平，实行双休，严格遵循法定节假日，甚至年底假期长达 20 多天，相当于一个小寒假，让他们可以多陪陪家人，把家庭照顾好。每个月开一次会，30 分钟内结束。

去年一场大病，我休整了一年，此期间公司依然正常运转，这大概是创业以来最值得我自豪的事情了。

经此一役，令我有了新的感悟：一叶一菩提，一人一世界，你所能感知到的世界即是你对它的解读，与自己和解，就是与世界和解，没有什么是比健康的身体和愉悦的心情更重要的了。

颠沛流离的年轻岁月，见缝插针的自学，成全了我的梦想

【导读】

"自己"这个东西是看不见的，撞上一些别的什么，反弹回来，才会了解"自己"。所以，跟很强的东西、可怕的东西、水准很高的东西相碰撞，然后才知道"自己"是什么。——山本耀司

> ➢ 都说门难出贵子，不过，如果你真的想要向上，其实是没有什么能拦住你的，除非你自己放弃。

我叫黎志华，是一名80后。就在我们那一届之前，中专生毕业，国家还包分配工作。在祖辈为农的庄户人家眼里，这是一个"很吃香"的选择，因为可以缩短上学时间，早点出来参加工作，为家里减轻负担。

彼时，作为20世纪50年代出生的父辈们，他们经历了大饥荒以及难以言说的动乱，既缺失学习的机会，又缺乏工作的机会。只能面朝黄土背朝天勤勤恳恳守着几亩田地过活，培养出一个"中专生"，已是家里所能承受的极限。

所以班上成绩好的，基本上都会考虑中专。

我是1997年的中专生，就读的湖南省机械工业学校，属于国家重点中专，还未意识到这是一个特殊的年代，我们那一代人，正处于中国教育大改革的夹缝之中：中专不会再包分配，且大学扩招了。

这意味着将来出去找工作，从学历上，我们没有任何优势。

快毕业时，陆续有单位来学校招聘。这期间不乏名声在外的优秀企业，比如浙江的人本集团。通过层层筛选，我被人本集团录取了。作为第一批被录取进入人本温州总部——温州市轴承厂工作。这家公司彼时已是中国轴承领军企业，以浓厚的企业文化、待遇高、福利好而广为人知。也相当于是制造业的"黄埔军校"，多年来培养了很多相关人才，从人本出来的人，基本上同行企业都抢着要。人本集团当时是半军事化管理，新人报到首先要拉去进行一个月军训，每天站军姿 2 个小时，跑步 5 公里。我们学校一共去了 8 人，其他 5 人受不了这种高强度的训练，被淘汰了。最后只留下 3 人。军训结束后领导看我的性格比较内向，做事又认真严谨，将我分配在质检科。

这份看似轻松的工作还是让我蛮失落的，因其与我的专业相去甚远。

半年后，我从人本集团出来，在温州的一家加工店做学徒。店里的机器 24 小时都在转动，实行的是两班倒 12 小时工作制，劳动强度大，工作时间也很长，月薪仅有 300 元。当时店里请的一个做三维逆向造型的北航本科生月薪 1.6 万元，虽然他也不轻松，但这个薪水在我们看来已经是天文数字了，店里做编程的都有 7000 元/月。

而这一年是 2000 年，这时一个普通市级公务员的工资才 1500 元/月，一名乡村教师的工资也才 600 元/月。

在车间拿着 300 元/月工资灰头土脸的我，无比羡慕人家可以着装整齐地坐在办公室里拿着比我多得多的工资。但当时要学习编程，外面的软件培训班培训费就需要 1 万元，令我怦然心动又望洋兴叹，车间在楼下，办公室在楼上，有时候抽出一点点空隙，我就会偷偷溜到楼上去瞄一眼。

2001 年过年我没有回家，主动留下来替老板守厂。守厂期间，基本 24 小时待在办公室，别无他事就打开电脑，开始自学编程。

> ➤ **年轻时，可以不要过早地尘埃落定，历练是一笔真正的财富**

2002 年 6 月 5 日，我去了上海。下了火车才发现无处落脚，又舍不得花大几元去住酒店，便在上海火车站前的人民广场待了一个晚上。刚刚步入夏天的上海，气温依然比较低，尤其在晚上，冻得人异常清醒。我坐在广场的一片树丛阴影里，看着人群如潮汐涨落，我想着未来会是什么样子，到底会在哪里停下追寻的脚步，虽然我并不知道我追寻的到底是什么，但纵然再迷茫，毕竟一直在路上。

一个月后，在上海进入一家台资企业。各种繁杂的人事考勤制度，动辄罚款扣钱，感觉既没有人情味又学不到什么东西。听同学说，有一家宁波工厂在招编程人员，这时候我自学了一段时间的编程，并未用于实践，也不知道自己到底能不能行，怀着一颗忐忑不安的心到了宁波，这家工厂将我留下来了，月薪 4000 元。

刚好这里有一个老乡也是做编程的，我白天上班，晚上便去老乡的办公室请教，他入行时间比我长，有些经验，但其实也处于摸索阶段，兴致一来，两人经常废寝忘食地切磋到半夜。

出不起培训费，书还是买得起的，虽然那时候新华书店里关于软件编程及数控自动化的书很少，但已经足够吸引我隔三岔五去报到。存了点钱后，基本上所有的软件书我都买了。

在工厂，编程是一个相当重要的环节，如果程序不对，可能会导致设备撞机损坏，甚至零部件直接报废。适应一个月后，我开始正式独立编程，结果发现比其他人做得都好，这种成就感启动了我职业生涯的正向增强回路，在宁波的 1 年时间里，我的编程水平日渐精进，从新手上路到了融会贯通的阶段。

有一技之长傍身，这时候心态也渐渐地从容，还是想多学点东西，提高一下自己的学历。

2004 年从宁波回到长沙，来到湖南大学一校办工厂，在校办工厂上班，开始了半工半读的生涯。两年后，我拿到了大专文凭，2007 年我的本科自考 20 多门课程全部顺利通过，拿到了本科文凭。

拿到毕业证后，去了一家制造业贸易公司做销售，想通过销售锻炼自己，改变自己内向的性格。因为我发现表达能力和沟通能力对于任何岗位来说，都十分重要。我在这里待了两三年，虽是销售岗位，干的依然还是技术（数控刀具、数控编程软件的销售及工厂加工的编程工作），表达水准依然没有达到自己理想中的状态。

➤ 买房还是创业？这是截然不同的两条人生道路

那时候手里存了 10 多万元，已经够一个房子的首付，也恰好够一台设备的首付。当时看了好几处楼盘，转念一想，买了房子岂不是一辈子要当房奴了吗（贷款二十年）？感觉那人生太没意思了。如果买了房子，背上贷款，那么工作就会一直求稳定，也许几十年后，会有一套房子，外加一份较为稳定的工作，但这样的人生是我想要的吗？

买了设备意味着从此就会走向创业的不归路，也要还贷款，这条路看起来更为艰险。

很多哲学书里认为人生是没有意义的。

没有意义的人生却可以代代延续下去，到底是一种什么样的原动力在驱使呢？

我想更多的是对于未知的一种好奇吧。

小好奇会有自己的小确幸和小期待，日子也能有滋有味地过下去。

大好奇，也会于险象环生于惊涛骇浪之中，有着另一种豪迈与精彩的表达。

我决定还是买设备，至于厂房，就设在雨花区花桥社区一间简陋的棚子里。

很清楚地记得，那台机床的总价是 33.5 万元，在设备厂家采取分期付款的方式贷款 15 万元，由于那时候不熟悉公司运营，挂靠在同学公司名下两年，实行独立核算。为了生存，我们接了很多别人不愿意做或者做不了的单，有的甚至是"烫手山芋"的单，通过不断"啃"难"啃"的骨头，慢慢地有了点小名气，也有了一批固定的客户，但我没想到这还不是公司最难的阶段。

2013 年，长沙世茂机械有限公司正式成立，并扩大了"规模"增加了好几台设备，工厂扩展了几十台设备。工厂的业务、采购、预算、报价、质检、入库、人员的变动、生产环节的协调和内部控制、设备的维修以及交付之痛，回款不好、设备没钱被锁、月底了员工的工资一分不能少……各种问题一股脑全部涌现，很多环节根本无法控制，只能硬撑，每天超负荷的工作量，导致一位同班同学在我这里工作了一年后实在受不了离职了。

蛮长一段时间里，那种有心无力的感觉如影随形，真的很痛苦，整个人处于崩溃的边缘。公司就像一艘到处漏水的大船，如果我就此被这股大浪卷走了，可能就永世都难翻身了，一种求生的本能，让我死死拽住船桅上的风帆不肯松手。

所幸，经过一段时间的磨合后，公司逐步走向了平稳。

➤ 永远不要忘记初心，但这个初心和初期的目标是两码事

虽然我以技术见长，并不懂管理。但我辗转流离的打工生涯所经历的一切，就像一面镜子，让我思维清醒，知道如何和员工相处。因此，我的公司没有 24 小时两班倒的作息制度，也不会动辄罚款扣钱，并尽我所能，给予员工尽可能好的工作环境和轻松的工作氛围，甚至帮助解决他们生活上的一些困难。

因此公司人员还算稳定。

回望过去，只有一个很深的感慨：永远不要忘记初心，这个初心指的不是起初你要做什么，而是你最初创业时那种对业务的饥渴感，那种蒸不烂、煮不熟、捶不扁、炒不爆的毅力和孜孜不倦、咬紧牙根的奋斗激情。

2018 年，经历了数次厂房搬迁后，我在星为创芯园区里买下了 500 平方米厂房+200 平方米的办公区域。至此，世茂机械也成长为一家拥有 6 台数控机床、一台龙门加工中心和 3 台车床及铣床、磨床、中走丝线切割等设备，具备完整的从设计出图到精密零件加工的一站式供应商。

合作的客户有博世、索恩格、三一重工、军工领域及一些科研单位等。在军工这一块，我都是亲力亲为，生怕出半点差错，不要说军工的利润如何，就算没有什么利润，我也会去做的，因为这是为国家国防作贡献。

诸葛亮出山时插曲《卧龙吟》所唱："归去归去来兮，我凤愿，余年还做垄亩民。"诸葛亮躬耕于垄亩，本想"苟全性命于乱世"。却在刘备三顾茅庐后盛情难却出山入世，就此走向一条荆棘密布的道路，但他还是希望功成身退后，可以回到南阳躬耕、抚琴。

所以，我还是以数倍的价格，在梅溪湖买了房。

垄亩民是我的网名，取这个名字时，还是个意气风发二十余岁的少年，表达的是一种"宝剑匣中藏，暗室夜长明"的怀才不遇之感。余年还做垄亩民，这是人生的另一种圆满。

中维建：靠吃苦真的能成就一番事业

【导读】

创业就是与这个世界的能量交换。

当你一无所长，也没有学历，更没有任何家庭关系和背景的时候，吃苦就是你与这个世界唯一交换的资本，除此之外别无其他。

为了吃苦而吃苦是毫无意义的，今天的吃苦是为了更好的未来，所以除了吃苦，你还需要作出一点别人做不到的努力。

这点努力将在你吃苦的基础上改变你的人生：

从只有初中学历到中南大学的 EMBA；从做苦力的施工员到高级工程师；从做分包业务的边缘型小公司到区县纳税大户，从普通的外地人到成为长沙县政协委员，逆袭就这样在中维建技术有限公司创始人尹青先生身上发生。

➤ 年轻之所以美好，是因为相信一切皆有可能

沿着蜿蜒的山脊，十七八岁的我一步一挨地缓慢前行在窄窄的羊肠小道上，随着两边的灌木丛越来越密集，路也越来越难走，虫蛇鼠蚁窸窣有声，背上的河沙越来越沉，腰弯成 90 度，只能大口大口地喘气，胸口仿佛要被什么撕裂，嗓子干得要冒烟——这就是我曾经工作过的环境，不是写字楼，没有空调，也没有人烟，寻常人空手走一趟来回都要大半天时间，这是我当年在山区建通信基站背负材料的场景。

1978 年，我出生于安徽省宿松县的一个普通农村家庭，家里兄妹三人，全靠父母种几亩庄稼过活，清苦而贫寒。因此作为长子的我不得不早早就辍学准备去外边打工，那时候的我暗暗发誓，将来一定要出人头地。从那时候起，我的心中就埋下了一颗希望的种子。

可是我一无背景，二无一技之长，只是当时千千万万去城里务工的农村青年中的一员。那个年代，还存在着"人口红利"，找工作的人挤挤挨挨多如牛毛，只有人家企业选人，不是特别突出的精英人才没有选择的资格，更何况一无所长的我。

有好心人劝我务实一点，不要想太多，他们以过来人的经历告知我，一个普通平凡的农村孩子要出人头地是很难的，社会的毒打迟早会让我头脑清醒。

头脑清醒就是认命吗？虽然此时的我尚且一无所有，可是我还年轻，年轻的好处就是，当你不信那个邪的时候，说明你的精神是自由的，并未被眼前的穷困与"过来人的经验"所禁锢；人生不惧风雨，最怕没有梦想，我总是仰望着星空。

综合衡量了村里人外出打工常干的工作"做工地""做流水线工人"后，我经过多层关系寻找，联系上了一位在广东一家通信公司工作的老乡，经他介绍，我进入该公司成为一名通信技术员，主要和同事们一起做通信基站的工程施工工作——虽然也一样干着砌砖、背水泥的活儿，但毕竟和技术挨了点边儿。

农村的通信基站一般建设在高山峻岭之上，羊肠九曲，崎岖不平，无法用机械作业，沙子水泥需要人工肩挑背扛地弄上山去，跑一个来回几乎就要小半天的时间。我身形比较瘦小，但每次都坚持和别人背一样重或者拿一样多的东西，不愿落人之后，从那时起，好强心和不服输的精神就深深地成了我的烙印。虽然辛苦，但心里很踏实，正是因为能吃苦，所以我才更加珍惜这份工作，所以才能立足。

➤ 永远比别人多付出一倍努力，勤真的能补拙

别人进步，我加倍努力；别人努力，我便燃烧自己。

有一天工作完毕回到公司，在门口碰到两位同事背着手提电脑，那个时候

手提电脑不多，我便问他们是不是在做更有技术的工作，他们告诉我在做通信网络维护。得知或许有更好的发展机会后，我无比激动，我想，这又是一个改变我命运的开始，我第一时间找到公司领导，汇报了我想从事维护工作的想法，希望公司领导给我一个机会。由于我的真诚，领导给了这个改变我一生的机会，我正式从事通信网络维护工作。

第二天，我找到了一个电脑培训机构，正式开始了电脑基础知识的学习，同时，也正式开启了新的工作。那个时候，学习和成长成了我最感兴趣的事，一边工作，一边学习，一边提升自己的技术，一边提升自己的能力，白天在外面做基站维护，晚上抽时间学习电脑专业知识便成了我的两点一线，我也乐在其中，享受着努力和付出带给我的成果。做基站维护涉及点多面广，专业技能的提升是最重要的工作，我跟着师傅学，一点也不敢怠慢。半年以后，通过自己的认真和努力，我成了当时基站维护团队中的中坚力量，成为一名责任心强、工作细致、技术过硬的维护技术员，得到了公司领导和同事的高度认可，很自然地提拔我为基站维护主管，自己带着团队做基站维护工作，我的岗位和职责又一次很直接地发生了变化，成为公司的维护主管。

➤ 无限风光在险峰，不管你身处任何境地，学会欣赏风景应是人生第一功课

做基站维护首先要克服的就是恐高。

第一次站在 50 米高的铁塔上往下看，人如蝼蚁，树如剑鞘，草如墨痕，不禁两腿战战兢兢，不由自主地发软。但很多时候，当你没有别的选择时，只能选择去接受，其实，我也曾经恐高过。

一次，两次，三次……无数次，我攀爬于铁塔顶端、匍匐于电缆之上，突然有一天我学会了站在高处欣赏远处的风景。

山高人为峰。站在铁塔上，穿梭于电缆之间，看到远处的村庄与田野，山川与河流，于"仰观宇宙之大"中感知自身的渺小，又从"俯察品类之盛"里察觉到渺小的自己生存于世的意义：因为有你，有我，有他，所以才有"品类之盛"，因为有"品类之盛"，才会成就"宇宙之大"。

2002 年 3 月，因公司发展需要，我被调至湖南长沙，成为一个部门负责人。后出于个人职业生涯规划的需要，我跳槽进入湖南本土一家通信技术公司，成为技术部负责人，一边努力工作，一边不断学习。几年时间，我先后报考拿到了通信工程师证书、电大本科学历、中级职业经理人证书等——只要工作上需要的一切东西，我都会努力去做到。

2004 年，我进入了另外一家知名的集团公司，为他们负责湖南区域业务。在经营和管理一段时间后，由于项目管理模式上存在一些问题，于是我便和公司领导沟通，能否由我来承包，实行项目负责制，经过我的积极争取和充分沟通，公司领导同意了我的想法，我从原来公司的管理人员变成了自主经营的负责人。

➢ 社会很现实：当你一无所有的时候，吃苦做实事是你唯一的立足之本

起步比我预想的还要艰难，项目承包下来了，兄弟们每个月的工资要每个月按时付给大家。可甲方要走流程，时间上总会有一个周期，我只好两三千元、一两万元地借，东拼西凑绞尽脑汁地给大家发工资。我想，责任和诚信是我的立足之本，不管再难，也要对大家负责，因为大家都要养家糊口。

最难最难的时候，身上毫无分文，为了给大家发工资，已经顾不上什么脸面了，直接找员工借钱，借 1 万块钱，一个月利息 500 块，其中的艰辛，很难用言语来表达，当时的我只有一个信念，再难也必须坚持。

创业前两年受各方面的影响，基本没开发太多新的业务，加之要上交很大一部分利润给到公司，自己基本上也没太多利润。但比赚钱更有价值的是认知进一步提高了，接触的人多了，人脉及各方面的资源也都丰富起来。

2008 年，我们在湖南长沙杨家山注册了公司。当时的公司仅有我和我同学两个人，办公室面积仅有 40 平方米，想想那个时候，再看看现在的公司规模，我觉得所有的努力都是值得的，而且，所有努力的付出都是有回报的，你的付出在哪里，你的收获就会在哪里。

2009 年，我们迎来了真正意义上属于公司的第一个客户。当时自己既当老

板也当工人，从工程分包做起。由于这段时间公司没有资质，分包业务的利润点极低，施工难度还很大，困难可想而知。但我们并没有因为利润低就偷工减料，能做到百分之百的，绝不做百分之九十九的事。

因为社会很现实，不然你拿什么来立足？网上有很多鸡汤大家不爱听，是因为它们脱离了现实，只是一味地叫人吃苦和承受，为吃苦而吃苦永远是毫无意义的，暂时的吃苦就是为了未来不再吃苦，为了更美好的明天。

> **➤ 对员工好就是对公司好，因为员工永远是公司不可分割的一部分；对公司好，是为了更好地"对员工好"**

自公司成立后我们一直在苦苦坚持，每年都会树立一些小目标，同时也在做着长远的公司发展规划。

做的时间长了，只要有利于公司在行业里的一切证书、资质我们都会努力去申办。就这样，我们一边在发展业务，一边在用心地经营和管理，一边在申办公司发展的资质。慢慢地，在行业内我们也得到了认可，并小有名气，从2013年起公司终于开始发力，多年以来，公司的营业额一直保持15%以上的正向增长，我们的知名度、影响力、核心竞争力和品牌价值都在不断增强。

竞争激烈，业务难做，于是很多公司便把如何攻克业务作为重点。而我们，更多的是一直狠抓公司的基础管理工作，一直把工程质量、安全生产和客户的认可作为工作的重点，不可否认，先发制人有先发制人的优势，但基础打牢，质量抓好，确保安全才会让公司走得更远、更稳。

一直以来，公司都把人才当作公司发展的第一要素，很多同事，跟着公司一干就是十年，大家都已经将自己深深地融入公司，公司是大家的依靠和寄托，是大家的信任和责任，也是大家的希望和信心，更是我们温暖的大家庭。

我也曾是一线员工，更能懂一线员工的疾苦，俗话说，穷则独善其身，达则兼济天下。"兼济天下"之前，先把公司内部员的工福利待遇保障好才是真的，公司提出了"共同创造美好生活"的理念，设立了"中维建爱心基金"。多年以来，我们一直积极和各位同事一起以实际行动和大家一起创造美好生活，中维建爱心基金一直帮扶企业内部的困难员工爱心助学。扶贫帮困，同时为社会做了大量力所能及的帮扶工作，每年捐款超过十万元。

有收获也有遗憾，因为基站维护工作是两三年招一次标，如果某一年，我们这个地区没有再中标，就意味着这些多年来跟着公司干的兄弟们将失业或去别的公司，这时候我们会感到不舍。多年以来，大家已经成为一家人，公司这么多年的发展，都是所有兄弟努力付出和打拼的结果。

> ## ➤ 放低姿态，永远以空杯心态，汲取一切有营养的东西

只要有时间，我每天都会通过一切途径和一切机会学习，来者不拒。

我读过 EMBA，成为高级工程师，也有了很多不同的身份，但我一直有一个不变的身份，永远是学生。我爱学习，空闲下来会看政治、经济、管理类的书籍，偶尔也看微信公众号的鸡汤文，对我来说，身边的一切均可为我所用，我喜欢读书，爱好记录，善于思考，寻找策略，总在不断思考中去寻找人生的价值和企业成长的方法。

我有每天散步的习惯，锻炼身体也健康大脑。有时候大脑出现了一个想法，我就会马上记下来，然后仔细斟酌，到底能否付诸实施。如果可以，那就付出百分之两百的努力去做到。

经过多年的打拼与积累，公司目前各项资质齐全，在信息通信服务业已经具备了一定的能力和实力，基本搭建了一个面向全国的信息通信服务平台，目前公司年营利3亿元，提供税收300多万元，每年解决就业人数百万人，公司累计向社会捐款超百万元。未来已来，在国家"十四五"规划的开局之年，公司重新规划了新的发展战略目标，正在为把企业打造成为10亿元的目标而努力奋斗。

我一直认为，每个人，他永远只有一个对手——自己。当你每天都在努力，都在进步的时候，你就真正战胜了自己。路虽远，行则将至，事虽难，做则必成。无论我们身处何时何地，多读书，勤思考，我们一起登高望远！

一帆风顺的创业，来自于擅长开辟第二增长曲线

【导读】

　　企业其实也是一个有机生命体，创始人的专长、脾气秉性、格局、决策即为它的基因，产品的更新迭代可视为它的新陈代谢；就像人类母亲在最年轻力壮的时候开始的繁衍其后代，第二增长曲线，在企业鼎盛时就要开始启动，可视为它生命的突破和延续。

【创业自述】

➤ 不管在什么岗位，坚持在同一领域深耕，行业的积累会给你加持

　　互联网兴起后，有一个流行词叫作"跨界打劫"。跨界打劫对于轻资产运营的行业来说，可能会成功，因为互联网+就是它的特色。但对于制造业，是很难做到的。很多人的人生是断裂的，从这个行业轻易跨到另一个行业，没有一个核心点，如同飘忽不定的浮萍，不能扎根，就很难成事。

　　白手起家的创业者，没有那么多的试错成本，只能通过时间的积累，日复一日地耐心聚焦人生，来成全自己的梦想。

　　我出生于 1977 年，就读于湖南省机械工业学校工厂电器专业，主要学习电

器和机械制造。在那个年代，拥有一技之长，总有用武之地。周末学雷锋小组帮学校社区修电视、收音机等家电，暑假倒卖二手闲置设备，在公司当学徒翻新以及维修机床，总共可以赚个 600 元。

1997 年后毕业进入了一家集体企业的机电公司，因为学校学的是机电专业，去了之后从事售后、维修，动手能力还不错很快就上手了。1997 年时能拿到 800 元/月，在当时还算是高薪。

工作几年后，由于多元化经营资金挪用，该公司经营渐渐困难，我也有了离开的念头。领导多次找到我，希望我能接手盘活，并表示了这样一个意思：只管放手大胆去做，如果赔了算他的。

那时候我只是在公司负责业务工作的小员工，临危受命需要把公司盘活，觉得责任重大，骑着摩托四处奔走找客户跑业务，风尘仆仆，餐风饮露不觉苦。公司渐渐有了起色，我也积累了一些经营管理上的经验。随着公司起死回生慢慢步入新的阶段，公司逐步由共同经营的同事打理，直到 20 多年后的今天基本还是由原班人马经营，我们经常聚在一起聊聊往事。这些经历对现在的生产制造起了很大的作用，比如生产线用的装配工具，工艺改进都极大地提高了效率。

➢ 市场的微笑曲线：不在平庸中爆发，就在平庸中煎熬

顺高机电是我真正意义上自主创业的第一家公司，成立于 2007 年，经销代理知名品牌台湾复盛空压机。我喜欢把一件事做精做细，做到极致，在发展势头正好的时候，考虑拓展赛道。经济学里有个概念是"微笑曲线"，即价值最丰厚的区域集中在价值链的两端——研发和市场。

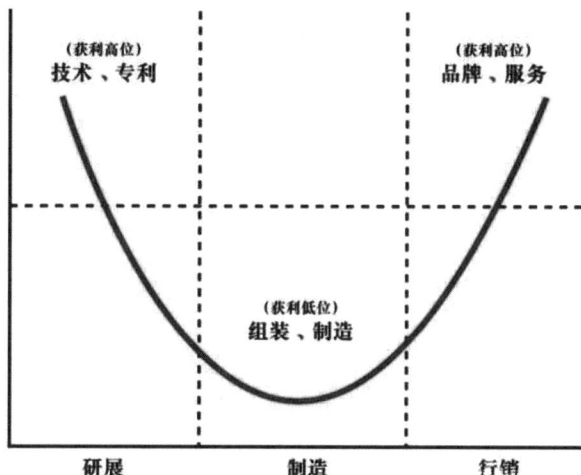

因此顺高机电要继续往上走，要么做好研发，要么做好市场。但那时候市场已经被我做到了极致，我们的业绩在复盛的经销商中一直名列前茅。后经过不懈的探索和试验，顺高自主研发了一个颠覆行业的产品——为砼站粉料输送量身打造的低压智能粉料输送系统，油改电的安全环保属行业首创，就这一单品，每年可为公司带来 3000 万元的营业额。另外还有一个每年同样为公司带来几千万营业额的单品——砼站专用螺杆空压机，更节能，维护成本更低，填补了国内外技术空白，引领行业产品技术和服务全面升级。

如果你是做 ToB 端的客户，比较简单，那就力争拿下行业排名前 10 的客户。秘诀就是不断做产品优化：提高质量，降低成本，做好服务，顺高机电运营多年，跟三一重工、中联重科、徐工集团、山推建友等行业龙头企业长期独家合作。

经历多年发展，随着市场越来越成熟，需求关系逐渐稳定，事实上顺高的增速已经放缓，即将达到行业天花板。

> ➤ **开辟第二增长曲线的原则：做人家不想做的，然后做成别人不能做的**

到底做什么？定然是与空气相关的，这样顺高机电积累的行业资源和经验可以最大限度地赋能新公司。

卖给谁？经过详细调研，我发现乡镇社区基层医院的制氧设备是一个被忽略的市场，很多医院基本上还在采用传统的罐装氧气，遭遇碰撞或者受热后容易爆炸，发生安全事故。中国地大物博，全国数百万个医疗卫生机构，且随着科技的进步和人力成本上升，各基层医疗卫生事业将进一步完善和落实，我认为这一个潜力巨大的下沉市场。

就这样，卓誉作为第二增长曲线，以现在的顺高机电公司为母体，历经四年的研发，花费了巨额资金和大量时间，淘汰了四五款未达标的产品后，终于有了喜人的结果：卓誉集成一体制氧系统的稳定性和集成度引领行业，制氧纯度稳定在94%以上，最高达99.5%，24小时连续运行，氧气达到0级颗粒物，解决了县城、乡镇等社区医院用氧安全和供氧不足的难题。2022年又开发出面对C端研发的全屋智能供氧系统，产氧量大，噪音低，运行稳定，无原材料。产品一出来便供不应求，又将开辟民用消费市场卓誉的一片蓝海。

2019年年底卓誉制氧机经过国家相关检测和批准，正式对外销售，还没有卖出几台，迎面撞见湖北武汉疫情暴发，媒体报道新冠病人医院氧气告急，接到前线医疗机构求助电话后，马上组织安排人员送货，深入湖北一线根据需求捐出近千万元的制氧设备。

企业做大，就不能把追逐利润作为唯一的目标，必须超越这个目标，带领团队往更大更广阔的方向走。

➤ 常怀感恩之心，用大爱推动企业更上一个台阶

人首先要感恩，众所周知，能量是守恒的。在是大自然无私付出的基础上，才构建了人类庞大的文明，能量流转，生生不息。

人的欲望是无止境的，但事实上我们每个人的吃穿用度也只有那么一点。人生的意义肯定不是吃喝玩乐，而是在生命的长河中，你润泽了什么，为别人带来了什么，是否让这个世界变得更为美好。2008年，汶川大地震，举国皆悲。看着满目疮痍，我心里很受触动，特别是断垣残壁中散落的书包、课本。2009年，我想为地震灾区捐赠一所学校，但因为程序太复杂，始终未能如愿。

此事一直搁置心头，心意难平。一次偶然的机会，造访了中国近代革命家

陈天华的故乡湖南新化县荣华乡乐华村，因交通闭塞，此地的人们竟然过着此般生活：摇摇欲坠的木房子，有家农户的男主人腿都烂得都能看到骨头了，也不去看医生；尤其是学校，厕所不分男女，蛆粪满地；教室四面漏风，仅由几块木板用钉子敲在墙上做黑板。于是我决定在这里给孩子们建一所希望小学。

那段时间很忙，但我仍隔三岔五就往那里跑，高速公路还没通需乘坐轮船远渡，每次来回都要花费一天。看着学校从打地基到砌墙体、盖瓦、做外墙装修，再到室内粉刷，一点一点成型，这种成就感是做了多少业绩都无法相提并论的，在那时，我找到了生命的意义和答案：人是为了这世界的美好而来，来也是为了让世界变得更美好。

➤ 端正价值取向，坚守社会责任，做有使命感的企业，与员工相互成就

做企业，最初是因为某种产品"被目标客户需要"。

后来，因为某种影响力和更新的价值"被社会需要"。

不被需要的企业是没有生命力的。

所以，利他思维是创业者的基本思维，这个利他，指的是真正意义上的利他，而不是"为了达到自己某种目的"去利用他。只有整个团队从谋求个人私利私欲的桎梏中解放出来，整个团队才能产生化学反应，迸发出巨大的能量。

卓誉多年来热心公益，其实对于员工也起到了示范作用。当一个企业，自觉承担起社会责任，就会获得员工的认可，因为他也是"社会中的一员"，另外还给了员工一个信号：公司对社会是负责任的，对员工当然也一定是负责任的。

当经营理念实现了升维，意味着企业再次获得成长和存在的价值。

卓誉对于经销商也是这种思维，不是你能给我卖多少货，我可能更先考虑的是能让你赚多少钱，并尽可能减轻他们的负担，全力协助他们开疆拓土，帮助他们成长。

企业不是靠某一个人的力量就能做大的，而是依靠团队逐渐发展起来的，人是第一位的。

当前卓誉员工的薪水并不高，甚至有的比一般同行还低一些，但大家都相

信只是暂时的。卓誉的管理便是给予核心团队不同阶段的不同任务和使命，并通过大家的齐心协力，解决核心员的工财务问题。

我们从来不强制性地要求任何一个员工加班，但有时候会碰见加班甚至因为加班晚了经常在公司打地铺的员工，就算没有人知道也没关系——他加班不是加给谁看的，只是想把工作做好。

我从来没有担心过员工离职，就像员工从来不担心卓誉会亏待他们——老板身正，员工才会信任；公司名正才会言顺，人间正道是沧桑！

➤ 格局放宽，站在更高的角度解决问题，把不可能变为可能

2021 年，卓誉已经实现全面盈利，与顺高机电形成正双位增长。承接国家战略工程新建川藏铁路全线 80%的供氧项目，合作客户遍及中建、中铁、葛洲坝十多家央企和全国 500 多家医院及海外 10 多个国家。

卓誉，寓意即是卓越品质，誉满全球。

近几年疫情与战争的发生，各行各业的企业都遭受全球产业链重构、贸易摩擦升级多重冲击，卓誉一直以技术创新为核心，加大研发投入解决"卡脖子"问题。产品零部件原来对日本和德国进口依赖较大，通过近 2 年时间的研发由零部件减半设计以降低成本提高稳定性，集成部件完全自主，同时申请美国、日本和欧盟的多项发明专利，成为全球医用制氧行业的领导者。

制造业的生命力永远在于创新，不是你颠覆市场，就是市场颠覆你。卓誉，永远在路上。

乡土的逃离与回归：高学历"包工头"的笑与泪

【导读】

中国乡村并不尽是"田园诗意"，里面还充斥着愚昧与狭隘的认知。当"诚信与契约精神"迎面交锋，"于我有利，可以歪曲所有事实"。我们是否还要坚持？或者说，是否值得坚持？

2016 年，喜来居创始人周国华先生联合几位要好的土木工程博士专业的朋友一起进驻乡村自建房行业，迄今为止已近八载。本以为是"降维打击"，却遭遇上了"水土不服"。事情并不如想象中的那么简单，创业者不可避免地要为自己的认知买单。高维的认知里，彰显的是人性善和光明的一面，在低维的认知里就显得很一厢情愿。周国华先生依然在孜孜不倦地求索：他认为解决乡村精神层面的问题，首先要读懂最底层的生存哲学，并利用现代化工具给予匡扶和引导，我们做得很累的根本原因是自身格局不够大，与外界无关。于是喜来居团队以另一种高度重新深刻审视了未来整个乡村。

【创业自述】

➢ 田园将芜，游子胡不归？

窗外，春光烂漫，鸟语呢喃，万物复苏。

我的父亲静静地躺在床上，他即将离开这个世界。

我紧紧地握着他干枯得像树枝一样的手，想多留他一会儿，父亲，等到去年您曾亲手种下的橘子树多长一点芽或者等到门前的桃花都开了，您再走也不迟……

平常一直在外忙工作，从深圳到上海，再到北方，转遍大半个中国。六年前，手握几百万，觉得时候差不多了，便想回老家给老两口重新盖个房子，而房子没盖成，却走上了创业这条不归路。

本想离家更近一些，能够更好地照顾老人，不承想公司事务缠身，做儿子的并不能日夜相伴，这几年医院、家里反复折腾，苦了父亲，却也累了母亲！

偶尔回家帮父亲拿换洗的衣服，目睹久无人居的小院里落叶遍地，房前屋后荒草丛生，新房依然遥遥无期，便有一种无边无际时不我待的人生苍凉感涌上心头。

每每接到家里打来的电话，匆匆赶回家里，父亲都能够凭借他强烈的求生欲望撑过一次次难关，每次都会虚惊一场。然而这次，连"虚惊"都不敢奢望！父亲终究没能挺过来，我第一次这么长时间待在家里，可以仔细地看着父亲，由于全身器官衰竭，连昏迷中的他表情也很痛苦。

上学时，我的学习成绩一直不错，是您的骄傲，也是村里人口中"别人家的孩子"。为人父母，总希望自己的孩子好上加好，农村人平常各忙各的，很难有时间凑到一起，于是一家人餐桌上吃饭时便是您教育孩子的契机，各种训斥与责备让当时的我难以理解，也从来没有吃饱过一顿饭，养成了急急忙忙吃饭的习惯。

这样严厉的管教我常常不胜重负，成年后便一直远离家乡四处漂泊，如今我回来您却已经老了。且一直缠绵病榻，痛苦地与病魔作斗争，我们似乎极少有机会好好地说上一回话。

此刻，我才真正地意识到，人生并不在于挣多少钱，弥足珍贵的是和家人待在一起的时间。当离别的笙歌响起，那些来自记忆深处的欢笑与温暖是孤远岁月的慰藉也是救赎。

> ➤ **农村孩子，没有遇见贵人，提升学历几乎是唯一出路**

从听话的孩子到不听话的孩子，我的青春被撕裂，一半丢在如牛负重的乡土里，一半辗转在繁华大都市中。令我如此着急摆脱农村，不仅仅是因为严厉的父亲，还有田间地里那种劳形苦心几乎脱一层皮后不对等的入不敷出。

后来我终于如愿以偿上了大学，灯红酒绿的城市繁华中，不无歆羡地想，何时，我也能在这座城里尘埃落定，那该有多好。

大学毕业后，拿到的薪水却微薄得不值一提，与想象中的生活相去甚远。做了诸多尝试，也曾拖着箱子走街串巷搞过推销，几经周折依然不无失意地而又满怀憧憬奔赴传说中"打工人的淘金圣地"——深圳。

在深圳与几位一起南下的同学租了个小房间，五六个人一起住，仿佛又回到了住大学宿舍的时光，日子艰难却快乐。只要有人找到工作了，便会按照惯例请大家吃一顿，然后搬出去，随着人越来越少，我也进入了一家外企工作。

这是一家超过百年历史的美资家族企业，是全球领先的家居清洁产品制造商之一。外企的管理方式和人际关系都比较简单，功利性更强一些，比较看重学历。从拿着大喇叭在大型商超协助导购搞促销的基层开始，我做到了省区经理，在这个位置上待了好几年，遇见了职业上的瓶颈：怎么也升不上去了，不断自问"我到底差在哪里？"与公司相应级别的管理者一对比，人家基本上都是研究生毕业。我认为还是要继续提高学历，便毅然决然辞职全心备战考研。

直到今天，我依然怀念那个考研的时候。年轻不服输的闯劲与对未来又多了一重遐想交织在一起，完全凭借着一腔热血和长期的自律在孤军奋战，稍微看了半个小时的球都觉得自己在犯罪；早上起床拖延超过 5 分钟都觉得自己对不起自己。考试结束，就像经历了一场剧烈的生死搏击，所有的力气都被抽离。我婉言谢绝了一起参加考研的同学庆祝、放松的邀请，拖着两条沉重如铅的腿，虚弱地走回住处，和衣倒在床上美美地睡了一觉。

没有做梦，但那是有生以来，我睡得最甜美最安心的一觉：当你全身心投入一件事，到了最后它竟然并不是煎熬与痛苦，而是如此"充实而又光辉"。

成绩出来了，不出意料地我重新回到了校园——进入大连理工读研。

> ## ➤ 天道：水善利万物而不争

时间并不是你活了多久，而是做了哪些事；时间感的丧失来自心灵的空虚，经过这次考试，我领悟到了一个道理：很多事情，都是可以做成的，只要你肯坚持和付出努力。

放弃高薪的工作，脱产读研两年，当时的学费就可以在我们镇上买两间门面。因此很多人都不太理解。不过前几年工作存下来的钱，计划着用已经足够应付。

大连是一个美丽宜居的海滨城市，空气清新，海鲜充足。这里的猪肉炖粉条可与深圳的猪脚饭相媲美：猪肉的浓情与白菜的淡雅完美交融，色泽诱人，分量足，特别下饭。

学的是金融，免不了染指股市。

"人的生命似洪水在奔流，不遇着岛屿、暗礁，难以激起美丽的浪花。"

在上蹿下跳的熊市牛市中，心智被反复碾压，犹如经历无数次生死轮回。生如夏花之绚烂，死如秋叶零落成泥。整天盯"大盘"，最后一学期，如同福至心灵，我突然有了"盘感"，加上正逢中国"牛市"，连翻的"涨停"下来，投资获得了惊人的回报，挣得了人生中的第一个 100 万。

透过那些起起落落的波浪线，最终明白，你赢便赢在与你不相关，不然身在局中永远是剪不断理还乱。只有看清事物的本质，才能学会超脱，获得解决问题的能力。

对我而言，人生是旷野，并非轨道。

年轻的时候，脚下总是生着风。而后我辗转上海、重庆、东北工作，也如愿以偿成为操盘手，别人眼中"幕后的大佬"。我站在另一种高度遥看过去的自己，恍如隔世。

游戏规则的制定者便是那个做蛋糕又切蛋糕的人，就此我学会了遇事身先士卒，成事最后一个人拿蛋糕。"水善利万物而不争，处众人之所恶，故几于道。"身边的朋友和贵人越来越多，赚的钱也越来越多。

➤ 创业是跑马拉松，活着最重要

2016 年，面对已垂垂老矣的父母与尚且年幼的孩子，我回到阔别已久的故乡。为了更好更长久地陪伴，我拿着原本计划给家里建房的钱，开始创业，做乡村自建房。

然而事与愿违，某些不靠谱的供应商和胡搅蛮缠的客户以及不负责的施工队，让公司交出了昂贵的学费。于是自己的房子没建成，全部都搭进去了。这是新手上路的代价。就在大伙儿有些心灰意懒的时候，我依然精神抖擞，信心十足：我们作为一个公司，团队也已经足够专业，可是依然免不了这样的试错。那么说明试错成本，对于本就不够专业的业主来说，更是相当大的代价，这恰恰说明了我们有存在的必要，有生存的价值。

我的创业一直伴随父亲频繁的住院和出院。怕影响我的工作，父母有时候会瞒着我找邻居开车去医院。父亲走后很长一段时间，我经常会在梦里焦急地开车往医院赶。

多想把公司干起来，像个样子。

没日没夜地扑在工作上，很快我的身体也出现了问题，有一次晕倒在洗手间，被员工搀扶出来。虽然公司的全网粉丝已高达数百万，但公司依然处于半饥饿状态。年过不惑，我已尝遍世态炎凉知道成王败寇。明白很多东西无法言说，也不必说。

然而大浪淘沙，疫情三年后，喜来居依然还存在着。

➤ 自我定位决定我们的价值所在

眼见许许多多的同行起朱楼，眼看他宴宾客，眼见他楼塌了，留下一地狼藉最终悄无声息地隐入尘烟。我意识到这其实就是一个传统的产业。不可能一蹴而就，我们必须从一片混乱中找到自己的定位。

不管是砖混、框架还是钢结构，自建房公司应对自己的存在有一个明确的认识：材料到处都有卖的，施工队在哪儿也能找到，图纸网上一找一大把，你想要什么造型他都能给你画出来，那么要一个自建房公司做什么？

材料各处都有卖，但良莠不齐，业主不知怎么辨别好坏，而一栋房子建下来从结构材料到装饰材料，从材质到规格林林总总加起来数百余种，也就增加了 100 次可能踩坑的风险。首先，自建房公司有较为稳定的供应链，其次，在公司议价权上也很占优势。可以肯定地说，同等规格和质量的条件下，业主自行采购材料未必比在公司采购更便宜。

至于施工队，从我创业前期观摩村里几栋正在建的房子就明白问题的症结了：包工头从接到活儿的第一天就想如何着省工，施工队的师傅们则想着如何"省心省事"，有些地方师傅们领会错了意思，要返工的话，如果业主硬要坚持原则，让他们承担，后果就是下次再做错，他就会憋住不说，等到木已成舟已经就晚了。这就是人性，智者不与人性博弈，而大部分业主一生只建一次房子，单次博弈，对于施工队来说，最优策略就是欺骗。毫不客气地说，绝大多数业主既严重缺乏应对的经验，又缺乏足够的专业度来周旋，最后往往被施工队牵着鼻子走。

建房考验的还是管理水平，而它承担的也是这样的一个职能，也是自身价值所在。因为建房是一个系统工程，涉及设计、施工、材料、监管等方方面面。通过基础验槽、预留预埋、隐蔽工程、成品保护、质量控制、进度控制、安装调试、图纸的错、漏、碰、缺的技术弥补，将一些预兆扼杀于问题产生的萌芽之中，将烦心的事一并接过来，对各个环节进行层层把关和协调。所以整个过程，让业主感觉到轻松愉快。

捋清楚这个逻辑后，才能真正在那些浮光掠影的"流量"中"扎根"。

➢ 未满，才有未来

很赞同王东岳的一个观点：人只有在半饥饿状态，体能智能才是最好的状态。

人生活的本身就是一个过程，虽然最后人人终有一死，但是我们可以说"向死而生"，不能说自己"为死而生"。

创业跟我们身体的生理结构何其相似。耳目口舌胳膊腿对应企业相应的结构体系，而创始人以大脑的形式存于其中。

我从未想到习惯在外漂泊的自己会扎根一个行业如此之深。我只能将之看作对父亲的诺言，一如既往地去履行。我想天下肯定还会有千千万万个像我这样心挂两头的游子，唯有将乡村真正变得美好，才会让他们情之所系，身之所归。

未来喜来居将继续以乡村自建房为核心，做三件事：

第一件事，将构建一站式乡村建房平台，运用我们多年深耕行业的经验及丰富的粉丝资源，从砖混结构、框架结构、钢结构领域吸纳靠谱、具备社会责任感的设计公司、设计工作室以及材料供应商与施工队入驻。骤时，只要输入地区与建房面积，即可得出准确的报价。将最大的优惠带给需要建房的老百姓。

第二件事，即是民宿这块。我们准备在全国范围内各个景点设立独栋"喜来居轻奢民宿"，民宿带厨房以及卫生间。对接无宅基地，由有想法的相关人士进行投资。投资者在全国各个景点的"喜来居轻奢民宿"都可以入住，也可以自己在里面做饭；投资者不入住的时候，供景点的负责人拿去出租做民宿。

最后一件事才是重点。我们将搬迁至相应的产业园，并联合相关政府部门打造集建房、园林规划及酿酒、种子、污水和土壤治理、农产品、农机、农村服务业、农业技术、休闲农业和乡村旅游、乡村文化等于一体的乡村振兴产业集群，协助政府完成人才反哺与当地的经济增长。

【结语】

说不完的故事，道不尽的人生……

"人生真正的履历，其实就是一生所承受痛苦的集合。如果临终前要直面真正的自我，回顾这一生做过哪些有意义的事，那么你能想起来的一定都是你所作出的牺牲和迎接过的挑战。"

创业其实是一个人的革命，首先需要你认识真实的世界。这个真实，不是书中写的，也不是媒体宣传的，甚至也不是当下、此刻的真实世界。而是你到底有几把刷子，能够将企业做到哪一步？

一腔热血起步，最后一屁股债收场的人比比皆是。也就是说，胜利了，举天同庆；失败了，全都是你一个人的。我们必须做好这样的心理准备。

要用最乐观的态度，去争取最好的结果；以最悲观的心情，切实走好每一步；社会是很现实的，成王败寇，莫可争辩。世间都习惯以结果论英雄。

一个创业者可以暂时无知，但绝不能愚蠢。

无知和愚蠢不同，无知可以学习，愚蠢不能。

创业者，必须永远在学习的路上。